7부 능선엔
적이 없다

7부 능선엔 적이 없다

신경식 회고록

동아일보사

■ 필자의 말 ■

　이 글은 내가 신문기자 생활 10년과 국회의원 생활 16년을 거치는 동안 현장에서 직접 보고 들은 크고 작은 정치적인 사건이나 그 주변에서 일어난 잔잔한 일화들이다.
　언론을 통해 이미 세상에 알려진 사건들은 생략하고 큰 줄기 속에서 떨어져 나온 비화와, 실소를 금할 수 없었던 사건들을 소개했다.
　역사라는 큰 물줄기가 흘러가면서 파생시킨 작은 물비늘 같은 것이라고나 할까.
　국가를 움직이는 거물급 정치인들이 떨어뜨린 애교스러운 실수와, 재치와, 해학적이고도 날카로운 언행도 생각나는 대로 다루었다.

　가끔 후배 기자들과 술잔을 나누는 자리에서 넌지시 "나는 10년 만에 정치부장으로 승진했다."고 하면 젊디젊은 언론계 후배들은

"요즘은 10년에 차장 달기도 어렵다."며 그때는 호랑이가 담배 먹던 시절이라고 한다.

그렇다, 이 이야기는 어쩌면 호랑이가 담배 먹던 시절의 이야기일 수도 있겠다.

말만 들어도 가슴이 떨린다는 중앙정보부가 남산 중턱에 버티고 있었고, 심야에 3선 개헌안을 국회 제3별관에서 변칙 통과시켰고, 대통령이 마음 내키는 대로 국회의원 정수의 3분의 1을 지명해버렸고, 멀쩡한 언론사 기자들을 아무 구실이나 붙여 내쫓아버렸던 그런 황당한 시절이 엊그제 같은데 벌써 30여 년이 흘러갔다.

30여 년 전 그 시절 정가에는 이런 일도 있었다는 이 기록이 역사 변천사의 작은 증언과 자료로 남았으면 하는 바람이다.

1973년 봄, 나는 10년 동안 봉직했던 언론계를 청산하고 정계에 입문했다. 국회의장 비서실로 출발해 42세에 출사표를 던져 두 번의 좌절을 경험했고, 7년을 기다려 13, 14, 15, 16대 국회의원으로 당선되었다.

입법부에서는 문화체육공보 상임위원장을, 행정부에서는 정무장관, 정당에서는 당 사무총장 등을 역임했다.

정계에 들어온 이후 나는 김영삼 대통령 후보시절의 비서실장, 그분이 대통령에 당선된 뒤에는 당 총재인 그분을 모시는 총재 비서실장, 정일권 국회의장 비서실장, 이회창 대통령 후보 비서실장, 그분이 당 명예총재가 되신 뒤에는 명예총재 비서실장 등, 비서실장 역만 다섯 번이나 역임했다.

이 나라 최고 정치 지도자들의 비서실장만 다섯 번이나 역임한데 대해 의아하게 생각하는 분들이 많다.

비서실장이라는 자리는 무슨 큰 직함은 아니지만 정상급 정치지도자의 최측근으로서 결단의 순간에 참여하는 경우가 많다. 간단히 말해 큰 영향을 미칠 수 있는 자리다.

그런 자리가 번번이 내게 돌아온 이유에 대해 나는 본문에서 잠깐 언급했지만 한마디로 말하자면 이 책의 제목이 그 해답이라고 생각한다.

"7부 능선엔 적이 없다."

항상 중도를 잃지 않으려고 노력하면서 정상을 향해 무리하게 몸부림치지 않았고, 나의 위치에서 그때그때 주어진 책무에 최선을 다한 결과일 것이라 보지만 관운도 따라주었다고 생각된다.

15대 대통령 선거에서 이회창 한나라당 후보 대선 기획단장직을 맡았던 나는 당선되어야 한다는 일념으로 뛰다가 대선 실패 후, 정치자금 문제로 인생의 막장이라는 구치소에까지 가보았다.

수감되어 두어 달 남짓 조사를 받으면서 승자가 패자를 보복하는 치졸한 정치판의 양면성을 개탄하며 내 정치인생을 늦게나마 반성하고 정계에서 물러났다.

불을 지고 지뢰밭을 건너는 위험과 함정이 도처에 도사리고 있지만 국정에 참여한다는 자부심과 성취감을 맛볼 수 있는 스케일 큰 전쟁터에서 나는 손을 떼었다.

이 글 속에 거론된 많은 분들은 이미 돌아가신 분도 있지만 대부분 아직도 건재하다. 특별한 경우를 제외하고는 이니셜보다 실명으로 기록했다.

이 글을 쓰면서 뒤돌아본 언론계와 정계에 바쳤던 40년은, 휘몰아치는 광풍 속에 정신없이 휩쓸렸던 시절이었고 지금은 그곳에서 튕겨져 나와 홀가분한 느낌이다. 세월은 약이라서 이제는 정치면 기사를 보아도 가슴이 두근거리지 않고 평온하게 지낸다.

이 책이 독자들에게 다가가 모쪼록 그런 일도 있었구나 하면서 재미있게 읽히기를 바라며 정치인에 대한 부정과 편견도 좁혀졌으면 하는 바람이다.

이 글로 동료의원, 언론인 지인들에게 누를 끼친 점이 있다면 백배 머리를 숙인다.

이 책의 출판을 도와주신 김학준 동아일보 회장과 편집 실무를 맡아준 김일동 출판국 부국장께 깊은 감사의 뜻을 표한다.

2008년 10월
연희동 우거에서
신 경 식

■추천의 글■

어눌하고 숫기 없었던 충청도 양반

盧 信永 (전 국무총리, 롯데복지재단 이사장)

　욕심을 절제하는 일같이 어려운 일이 없다. 이를 실천에 옮긴다는 것은 가히 도인이나 할 수 있는 일이라 해도 과언이 아니다.
　내가 본 신경식 의원은 한마디로 타고난 절제의 달인이다.
　나는 그가 20대 젊은 기자 시절 중앙청을 출입할 때부터 알고 지냈다. 그의 언론계 시절부터 정치생활까지 누구보다 가까이 지켜보면서 느낀 바가 많았다.
　충청도 양반기질로 어눌하고 숫기 없어 보이던 그가 냉엄하고 험하기가 주먹세계보다 한술 더 뜨는 정계에서 4선 의원을 거치면서 사무총장, 장관을 역임하고 이렇다 하는 요직을 모두 거쳤을 뿐 아니라, 이 나라 정치를 좌지우지하던 거물급 정치인들 바로 밑 참모장이라 할 수 있는 비서실장을 자그마치 다섯 번이나 역임하는 걸 보면서 의아하지 않을 수 없었다.
　그것도 각기 인품, 분야, 정치적인 소신이 전혀 다른 김영삼 대통령, 정일권 국회의장, 이회창 대통령 후보 등의 비서실장이었다.

일찍이 유능하고 명석한 정일권 국회의장이 신문사에 근무하던 그를 발탁한 것도 모두 이유가 있었음이 이제야 이해가 된다.

그를 자세히 관찰해 보면 큰 욕심이 없어 보인다. 얼굴엔 늘 웃음을 지어 부드러워 보였고 상대방에게 긴장감을 안겨주지 않았다. 말하자면 경계를 해야 할 상대가 아니었다. 편안한 사람이었다. 그가 누구를 험하게 비판하는 걸 본 적도 없다. 아무리 불쾌한 말을 들어도 그는 그 자리에서 받아치지 않았다. 외유내강형이었다.

그에게도 왜 욕심이 없었겠는가. 하지만 그러한 사안이 있을 때마다 그는 나서지 않았다. 욕심을 겉으로 나타내지 않았다. 오히려 한발 물러나 있는 듯 무관심한 듯 보였다.

사람의 욕심은 한이 없다는 말이 있지만 그에게는 해당되지 않았다. 그것이 그의 처세인지 타고난 천성인지는 잘 모르겠지만 그런 절제된 모습이 여러 사람의 신임을 이끌어내었고, 어렵고 꼬이는 일이 발생할 때마다 그를 그 중심에 앉히고 일을 풀어나가게 했다.

여야 수뇌부가 모두 환영한 사람이 신경식 의원이었다. 한때 어느 신문에서 그가 한창 여야 협상으로 활발히 움직일 때 키신저를 비유해 그에게 '신신저' 라는 별칭을 붙여주었던 것을 기억한다.
이번 자서전을 통해 그의 면모가 자세히 밝혀져 있다. 이 나라 최고 정치지도자들을 가장 가까이 보필하면서 느낀 점, 정파 간에 얽힌 막간의 이야깃거리들을 조용하고 부드럽게 되돌아보았고, 동료 의원들과 언론인들과 나누었던 우정을 회고하고 있어 읽으면서 마음이 따뜻해졌고 자주 웃음을 금치 못했다. 그런 일도 있었구나 하고 놀라기도 했다. 여느 자서전들과 달리 가벼운 내용들이 많아 읽는 재미도 쏠쏠하다.
욕심이 없어 보이던 그이지만 지난날 이철승배 국회 테니스 대회를 3연패했고, 의원들 중 "포커 하면 신경식" 할 정도로 승부욕이 강한 이면이 있다. 그저 사람 좋은 신경식이 아니다. 그가 건너온 요직들은 우연도 아니요, 그가 책에서 밝힌 대로 운도 아니다. 그의 그 철저하리만큼 단호한 절제력이 바탕이 된 게 아닌가 생각한다.

 인생의 막장 구치소에까지 다녀오는 곤욕을 치르면서 정치에 종지부를 찍고, 손을 털고 나오면서 광풍 속에 휘말렸다 나온 것 같다고 이번 자서전에서 그의 심경을 털어놓았다. 문인이 되고 싶었다는 엉뚱한 속엣말도 드러내었다.
 말 많고 흠 많은 한국 정치 심장부에서 겪은 경험담을 주제로 써낸 그의 자전적 에세이는 꽤 읽어볼 만한 가치가 있는 것으로 일독을 권한다.
 고요히 돌아와 하늘의 뜻을 낚고 있는 신태공의 낚싯바늘에 대어가 물리기를 기원하며.

■**차 례**■

필자의 말 _ 4
추천의 글 _ 10

제1장 신문기자 시절

대학 졸업 전후 _ 18
중앙청 출입기자 _ 45
취재 현장 _ 55
중앙청에서 만난 사람들 _ 70
판문점의 남·북한 기자들 _ 89

제2장 내가 만난 사람들

정일권 국무총리와의 인연 _ 110
부정선거 시비로 야당 등원 거부 _ 133
기자실에서 본 정치인들 _ 154
기자실 주변의 이야깃거리들 _ 198
모든 정보는 청와대로 _ 205

제3장 정치에 뛰어들다

여의도의 길은 멀고 _ 236
의정 단상에 서다 _ 253
대선 후보 비서실장 _ 295
문민정부 개각 1호 _ 330
상임위원장 _ 368
월드컵 유치 _ 378
2%의 대선 석패 _ 388
한나라당 사무총장 취임 _ 424
피 말린 4선 고지 _ 431

제4장 "의원님, 제발 산소 마스크 쓰지 마세요"

허위 날조와 모함으로 얼룩진 청와대의 길 _ 440
10억 어디에 썼어? _ 450
남은 이야기 _ 460
가족 이야기 _ 468

제 1 장

신문기자 시절

대학 졸업 전후

카메라 잡혀 등록금 내준 은사

대학 4학년 첫 학기 등록을 할 때였다.

4·19가 일어나기 두어 달 전이다.

청량리 송민호 교수 댁에서 숙식을 하고 있었는데 등록 마감 날짜가 다가와도 시골집에서 등록금이 올라오지 않았다.

청량리 우체국에 가서 문의 우체국으로 시외전화를 걸었다. 직원의 낯익은 음성이 들렸다.

"저 삼리 사는 경식인데요. 우리 집에 가서 등록금 좀 빨리 보내 달라고 전해줘요."

돈 부쳤다는 소식이 없어 2~3일 후 다시 전화를 걸었다.

등록금을 마련해준 고려대 송민호 교수(오른쪽)와 필자.

"얘, 할아버지 얘기가 이번엔 등록하기가 어렵겠다고 하시더라."
지난번 그 직원의 말이었다. 그러고는 한마디 더 붙였다.
"너희 어머니는 삽짝 밖에까지 따라 나오면서 우시더라."
다음 날 송 교수가 등록 여부를 물었다.
"이번 학기는 휴학을 해야 할 것 같아요."
나의 말에 송민호 교수는 묵묵히 듣기만 했다.
등록 마지막 날 오전 10시경이었다. 송 교수가 같이 나가자고 했다. 그분은 보자기로 싼 네모난 물건을 들고 있었다. 전차를 타고 종로 1가 화신백화점 옆에서 내려 사방을 두리번거리더니 파고다공원 옆에 있는 전당포로 들어갔다. 그러고는 각별히 아끼던 독일

1장 · 신문기자 시절 19

제 '롤라이 코드' 카메라를 보자기 속에서 꺼내 전당포 창구에 올려놓았다.

송 교수는 미리 준비했던 돈 봉투를 안 호주머니에서 꺼내더니 부족했던 액수를 카메라 저당 잡힌 돈으로 채워서 내게 건네주며 "바로 이 길로 가서 등록하게, 오늘이 마지막 날이야." 하셨다.

송민호 교수는 당시 고려대학교 국문학과에 시간강사로 있었다. 나의 고향인 문의면에서 초등학교를 졸업했다. 송 교수는 그 전해 여름방학을 이용해 떠나온 지 오래된 시골 초등학교를 방문하고 선대부터 세교를 맺어온 우리 집에 들렀다.

이야기를 나누던 중 손자 하숙비가 큰 걱정거리라는 할아버지 말씀을 듣고 송 교수는 그 자리에서 나를 자기 집으로 보내라고 했다. 내가 전농동 송 교수 댁에서 숙식을 하게 된 사연이다.

송민호 교수가 아끼던 카메라를 전당포에 저당 잡힘으로써 나는 기한 내에 등록할 수가 있었다.

4·18과 4·19

1960년 4월 18일, 안암동 고려대학교 교정은 개나리와 철쭉꽃이 한창이었다.

첫 시간과 둘째 시간 강의를 듣고 좀 이르지만 구내식당으로 갔다. 영문과 친구들과 장국을 사들고 식탁에 둘러앉아 도시락을 꺼내는데 밖이 어수선했다.

군에서 제대하고 어머니와 함께 시골집 삽짝 옆에서

그때 같은 졸업반으로 정경대학 학생회장을 맡고 있던 이세기(4선 국회의원, 통일원장관 역임) 군이 식당으로 뛰어 들어왔다.

"야, 학생들, 빨리 본관 앞으로 모여, 빨리 빨리." 식탁 위를 구둣발로 뛰어다니면서 나가지 않으면 도시락을 발길로 차버리겠다는 시늉을 했다.

"저 친구 왜 저래?"

"무슨 일이 생겼나봐. 본관 앞으로 가보자."

친구들이 도시락을 다시 가방에 집어넣고 일어났다. 이날 낮에 신입생 환영회를 한다고 들었지만 나는 참석할 생각이 없었다.

1장 · 신문기자 시절 21

장국이 아까웠지만 남겨둔 채 본관 앞으로 갔다. 본관 석탑 건물 앞 잔디밭에는 3~400여 명의 학생들이 모여 있었다.

누군가 단상으로 올라갔고, 석탑 3층 교실 유리창이 열리면서 흰 수건 수백 장이 교정으로 뿌려졌다. '고대'라는 글씨가 퍼렇게 찍혀 있었다.

누구의 지시도 없었지만 학생들은 수건을 한 장씩 집어 들었다.

수건을 머리에 질끈 동여매고 단상에 올라간 한 학생이 3·15 부정선거를 규탄하는 성명서를 낭독하고 태평로에 있는 국회의사당까지 시가행진을 하자고 외쳤다. 학생들은 저마다 수건을 머리에 동여매고 교문 쪽으로 몰려 나갔다.

나는 책가방을 옆구리에 낀 채 따라가 볼까, 오후 강의를 들을까 망설이고 있었는데 옆에 있던 국문과 홍성열(고교 교사 역임) 군이 내 팔을 잡아끌면서 "야, 따라가보자. 다들 가는데 강의가 되겠어?" 하고는 앞장서 갔다.

우리는 스크럼을 짜고 광화문 네거리까지 달려갔다.

부정선거를 규탄하는 학생들의 구호에 길 양편 상가 상인들이 열렬한 박수를 보냈다. 정오가 조금 지나 지금 서울시 시의회가 자리 잡고 있는 태평로 국회의사당 앞 광장에 모였다.

이 시위현장에 데모를 주관한 이기택(7선 국회의원 역임, 평통 수석 부의장) 군, 이세기 군 등 각 단과대학 학생회장단은 참석을 하지 못했다. 시위 정보를 입수한 경찰이 체포에 나섰기 때문이다.

의사당 앞에 모여 구호를 외치는 학생들은 선장을 잃은 배와 같앉다. 이때 정외과 4학년 학생인 김중위(4선 국회의원, 환경부장관 역임) 군이 계단에 올라가 "3·15 부정선거를 규탄한다."는 즉석 성명서를 낭독했다. 이를 도화선으로 학생들은 일제히 목청을 높여 3·15 부정선거를 규탄하는 구호를 외쳤다.

한 시간 쯤 지나 유진오 총장이 달려왔다. 키가 자그마한 유진오 총장은 의사당 입구 계단에 올라서서 10여 분간 차분한 음성으로 우리 학생들을 설득했다.

"학생들의 뜻은 잘 알겠다. 우리 교수들도 같은 생각이다. 그러나 이렇게 데모를 한다고 되는 일이 아니다. 일단 학교로 돌아가자."

대충 이런 내용이었다.

학교로 돌아가야 한다는 유 총장의 설득은 효력이 없었다. 학생들은 계속 의사당 건물 앞 노상에 버티고 앉아 있었다.

이번에는 전주 출신 이철승(7선 의원, 신민당 대표최고위원 역임, 헌정회장) 의원이 나타났다. 학생들은 우레와 같은 박수를 보내면서 이철승을 연호했다. 그 당시 야당 소장파 그룹을 대표하고 있던 이 의원은 정계에서 '와일드'라는 별명으로 고려대학교의 자부심을 대변했다.

그는 해방 후 학련 전국회장으로 신탁통치를 반대하며 건국에 앞장섰고, 국회의원이 된 뒤에도 자유당 독재에 항거하는 야당의 선봉장이었다.

"야당의원에 앞서 여러분의 선배로서 나도 자유당의 부정선거를 용서하지 못한다. 후배 여러분들은 장하다. 그러나 학생들은 일단

학교 안에서 모든 일을 해결해야지 이렇게 국회에까지 나와서 집단행동을 하면 학교나 학생들 입장이 너무 어려워진다."

이철승 의원은 우리에게 학교로 돌아갈 것을 간곡히 당부했다.

해가 뉘엿뉘엿 질 무렵 우리는 일단 해산하고 학교 쪽으로 돌아갔다. 그러나 일부 학생들은 계속 늦게까지 버티고 있다가 밤이 되어서야 일어났다.

그들이 종로4가 천일백화점 앞을 지나갈 때 소위 자유당 정권의 정치깡패로 이름난 이정재 일당이 기습테러를 감행했다. 많은 학생들이 깡패들의 몽둥이에 얻어맞아 사경을 헤매는 사태가 벌어졌다.

다음 날 19일, 교내 분위기가 심상치 않았다. 천일백화점 앞에서 테러를 당해 반죽음이 되어 길바닥에 버려진 고대생들의 사진이 조간신문에 큼지막하게 실려 있었다. 사진을 보면서 학생들은 정의감과 울분을 참지 못했다.

첫 시간부터 휴강이었다. 도서관으로 가는 언덕배기에는 라일락꽃이 흐드러지게 피어나 교정은 꽃향기로 그윽했다.

10시쯤 되자 어제보다 배가 넘는 학생들이 본관 석탑건물 앞으로 모였다. 인솔자나 선동하는 사람이 없었다. 학생들은 자발적으로 교문을 벗어나, 대열을 지어 안암동과 신설동 로터리를 거쳐 종로 6가부터 1가까지, 거기서 다시 태평로 의사당 쪽으로 향했다.

두 주먹을 불끈 쥐고 나도 그 대열에 합류했다. 3·15 부정선거를 규탄하던 고대생들이 지난 밤 정치깡패들에게 테러를 당했다는 신문

대학 2학년 때 고려대 교정에서 도서관을 배경으로

보도를 보고, 서울 시내 각 대학 학생들도 책가방을 낀 채 세종로로 모여들었다. 의대생들은 흰 가운을 입은 채로 대열에 가세했다.

고대생들이 무리 지어 지나가는 것을 보고는 신설동 길가에 있는 대광고등학교 까까머리 학생들도 교복차림으로 뒤따랐다. 데모대가 광화문 거리를 꽉 메웠다.

경찰은 데모대가 경무대 쪽으로 가는 것을 막았다.

덕수궁 돌담 북쪽 끝 영국대사관 입구 모퉁이에 파출소가 있었다.

데모대를 뚫고 파출소 쪽으로 가던 경찰 사이카를 흥분한 데모대들이 발로 차서 쓰러뜨렸다. 경찰관도 넘어졌다. 몇몇 데모 대원들이 넘어진 경찰관에게 발길질을 했다. 그 옆에 서 있던 같은 반 김동현(미 국무부 통역관, 고대 석좌교수 역임) 군과 나는 "이러면 안 된다."고 소리를 지르며 경찰관을 일으켰다. 그때 뒤에서 누군가 벽돌을 집어 던졌다. 그 벽돌에 김동현 군이 맞아 뒷머리에서 피가 철철 흐르는데 길이 막혀 병원으로 갈 수가 없었다. 그야말로 아수라장이었다.

손수건으로 지혈을 시키고 서울신문사 뒤편으로 나가니 세탁소가 있어 그리로 들어갔다. 뻘겋게 피가 묻은 상의를 대충 빨았다. 세탁소 주인은 돈도 받지 않고 다리미질까지 해주었다.

오후 5시쯤, 지금 프라자 호텔 뒤편에 있던 특무대 서울지구분실 옥상에서 총소리가 나기 시작했다. 피범벅이 된 데모 대원을 태운 앰뷸런스가 연달아 사이렌을 울리며 경무대 쪽에서 서울역 앞 세브란스병원 쪽으로 달려갔다. 교복을 입은 어린 중·고등학교 학생들도 실려 갔다.

온몸이 피로 얼룩진 부상자들을 보며 우리는 무슨 일을 저지를지 모를 격한 감정으로 떨었다. 그날 김동현 군을 맞춘 벽돌이 한 뼘만 옆으로 날아왔어도 내 안면은 박살이 났을 것이다.

경무대와 시청 앞 특무대 쪽에서 총소리가 연속 들려왔다. 우리는 다음 날 다시 모이기로 하고 교가를 목이 터져라 부르며, 태평로 의사당 앞을 떠나 을지로를 돌아 학교로 갔다.

신설동 파출소, 안암동 파출소는 유리창이 깨어지고 창문이 뜯기고 난장판이 되어 있었다.

나는 어두워질 무렵 숙식하고 있는 전농동 송민호 교수 댁으로 돌아왔다. 송 교수 내외분은 몹시 걱정을 하시면서 반가이 맞아주었다.

사상자가 속출하고 있다는 뉴스가 계속 보도되었다. 자정을 기해 비상계엄령이 선포되었고 계엄사 포고문에 따라 다음 날부터 대학은 모두 문을 닫고 무기휴학에 들어갔다.

자유당 독재정권을 뒤엎은 4·19 학생혁명의 역사적인 현장 속에서 나는 데모대에 섞여 우왕좌왕하며 절규와 분노로 하루를 보냈다.

자원입대

1960년 봄, 4·19를 겪으면서 어수선한 가운데 4학년 1학기를 마쳤다. 그 사이 이승만 대통령이 하야해 하와이로 망명했고, 허정 과도정부가 들어서서 국회를 민의원, 참의원으로 나누는 양원제 개헌을 통과시켜 제5대 국회를 탄생시켰다.

민주당 정권 시절 연일 계속되는 데모로 정국은 혼란스럽기 짝이 없었다.

여름방학을 고향에서 보내다가 1960년 9월, 4학년 2학기 마지막 등록을 하기 위해 서울로 올라왔다. 등록을 하기 전에 영문과 친구들을 만났더니 "휴학계를 내고 군에 입대하겠다."는 친구가 많았다.

이유인즉 학보병(학적보유병) 혜택을 받기 위해서라고 했다. 그 당시 병역제도는 대학 재학 중에 군에 입대하면 1년 6개월만 현역 복무를 하고 귀향토록 했다. 이 제도가 다음 해부터는 폐지될 것이라는 소문이 나돈다는 것이다. 나도 귀가 솔깃했다.

6개월 뒤 대학을 졸업하고 3년간 군복무를 하는 것보다는 재학 중에 입대해 절반만 복무하고, 귀향 후 나머지 한 학기를 마치고 졸업하는 것이 유리할 것 같았다. 며칠 생각 끝에 휴학계를 제출하고 다시 고향으로 내려갔다.

10월 들어 자원 입대서를 병사부에 제출하고 얼마 지나지 않아 11월 29일자로 입소하라는 군입대 통지서가 왔다.

허허벌판 황산벌에 블록으로 엉성하게 지은 논산훈련소 신병 막사는 스산하기 짝이 없었다.

제2훈련소 30연대 1중대 4소대 훈련병 신경식은 그날로 머리를 삭발했다. 군복을 갈아입은 뒤 군번 순서대로 자리를 정했다. 군에서 처음 만나는 상관 선임하사가 나타나 소대원들에게 서로 의논해서 향도를 뽑으라고 지시했다.

소대원 중에는 한글을 모르는 사람이 1할은 되는 것 같았다. 나보다 군번이 하나 앞인 고교 후배 최기환 군이 나를 지명했고, 박수를 쳤고, 나는 향도로 선출되었다.

사회에서는 생각하지도 못했던 여러 가지 훈련을 받았다.

사건이 하나 터졌다.

야외에서 제식 훈련을 받고 점심때가 되어 반합에 식사를 분배 받아 각 분대별로 식사를 마쳤을 때였다. 식사 당번들이 빈 반합을 챙기는데 귀신이 곡할 노릇이 생겼다. 소대원 숫자대로 반합을 나누어 주었는데 식사 후 세어보니 10여 개가 모자라는 것이다. 빈 반합들을 10여 개씩 가방에 나누어 넣고 부대로 실어 보내야 하는데 가방 하나가 없어진 것이다.

내 신고를 받은 선임하사는 노발대발하면서 오늘 안으로 숫자를 채워놓지 않으면 향도를 유치장에 보내겠다고 겁을 주었다. 난감해서 어쩔 줄 모르는 내게 선임하사는 불같이 화를 내면서 당장 찾아오라고 고함을 질러댔다.

바로 이때 중위 계급장을 단 장교가 우리 옆을 지나가다가 "왜 그러느냐?"고 물었다. 나는 "식사 전에 숫자가 맞던 반합이 식사 후에 10여 개나 없어졌다."고 사실대로 말했다.

중위는 심각한 얼굴로 주위를 돌아보더니 내 군번과 성명을 적은 뒤 선임하사에게 자신이 해결할 테니 훈련병들에게 책임을 묻지 말라고 해서 나는 그 난국을 체벌 없이 넘겼다.

중위는 훈련소 본부의 법무장교였는데 훈련 중 기간사병들의 횡포나 훈련병들의 억울한 피해가 없는가를 확인하는 중 나를 발견한 것이다. 중위는 "걱정하지 말라."고 거듭 나를 안심시켜주었다. 지옥에서 만난 천사라고나 할까.

내게 고향이 어디냐고 물었다. 충북 청원군이라고 하자 중위는 내 손목을 잡으며 자신은 바로 청원군 옆에 있는 음성이라고 했다.

그는 본부 법무실에 있는 민 중위라고 자신을 소개하면서 친동생처럼 내게 친절하게 대했다.

나는 그 후에도 군에서 운 좋게 여러 번 그런 위기를 면했다.

영천 육군부관학교 향도 시절(이등병)

그때 그 순간 민 중위가 내 옆을 지나가지 않았다든지 그가 선임 하사의 고함소리를 듣지 못했다든지 했으면 이야기는 달라졌을 것이다.

도둑맞은 건빵 반 봉지

40여 일 동안의 훈련소 신병생활을 마치고 정식으로 이등병이 되었다. 후반기 교육은 영천에 있는 육군부관학교에서 받았다.

두 달 남짓 교육을 마치고 부대 배치를 받았다. 부관학교 기간사병으로 명령이 났다. 수료한 90여 명 중 1, 2, 3등까지는 본인이 원하는 부대로 명령을 내주고 4등은 부관학교 기간병으로 자충시키는 것이 관례였다. 나는 4등을 했다.

교육계에 배치되어 두어 달 동안 실무를 익히고 있을 때, 국방부에 제출했던 학보병 신청이 확인되어 1961년 4월 전방으로 명령이 났다.

그 당시 학보병은 처음 논산훈련소 입소할 때부터 재학증명서를 가지고 가서 '00'으로 시작되는 빵빵 군번을 받든지, 아니면 일반병으로 입소해 일반 군번을 받고 학보병 신청을 하여 혜택을 받든지, 둘 중에 하나를 택하면 되었다.

내가 입대할 때까지만 해도 일반병으로 갔다가 학보병으로 전환되는 혜택이 있었는데 제대할 무렵에는 학보병은 무조건 00군번을 받도록 규정이 바뀌었다. 1년 반만 근무하는 대신 후방 근무 혜택을 주지 않고 전방 근무만 하도록 했다.

춘천 소양강변에 있는 제1보충대를 거쳐 강원도 인제군 원통에 있는 6사단으로 명령이 났다. 사단에서 다시 19연대로 명령이 났다. 19연대로 떠나기 전날 원통에 있는 사단 보충대에서 하룻밤 묵었다. 이날 밤 보충대에서 일이 터졌다.

야간에는 보충병들이 한 시간씩 돌아가며 불침번을 섰다. 이날 밤 건빵을 먹다가 머리맡에 놓고 잠이 든 선임하사의 건빵 반 봉지가 없어진 것이다. 아침에 일어나보니 빈 봉지만 남아 있었다.

머리끝까지 화가 치민 선임하사는 보충병 10여 명을 한 줄로 세워놓고 건빵 훔쳐 먹은 사람 색출작업을 벌였다. 자수하는 사람이 없었다.

내무반 입구에서 한 시간씩 교대로 불침번을 섰는데 어느 불침번이 먹어 치웠는지 알 길이 없었다. 결국은 전원이 돌아가면서 M-1 소총 개머리판으로 엉덩이가 시퍼렇게 되도록 두들겨 맞았다.

건빵 반 봉지 때문에 일주일이 넘도록 어기적거리며 걸어 다녀야 했다. 지금도 건빵을 보면 그때 일이 떠오른다.

학보병으로 확인된 7, 8명의 사병들이 사단 보충대로부터 트럭에 실려 연대 본부에 도착했다.

19연대 본부는 민간인들이 다닐 수 있는 인제군 서화면 천도리에서 북쪽으로 1km쯤 떨어진 일반인 출입금지 구역 안에 있었다. 그곳에서 2~3km 더 들어가면 남방 한계선이 있고 그 너머 비무장지대 2km 지점에 남북을 갈라놓는 휴전선 철책이 있었다.

부관학교를 떠날 때 영천에는 사과나무 잎이 파릇파릇하고 들판이 보리싹으로 뒤덮였었는데 강원도 산골로 와보니 골짜기마다 흰 눈과 얼음이 한겨울 같았다.

연대에서 중대로 명령이 내려오는 동안 연대 보충대에서 묵었다. 다음 날 아침 연대 보충대에서 대기하고 있는데 "보충병들은 산에 가서 나무를 해야 한다."면서 근무 중대 선임하사가 우리를 이끌고 뒷산으로 올라갔다.

강원도 산간 바람은 영천의 한겨울보다도 매서웠다. 한참 나무를 하고 있는데 산 아래에서 고함소리가 들렸다.

6사단 19연대 인사과 동료들과 서화면 소양강변에서. 왼쪽에서 두번째가 필자, 세번째가 김정인 상병.

"보충병 중에 신경식 이병 있나?" 선임하사가 우리를 둘러보았다. 나는 가슴이 섬뜩해서 선임하사 쪽으로 갔다. "제가 신경식 이병입니다." 하자 "그래? 빨리 저 아래로 가봐." 한다.

산 아래로 내려가면서 두근거리는 가슴을 진정할 수가 없었다. '무엇이 잘못되었나? 학보가 취소되었나?' 불길한 생각까지 들었다.

산 아래에서 고함지르던 사병은 나를 보자 명찰을 확인하고 부대 부연대장실로 데리고 갔다. 연대본부는 발을 떼어 놓을 때마다 삐걱거리는 목조 가건물이었다.

진땀 흘렸던 통역

방 안에는 부연대장과 미군 대위가 마주 보고 앉아서 담배를 피우고 있었다. 부연대장은 육사 8기 한 모 중령이었다. 뒤에는 키가 자그마한 대위가 차렷 자세로 서 있었다.

내가 거수경례를 붙이자 부연대장은 턱으로 나를 가리키며
"쟤가 영문과 나왔나?" 하며 뒤에 선 대위에게 물었다.
"네, 고려대학교 영문과 재학 중 학보로 와서 지금 보충병으로 있습니다." 대위가 대답했다.
"군단 사령부 고문관이 불시 검문을 왔는데 통역을 안 데리고 왔다. 네가 통역할 수 있겠나?" 부연대장은 나를 아래위로 훑어보며 물었다.
"네, 하겠습니다." 그 상황에서 할 수 없다는 대답은 있을 수 없는 일이었다. 나는 힘 있게 대답했다.

고문관은 통역병이 온 것으로 알고 자리에서 일어나며 "수송대로 가보자."고 말했다.

그 말을 받아 내가 통역을 하자 부연대장이 벌떡 일어나 앞장서 문을 열었다.

부연대장실에서 부대 입구 초소 곁에 있는 수송대까지는 7~8분 거리였다. 나는 서툰 영어 실력으로 고문관 대위와 간단한 말을 주고받았다. 고문관 대위 옆으로 바짝 다가가서 "사냥 좋아 하십니까?" 하고 물었다. 미국 사람 치고, 더구나 군 장교들 치고 사냥 좋아하지 않을 사람이 없었을 것이다. 나의 질문에 고문관 대위는 싱긋 웃으며 "내가 제일 좋아하는 것이 사냥"이라면서 "한국에는 꿩, 토끼, 산돼지밖에 없더라."라고 덧붙였다.

"노루도 많다. 안내할 테니 부대 근처 산으로 사냥 한번 오라."
나는 내 입장에 맞지도 않는 말을 고문관 대위와 쉴 새 없이 주고받았다.

고문관 대위는 신바람이 나는지 "같이 사냥 한번 가자."며 사냥 얘기가 무르익는데 수송대에 도착했다.

그는 대형 트럭 앞으로 가더니 보닛을 열고 엔진에 있는 벨트를 잡아당겨보고는 "정비가 덜 되었다."고 지적했다. 부연대장이 수송관 중위를 험악한 인상으로 쏘아보았다. 수송관 중위의 얼굴이 창백해졌다.

다음은 내무반으로 가보자고 한다. 근무 중대 내무반으로 들어갔다.

휙 둘러보고는 선임하사에게 "필요한 것이 무엇이냐?"고 물었다.

선임하사는 부연대장 눈치를 살피다가 "꽂을대가 모자라니 꽂을대를 좀 넉넉히 보내 주십시오." 했다. 꽂을대는 M-1소총을 닦을때 총열에 넣었다 빼었다 하며 총구 소제를 하는 쇠꼬챙이다.

부연대장이 그 말을 그대로 통역하라고 했다. 꽂을대를 논산훈련소에서도 매일 밤 써왔지만 이 말이 영어로는 무어라고 하는지 꿈에도 생각지 못했던 나는 그만 눈앞이 캄캄했다.

이걸 통역하지 못하면 사냥 얘기를 하면서 영어깨나 하는 척 한 것이 모두 들통 나게 생겼다.

"위 니드 모어 엠원 뷸릿 홀 클리닝 인스트루먼트.(We need more M-1 bullet hole cleaning instrument.)" 나는 시치미를 딱 떼고 단어를

엮었다. 내 딴에는 '엠원 소총 탄환 구멍 청소기구'라고 꽂을대를 격조 높게 번역한 것이다.

고문관 대위는 천만다행하게도 바로 알아듣고, 총구에 꽂을대를 꽂고 총구 소제하는 제스처를 써가면서 조치하겠다고 선선히 대답했다.

내 통역을 들은 내무반 사병들이 박수를 쳐주어 고문관 대위는 더 기분이 좋아졌다.(꽂을대는 보통 gunstick이라고 한다고 나중에 들었다.-필자 주)

1950년대 말, 60년대 초만 해도 모든 군수 물자는 미 고문관을 통해 조달되는 것이 제도화되다시피 할 때였다.

내무반 검열을 무사히 마치고 본부로 돌아오면서 고문관 대위는 내 어깨를 치며 "사냥 한번 올 테니 그때 같이 가자."고 친근감을 표시했다. 무슨 말인지 궁금했던 부연대장이 내 얼굴을 쳐다보았다. "머지않아 다시 한 번 오겠답니다." 사냥 얘기는 빼버렸다.

고문관 대위가 떠난 뒤 부연대장은 뒤에 서 있던 대위와 나를 자기 방으로 데리고 갔다.

"이봐, 부관! 고문관이 또 온다잖아. 얘가 학보라니까 명령은 전방 소총 소대로 내고, 연대로 파견시켜 본부에서 일하게 해. 부관이 인사과에 데리고 있어." 부관 김정헌 대위는 연대 인사과장을 겸하고 있었다.

그날의 진땀나는 통역으로 나는 전방 소총소대 근무 대신 연대 인사과에서 편안하게 복무기간을 마칠 수 있었다.

같이 보충병으로 6사단 19연대에 왔던 학보병 동기생들이 제대할 때 인사과에 들러 서류를 찾아가면서 하는 말은 대개 같았다.

"제대하면 강원도 쪽에는 오줌도 안 누겠다."

1960년대 초 휴전선 일대 전방에는 참호 파는 대공사로 사역이 많았다. 북한 초소가 빤히 보이는 위치인지라 중장비를 사용하지 못하고 사병들이 일일이 삽으로 호 파는 작업을 1년 내내 계속했다.

인사과에서 장교계 조수로 일을 보는데 반장은 부관학교 출신 주종섭 상등병이었다. 부관학교를 수료하면 대개 군단급 이상 부대 부관부서에 배치되는데 주 반장이 학교 다닐 때만 해도 수급계획이 제대로 돌아가지 않아 최전방 연대까지 내려오게 된 것이다.

동갑내기인 서무계 김정인 병장과 최승덕 상병, 상훈계 박순호 상병이 친구같이 대해주었다. 이들의 도움으로 보직 받고 한 달이 겨우 지날 무렵 고맙게도 휴가증을 받았다. 휴가증 발부는 전적으로 인사과 소관이었다.

첫 휴가증을 가슴 깊이 넣고 새벽 일찍 다른 휴가병들과 함께 군용 트럭에 실려 두 시간 넘게 달려서 춘천역에 도착했다.

역 구내에서 기차를 타려는 장병들이 정렬하고 있는데 수송 장교가 나타나더니 "오늘은 기차가 서울에 못 들어가니 각자 버스 편으로 고향에 가라."고 전한다.

"아니, 기차가 서울에 못 들어가다니, 세상에 이런 일이 있나?" 휴가병들은 이 황당한 일에 서로 얼굴만 쳐다보았다. 기차를 기다

대학 졸업 앨범 사진

리던 일반인들도 모두 역을 빠져나갔다. 시외버스 정류장까지 걸어 나와 버스 편으로 청주로 갈 수밖에 없었다. 비포장도로에 흔들리면서 치악산 고개를 넘어 원주, 제천을 거쳐 청주까지 오니, 아침 8시경 춘천서 출발한 것이 오후 4시경이 되었다.

저녁에 집에 도착해서야 기차가 못 다닌 이유를 알았다. 이날이 바로 5·16 군사혁명이 일어난 그날이었다.

내가 새벽에 부대를 떠날 때쯤 혁명군은 한강을 건너 시내 요소

요소를 점령할 시간이었고, 춘천역에서 기차를 기다릴 때는 이미 혁명군이 전 서울을 완전 장악했을 시점이었다.

신문사 견습기자로

내가 신문기자가 된 것은 전차 속에서 우연히 사서 읽은 석간신문 때문이었다.

4·19 직후 군에 자원입대했다가 1962년 9월 학보병으로 1년 반 현역복무를 마치고 복학했을 때 당장 나의 발등에 떨어진 불은 취직이었다.

졸업을 앞두고 몇 곳에 이력서를 들고 뛰어다녔다. 하루는 송민호 교수가 "상명여고 교장과 얘기가 잘되었으니 찾아가 뵈어라."라고 했다. 송 교수의 말씀에 따라 원효로 입구 삼각지에 있는 상명여고 교장실에서 배상명 교장을 만나 30여 분간 면접을 했다. 연세가 많아 보이는 분이 단발머리를 하여 신기했던 기억이 난다.

'졸업식을 끝내고 보자'는 언질을 받고 나왔다. 나만큼이나 큰 여학생들이 운동장에서 뛰어놀고 있었다. 가르칠 수 있을까 하는 걱정이 들었다.

돌아오는 길에 전차 속에서 방금 인쇄되어 나온 석간신문을 한 장 샀다. 대한일보였다. 견습기자를 모집한다는 사고가 선뜻 눈에 들어왔다. 마음이 동했다.

5·16 군사혁명 후 군정 당시, 대학 문과 졸업생들은 중·고등학

교 교사가 아니면 신문사 견습기자로밖에 취직할 곳이 마땅치 않을 때였다.

나는 서울시청 앞 지금 백남빌딩 자리에 있던 대한일보사에 찾아가 응시원서를 받아 가지고 돌아왔다.

며칠 뒤 을지로 7가 한양공고에서 700여 명이 견습기자 시험을 보았다.

상식문제와 기사작성 실기시험을 보는 시간이었다. 홍성원 당시 대한일보 정치부 차장이 "신문을 읽어줄 테니 잘 메모했다가 기사를 작성하라."고 했다. 응시자들은 실력껏 기사를 작성했다.

시험지를 모두 거두고 난 홍 차장은 "잘들 썼느냐?"고 물으면서 "이 사람들아, 내가 불러준 기사보다 자네들이 더 잘 쓰려고 애써 본들 그게 제대로 되겠나? 내가 불러준 그대로만 쓰면 그게 만점일세. 신문기자 하려면 센스가 있어야지." 한마디를 던지고 답안지를 챙겨 나갔다. 신문기자는 센스가 있어야 한다는 말이 오래도록 머릿속에 남았다.

졸업 후 상명여고에서 소식이 오기 전에 견습기자 합격자 발표가 먼저 났다.

한양대학교 창설자인 김연준(한양대학교 총장, 재단이사장 역임) 사장이 신문을 잘 만들어보겠다는 의지로 두세 명씩 뽑던 견습기자를 그 해에는 14명이나 뽑았다. 합격자 명단 14명 중 내 이름이 제일 첫 번째에 올라 있었다.

그날 밤 대학 동창들과 막걸리를 마시면서 "신문사 시험에 내

대학 졸업식날. 왼편부터 종조부 신동문 시인, 필자, 조부.

가 1등으로 합격한 것 같다."고 농담을 하며 호주머니에서 신문을 꺼내 보였다. 다들 "네가 그렇게 실력 있는 줄 몰랐다."면서 부러워했다. 통금 직전까지 술을 퍼마셨다.

다음 날 나는 정신적으로 내게 많은 영향을 끼친 종조부인 신동문 시인을 찾아갔다. 신동문 시인은 아버지의 막내 삼촌으로 나이가 아버지보다 아래였다. 당시 K신문 특집부장으로 있었다. 학교 교사와 신문기자를 놓고 상의를 했다. 종조부는 "앞으로 매스컴시대가 온다. 학교보다 신문사로 가는 것이 장래에 도움이 될 것"이라고 했다. 신문사로 진로를 결정했다.

입사하자 오리엔테이션 과정이 있었다. 올챙이 기자들에게 '견습기자의 변(辯)'을 써내라고 했다. 그때 사보에 실렸던 글이다.

『누가「덜 된 녀석」이냐.

견습기자 합격 발표가 있은 다음 날이다.

학사고시 보던 날 뒷자리에 앉아서 연필 끝으로 등을 쿡쿡 찌르며 답안지를 보여달라던 친구를 길에서 만났다.

우선 묻는 말이 한자리 구했느냐는 것이다.

신문기자가 되었다고 하니 이 친구 "자, 당장 한잔하자."고.

한잔한다는 것이 해거름부터 밤 10시까지 마셨다.

혀가 어지간히 꼬부라지자 이 친구 한다는 소리가 "그래 K장관 만나봤겠지? 박정희 최고회의 의장이 인터뷰에서 뭐라던?"

기염을 토했다.

옆자리에서 마시던 주객들의 눈살이 곱지 못했다.

그저 황소 눈 껌뻑이듯이 쭈그리고 있다가 일어섰다. 주머니를 터니 버스표 넉 장뿐이다.

제대증을 맡기며 내일 오전 중으로 돈 가지고 오겠다고 사정하는데 앞서 나가던 그 친구, "야, 임마! 돈 내고 술 먹는 기자가 어디 있어? 이 덜 된 녀석." 마구 호통이다.

그 친구가 말한 것처럼 돈 안 내고 술 먹는 직업이 신문기자란 말인가. 시정인들이 그렇게 알고 있는지. 나는 정말 덜 된 녀석인가』

(1963. 5. 30. 대한일보 사보)

"기자라는 것은…버릇 없는 것들"

신문사에 입사한 뒤 고향에 계신 할아버지께 편지를 썼다. 한 달에 한 번씩 하숙비를 보내 달라고 할 때와는 사뭇 기분이 달랐다.

조부주전 상서(祖父主前 上書)로 시작되는 서두는 같았으나 내용은 달랐다. 신문기자로 취직이 되었다는 소식을 자랑스럽게 알려드렸다. 그 후, 할아버지로부터 답장이 왔다.

— 그 많은 직업 중에 왜 하필이면 신문기자를 하느냐. 기자라는 것은 아주 버릇이 없는 것들이다. 취직하기가 어렵겠지만 가능하면 다른 자리를 구해보거라. — 이런 내용이었다. 나는 편지를 몇 번 되읽으면서 가슴이 허전했다.

누구보다도 내게 지성을 다하시던 조부님이 나의 취직을 제일 기뻐하실 줄 알았는데. 그 후에 어머니에게 들은 이야기다.

할아버지께서 편지를 읽고는 한참 동안 앞산만 바라보다가 "천하에 못된 것들이 신문기자인데 왜 경식이가 그걸 하나." 하시더란다. 기자가 무엇인지를 모르는 어머니는 무슨 죄나 지은 것같이 송구스러워했는데 할아버지 말씀인즉 "내가 면장을 할 때 새파랗게 젊은 녀석들이 면장실에 와서 책상 위에 걸터앉아 담배를 빨아대며 저희 할아비뻘 되는 나에게 '어이, 신 면장, 문의면에 뭐 별일 없어?' 하던 것들이 바로 신문기자들"이라면서 "그거 하면 사람 버린다."고 한탄하셨다고 한다.

한때 면장을 하셨던 할아버지는 내가 신문기자가 되었다는 말에 자유당 말기, 민주당 정권 초기, 그 당시 언론인 행세를 하며 말단

여동생 결혼식 날 3대가 한자리에. 왼편부터 할아버지, 필자, 아버지.

공무원들을 겁주고 등치던 지방의 일부 사이비 기자들을 떠올렸던 것이다. 아버지와 내가 스무살 차이고 아버지와 할아버지는 열여덟살 차이다. 나와 할아버지는 서른여덟살 차이였다.

내가 신문기자 생활을 할 당시에는 행세하는 가문에서는 딸 주기를 꺼렸을 만큼 기자라는 직분에 냉소적이었다.

중앙청 출입기자

첫 데이트

대한일보에 입사해 편집국으로 첫 출근을 했다. 네 사람이 한 조가 되어 일주일씩 각 부서를 돌도록 했다. 첫 배정된 곳이 문화부였다. 미군 성조지가 매일 문화부로 배달되고 있었다.

하루는 경상도 사나이 배효진(스포츠TV 사장 역임) 군이 성조지를 앞에 펼쳐 놓고 "이런 것을 실어야 신문이 새로워진다."면서 흥분을 감추지 못했다.

내용인즉 당시 한참 인기를 누리던 율 브린너가 처음에 영화배우가 되었을 때 감독이 "당신은 bold(용감)하면 유명한 배우가 될 것"이라고 말했는데 이것을 bald(대머리)로 잘못 알아듣고 그 다음 날

대한일보 편집국 야유회(서오릉)

결혼식 사진, 주례는 고제경 대한일보 상무가 섰다.

면도칼로 머리를 삭발하고 촬영장에 나갔다고 한다. 그것이 히트를 쳐 그 뒤 대머리 배우로 유명해졌다는 것이다.

이때 편집국에서 지금 집사람이 된 미스 최를 만났다. 서울신문에도 근무했었고 문예지에 소설이 입선되었다는 소문이 돌았다. 스무대여섯 살 총각들이었던 우리 팀 네 명은 여기자 수가 적었던 때라 누가 먼저 미스 최와 단독으로 커피를 마시나 내기를 걸기도 했다.

어느 날 나는 책상 위에 한글 사전을 펼쳐 놓고 "나와 둘이서 커피를 한 잔 합시다."라는 단어들을 찾아 하나하나 빨간 줄을 친 뒤 그 페이지를 순서대로 적어서 미스 최에게 건네었다. 데이트가 시작되었다.

워낙 극비로 해서 결혼 청첩장을 돌렸을 때야 사내에 알려졌다.

처음 들어가본 중앙청

정치부 김대식 차장은 대한일보사에서 제2인자와 같은 존재였다. 한양대학교 학생회장 출신으로 김연준 총장 측근에서 김 총장 주변의 궂은일을 도맡아 해결함으로써 신문사뿐만 아니라 한양그룹 전체에서 막강한 힘을 발휘하고 있었다.

오리엔테이션의 마지막은 정치부였는데 그는 우리 조 네 명을 세워놓고 눈을 부라리며 "정신 바짝 차리라우." 하면서 "신문기자는 겸손해야 한다."고 훈시를 했다.

"앞으로 일주일 간 신경식 네가 중앙청 나가라."고 그는 자신이 출입하고 있는 중앙청에 나를 지목했다.

중앙청을 출입하던 동기생 견습기자가 선배 기자들 장기 두는 옆에서 훈수를 했다. 장기판이 몰리는데 얼굴도 모르는 새파란 견습기자가 옆에서 훈수를 하니 패가 몰린 선배 기자는 화가 치밀었다. 장기에 진 선배가 김대식 차장에게 화풀이를 되게 했다는 것이다. 그런 일이 있은 뒤라 충청도 출신으로 순박해 보인 나를 중앙청 자기 출입처에 점찍은 것 같았다.

중앙청이라는 곳에 처음 들어가보았다. 웅장한 석조건물, 긴 복도, 높은 천장, 모든 것이 굉장해 보였다. 군정시절이었기 때문에 장관들은 군복을 입고 국장들은 권총을 차고 근무했.

중앙청 지하 1층에서부터 5층까지 층계를 계속 오르내리며 무슨 부, 무슨 과가 어느 방인지를 익히고 다녔다. 당시 1층에는 총무처가 있었고 2층에는 무임소 장관실, 법제처, 기자실 등이 있었다. 3층에는 총리실과 총무처, 4층에는 외무부, 5층에는 경제기획원이 자리 잡고 있었다.

며칠간 청내를 돌아다니자 기자실 선배들은 "이번에 대한일보에서 나온 견습 애는 취재도 열심이고, 말도 별로 없더라."라고 했다. 이 소문이 김대식 차장 귀에 들어가 편집국까지 전달되었다.

중앙청으로 나간 지 일주일 만에 고속으로 견습 딱지가 떨어지고 정식으로 부서 배정이 확정되었다. 확정되기 직전에 홍성원 차장이 나를 따로 불렀다.

"이번 정치부에 왔던 4명 중에 미스터 신은 그대로 여기 남아 있어." 나는 전공이 문학이었고 또 꿈이 글을 쓰는 것이었다. 이미 고등학교 재학 중 충청일보 신춘문예에 〈분기점〉이라는 시가 당선된 경력도 있어 문화부만이 가장 형이상학적인 곳으로 가슴에 새겨져 있었던 터라 홍 차장에게 문화부로 보내달라고 간청했다.

홍 차장은 "정 그렇다면 정치부에 몇 달 있다가 다시 조정하자."고 했다. 이렇게 하여 문화부에의 꿈은 흩어지고, 생각지도 않던 정치부에서 10년간 기자생활을 했다.

내 인생이 문학에서 정치로 방향을 바꾼 분기점이었다.

"형님이 외무부장관을 맡아주세요"

1963년 12월 17일, 박정희 최고회의 의장이 윤보선 전 대통령을 힘겹게 누르고 제5대 대통령에 당선되었다. 이로써 군정은 종식되고 민정이 시작되었다.

새 정부 출범과 함께 박 대통령은 군정의 이미지를 씻기 위해 연로한 동아일보 사장 출신인 최두선 적십자사 총재를 민정 첫 국무총리로 임명했다.

최두선 내각은 박정희 대통령에게 쏟아지는 각종 여론을 받아내며 방탄내각으로 맡은 일을 충실히 해냈다. 마음씨 좋은 할아버지 같았던 최 총리는 젊은 기자들이 무엇을 물으면 "응? 그런 걸 내가

정일권 국무총리가 선조의 고향 전남 압해도를 찾아가는 배 속에서 동승한 주민들에게 사인을 해주고 있다. 맞은편 필자.

아나? 건강들 조심해." 이런 식이었다.

박정희 대통령이 어느 정도 자리를 잡게 되자 본격적으로 국정을 다스려 나가기 위해 대폭적인 개각을 단행했다. 최두선 내각은 취임 6개월 만에 일괄 사퇴로 물러났다.

민정 6개월 후인 1964년 5월 9일 일요일 아침, 비가 주룩주룩 내렸다. 휴일이지만 개각 취재를 위해 나는 10시쯤 출입처인 중앙청으로 갔다. 개각 취재는 중앙청 출입기자들 몫이었다.

전차를 갈아타며 광화문에서 내려 우산을 받쳐 들고 중앙청 서편 입구의 수위실로 들어갔다. 그때 국방색 비옷을 걸친 중년신사가 들어오더니 수위실에 놓인 전화 다이얼을 돌렸다. 낯이 익은 사람 같아 곁눈으로 힐끔 보니 최두선 내각에서 외무부장관을 맡았던 정일권 씨였다. 나는 수위에게 기자실 열쇠를 받아 쥐고 주춤거리면서 통화 내용에 귀를 기울였다.

정일권 씨는 수화기에 대고 "형님이 꼭 외무부장관을 맡아주셔야 되겠습니다." 하는 것이었다. 전화를 받는 상대측에서는 외무부장관직을 사양하는 것 같았다.

"형님, 외국에서도 해군제독이 외무부장관 맡는 일은 아주 많아요. 형님이 외무부장관 안 맡으시면 저도 총리 그만두겠습니다."

그 말을 듣는 순간 나는 가슴이 쿵쿵 뛰었다. 대어를 낚는 기분이었다. 틀림없는 특종거리였다. 정일권 씨는 통화를 마치자 자리를 떠났다.

숨을 죽이고 엿듣고 있던 나는 들고 있던 기자실 열쇠를 되돌려 주고 그길로 신문사로 뛰었다. 외무부장관은 손원일 제독이 틀림없어 보였다. 며칠 전부터 지면에 그의 이름이 오르내렸다. 장관들에 대해서는 하마평이 돌았는데 정작 국무총리만은 오리무중인 상태였다.

다음 날 대한일보 1면 톱은 특종으로 화려했다. 『국무총리 정일권, 외무부장관 손원일』로 대서특필되었다. 이날 다른 신문들은 2단 내지 3단으로 『금주 중 개각 발표할 듯』, 『총리는 오리무중』이라고만 기사를 내보냈다.

5월 11일, 특종기사가 나간 이틀 후에 개각 명단이 발표되었다. 국무총리에 정일권, 외무부장관은 손원일 제독이 끝내 수락하지 않아 정일권 총리가 당분간 겸직하는 것으로 매듭지었다.

정일권 총리는 취임식을 마친 뒤 바로 기자회견장으로 들어가 시정 방침을 밝혔다. 의욕이 넘쳐 보였다. 당시 언론들은 초대 최두선 내각을 '방탄내각', 정일권 내각을 '돌격내각'이라고 이름을 붙였다.

정 총리가 취임하고 10여 일쯤 지난 뒤 총리실 신성재 총무비서관이 만나자는 전화를 했다. 신 비서관은 나의 중·고등학교 동기생인 곽우영 군의 친 자형이었다.

3층 신 비서관 방으로 올라가자 그는 "내일 아침 8시까지 삼청동 총리 공관으로 오라."고 했다. 다음 날 아침 정 총리는 정장차림으로 식당에서 나를 기다리고 있었다. 이것이 정일권 총리와의 첫 대면이었다.

"신경식 기자요? 나는 한 사십쯤 된 줄 알았는데 이렇게 젊은 사람이라니." 다정하게 직접 차를 따라 주었다.

식사를 같이 하면서 정 총리는 지난번 개각발표 전후의 '아찔했던 순간들'(그분의 표현)을 들려주었다.

개각발표 이틀 전 일요일, 박정희 대통령에게서 아침을 같이 하자는 연락이 왔다. 청와대 조찬 약속에 대해서 누구에게도 말하지 말라는 당부를 했다.

그날은 수행비서도 집에서 쉬게 하고 정 총리는 아무에게도 알리지 않고 청와대로 갔다. 박 대통령과 단둘이 아침식사를 하는 자리에서 대통령은 "총리직을 맡아달라."고 했다.

"앞으로 한·일 회담이 중요하니 외무부장관을 잘 선택하라."고도 했다.

정 총리는 그 자리에서 6·25 당시 자신이 육해공군 총사령관으로 있을 때 해군참모총장이었던 손원일 제독을 외무부장관으로 추천했다. 박 대통령은 즉석에서 수락을 하면서 "발표 때까지는 절대로 보안을 지켜야 한다."고 강조했다.

조찬을 끝낸 뒤 박 대통령은 문 앞까지 배웅을 하면서 "정식으로 발표하기 전에는 알려지지 않도록 하라."고 거듭 보안을 강조했다.

먼저 손 제독에게 사실을 알리는 일이 급선무라 정 총리는 청와대에서 나와 바로 중앙청 수위실로 들어가 전화를 걸었던 것이다.

거듭 당부했던 내용이 다음 날 대한일보에 대문짝만하게 기사화되었고, 박 대통령과 단둘이만 알고 있는 손원일 제독 이름까지 거명된 것을 본 순간 귀신이 곡할 일에 정신이 아찔하더라고 했다.

박 대통령 성격에 그냥 넘어가지 못할 것이니 총리직은 단념했었다고 그간의 경위를 내게 설명했다.

정 총리는 식사가 끝난 뒤 내 손을 잡으며 "앞으로 한 달에 한 번씩 만나 식사라도 하면서 세상 돌아가는 이야기를 나누자."고 했

정일권 총리가 박정희 대통령으로부터 국무총리 임명장을 받고 있다.

다. 그렇게 해서 그분과는 한 달에 한 번씩 조용한 시간을 가지면서 정분을 쌓았다.

각별하게 지내던 중 그분이 국회의장이 되자 나는 비서실로 들어가 수석 비서관과 비서실장으로 6년 동안을 보필했다. 내가 정계에 입문할 때 어려운 상황에서 큰 힘이 되어주기도 했다.

취재 현장

김종필 의원의 시국 강연

1963년 제5대 대통령선거가 끝나고 공화당이 집권당으로 자리를 잡게 되자 한·일 국교 정상화 문제가 서서히 부각되었다.

1964년 신학기가 시작된 따뜻한 봄날, '데스크' 홍성원 부장은 고려대학교에 가보라는 취재 지시를 내렸다. 그날 오후 5·16 주체세력의 제2인자인 김종필(JP) 의원의 시국강연이 고려대 강당에서 있었다.

본관 좌측에 있는 서관 강당으로 갔다. 나는 바로 전해에 졸업을 했기 때문에 강당 안에는 낯익은 후배들이 많이 눈에 띄었다.

김종필 의원은 교정에서 만나면 대학원생으로 보일 만큼 앳된 모

노상에서 김종필 의원 인터뷰.

습이었다.

　JP는 한 시간 넘게 시국 전반에 대해서 열띤 연설을 했다. 당시 국민적 관심사였던 한·일 국교 정상화 문제에 대해서 중점적으로 언급했다. 그의 연설을 가까이서 들어본 것이 처음인 나는 그의 달변에 흠뻑 빠졌다. 지금도 잊히지 않는 대목이 있다.

　"학생 여러분! 공화당 정권이 한·일 회담 해서 일본 매판 자본 끌어들여 이 나라를 일본의 경제 노예로 만든다고 그러는데 그게 말이나 됩니까?

 우리는 일본이 한국에 투자를 하도록 하는 겁니다. 자본이 넉넉한 그들이 한국에 고층건물 짓고, 큰 도로 내고, 그래서 조금씩 이윤을 붙여 우리가 본전을 갚아나가면 우리도 이익이요 저들도 이익입니다.

 만일 일본이 딴생각하면 당장 쫓아냅니다. 쫓겨 갈 때 그 건물을 뜯어 갈 수 있겠습니까? 그 도로를 파 갈 수 있겠습니까?"

 좌중에서는 박수소리가 높았다.

 연설이 끝난 뒤 JP는 경호원들에 둘러싸여 본관 쪽으로 걸어갔다. 나는 수첩과 볼펜을 꺼내 들고 바짝 다가갔다.

 "오늘 소감을 말씀해주시죠." 사진기자가 옆에서 셔터를 눌러댔다. JP가 나를 훑어보더니 신문기자임을 금방 알아보고 걸음을 멈추었다. "우리는 절대로 일본 경제에 예속되지 않습니다." JP는 연설에서 했던 내용을 다시 한 번 강조했다.

 JP와의 첫 대면이었다. 이렇게 만난 JP와는 같은 충청권 출신으로 의정생활을 하는 동안 가까이 지냈으며 지금도 가끔씩 골프와 포커를 즐기고 있다.

오진암에서 아가씨들과 맞절

 각 신문사에서는 중앙청 기자실에 기자 2명씩을 배치했다. 이른바 출입기자들이다. 대한일보에서는 1진에 김대식 차장, 2진으로 신경식이었다. 김대식 차장은 한양재단 일 등으로 바빠 한 달에 한두 번도 출입처에 얼굴을 비치지 못했다. 자연히 내가 2진이면서 기사 취재나 기자실 활동에서 1진 역할을 했다.

1963년도 여름, 막 견습딱지가 떨어졌을 때다. 더위가 심했던 어느 날 저녁 이석제 총무처장관이 요정 오진암으로 중앙청 기자단을 초청했다. 그 시절에는 은밀한 사안이나 접대가 요정에서 많이 이루어졌다.

총무처에서는 국장급 이상 간부들이 나왔다. 김용휴(당시는 현역 대령으로 후에 총무처장관 역임) 행정관리국장, 김재후(준장 예편) 인사국장 등이 기자들 사이에 앉았다.

기자실에 출입한 지 얼마 되지 않은 올챙이 기자인 나는 요정이라는 곳을 그날 처음 구경했다. 출입문 옆에 어정쩡하게 앉아 있었다.

다들 자리를 잡고난 뒤, 출입문이 열리면서 화려한 한복에 노리개까지 매단 요정 아가씨들이 방으로 들어왔다. 한꺼번에 들어오는 것이 아니고 두 사람씩 들어와서는 이마가 장판방에 닿도록 큰절을 한 뒤 손님들 곁에 사뿐하게 앉았다.

짙은 화장을 한 요정 여인네들을 가까이서 보기는 난생 처음이었다. 괜히 가슴이 두근거렸다. 두 번째로 들어온 아가씨들이 또 큰절을 했을 때, 나는 나도 모르게 벌떡 일어나 머리를 바닥에 대고 맞절을 했다. 충청도 산골에서 자라나 가까스로 대학을 마치고 취직한 지 몇 달도 되지 않았던 나는 성장한 여인들이 정중하게 큰

사이공에서 만난 김용휴 주월 한국군 부사령관과 반갑게 악수를 나누는 필자.

절을 하는데 가만히 앉아 있기가 송구스럽고 더구나 예의가 아니라고 생각했던 것이다.

내 모습을 본 장내에서는 방이 떠나갈 듯이 웃고 박수를 치고 야단이 났다. 배를 잡고 웃던 총무처 간부들과 선배기자들은 나의 맞절에 웃음을 참지 못하면서도 속으로는 순진한 놈이라고 생각한 것 같았다.

맞절사건 이후 선배기자들은 한결 따뜻한 눈길로 나를 대해주었고 내 결혼식 때 이석제 장관은 자청해 청첩인이 되어주었다.

김용휴 국장은 민정이양 후 군으로 복귀했다. 월남전 때 종군기자로 사이공에 갔을 때 그는 소장으로 진급해 주월사 부사령관이 되어 있었다. 사령부에서 만난 우리는 그 시절을 회고하며 요정 오진암 맞절 얘기로 한바탕 웃었다. 떠나올 때 그분이 선물로 준 파카 만년필 세트를 지금도 간직하고 있다.

첫 외유, 환송객이 30여 명

1965년 가을, 정일권 국무총리가 동남아를 순방하게 되었다. 취재기자들도 수행한다고 했다. 그 당시 취재차 외국에 간다는 것은 신문기자로는 큰 출세를 하는 것만큼 영광스럽고 자랑스러운 일이었다. 외국에 나가는 케이스가 없던 때였다. 관광이라는 단어도 생소했다.

100여 명이 넘는 편집국 기자 중 외국에 다녀온 기자는 특파원을 제외하고 5~6명도 안 될 때였다. 대한일보에서는 외국에 나가 본 기자가 고작 2~3명이었다. 외국엘 다녀온 적이 있는 김대식 차장이 나를 불렀다.

"이번 정 총리 순방에 네가 수행하라. 회사에서 경비 때문에 혹시 안 보낼지 모르니 정 총리한테 말해서 김연준 사장에게 수행기자를 한 사람 보내 달라고 전화를 하도록 해보라." 김대식 차장은 내가 수행할 수 있게 배려하면서 경비 염출 방법까지 알려주었다.

그 길로 나는 정 총리를 만나 회사 사정을 말씀드렸다. 정 총리는 그 자리에서 김연준 사장에게 전화를 걸었다.

외국 출장 때 공항에 환송 나온 가족들.

첫 외국 출장 때 환송 나온 어머니(왼쪽 끝)와 장인(오른쪽 끝). 어머니 오른쪽으로 우리 내외.

"형님, 저 정일권입니다. 총리 취임 후 처음으로 동남아 순방을 떠나는데 대한일보에서 수행기자 한 사람만 보내주시면 고맙겠습니다."

정 총리와 김 사장 두 분은 고향이 같은 함경도였다. 사석에서는 형님, 아우님 하는 사이였다.

취재를 마치고 뒤늦게 편집국에 들어갔다. 홍성원 부장이 "사장께서 직접 전화를 하셨는데 신경식 기자가 정 총리 동남아 순방에 수행 취재하라는 지시가 내려왔다."고 했다. 각본대로 허락이 떨어졌다.

출국 준비를 했다. 떠나기 며칠 전 원용석 무임소장관이 여비 5천 원이 든 봉투를 건네주면서 잘 다녀오라고 격려해주었다. 원용석 장관은 요절한 천재 시인 이상과 지금 서울대 공대 전신인 경성공전의 같은 반 급우였다. 내가 문화부에 부탁해 이상의 학창시절을 크게 기사화한 적이 있었다.

수속을 마치고 9월 25일 김포공항으로 갔다. 비행기 타고 외국에 간다고 하니 청주 고향에서 아버지, 어머니, 동생들과 처가에서 장인, 처남, 고등학교 동창생들, 신문사 친구들 하여 30여 명이 환송을 나왔다. 꽃다발 들고 이리저리 짝 지어 기념사진도 찍고 했다.

같이 출발하는 다른 신문사 기자들의 경우도 마찬가지였다. 환송객들이 수십 명씩 따라 나왔다. 그때 내 나이 스물일곱이었다.

동아일보의 박원근(국민일보 편집국장 이사 역임) 기자, 한국일보의 중앙청 출입인 정광모(한국소비자연맹 회장) 기자는 외국엘 가본 적이 있다고 하여 대신 국회 출입인 박현태(KBS 사장 역임) 차장, 경향신문에서는 이창원(한국단자공업 회장) 기자, 9월 하순에 창간 예정이었던 중앙일보에서는 미리 발령해놓은 심상기(경향신문 사장 역임) 기자, 조선일보에서는 채영석(3선 국회의원 역임) 기자 등 모두 6명이 동행 취재를 하게 되었다.

생전 처음 타보는 비행기였다. P교수의 일화가 생각났다. 이분이 6·25 후 독일로 유학을 가는데 130달러가 전 재산이었다.

직항이 없을 때라 동남아를 거치며 비행기를 갈아타고 독일까지 가게 되었다. 기내 음식이 나왔지만 돈 아끼느라고 손도 대지 못하고 슬그머니 화장실에 가서 싸 가지고 온 인절미로 끼니를 때웠다. P교수는 후에 유정회 국회의원이 되어 나와 테니스를 치면서 그때의 인절미 이야기를 종종 들려주었다. 기내에서 주는 음식이 무료라는 것을 그 당시 모르는 사람이 더 많았을 것이다.

대만을 거쳐 저녁나절 홍콩에 도착했다. 6, 7층 건물이 고작이었던 우리 눈에 하늘을 찌를 듯한 수십층 고층 건물은 감탄과 경이로움 그 자체였다.

하야트 호텔에 여장을 풀고 현지 코트라 직원의 안내를 받아 식당으로 내려갔을 때, 한쪽 벽에 차려진 수십 가지의 산해진미를 보고 또 한 번 놀랐다. 보지도 듣지도 못했던 갖가지 과일이 접시에 담겨 있었고 음식도 수십 가지가 넘었다. 안내원은 "마음대로 가져다 먹어도 값은 똑같다."고 했다. 한 가지를 먹으나 열 가지를 먹으나, 한 번 가져다 먹으나 열 번 먹으나 같은 값이라는 것이다. 세상에 이런 낙원도 있는가.

우리는 접시에 더 담을 자리가 없이 가득가득 가져다 놓고 먹었다. 절반도 더 남기고 일어섰다. 우리 일행 그 누구도 지금의 뷔페식당을 알지 못했던 시절이다.

그날 밤 나는 하루 일정을 정리해『정 총리 동남아 순방 첫날』이라는 제목으로 스케치 기사를 송고했다. 기사에는 먹어도 먹어도 값이 같은 뷔페식당 얘기도 빼놓지 않았다.

지금은 인터넷을 통해 기사를 즉시 처리할 수 있지만 그 시절에는 기사를 영문자로 고쳐서 전보로 보내야 했다. 예를 들어 '대만을 거쳐 왔다'는 기사를 'TAIPEI rul kutcher watda'라고 써서 전신국에 가져가면 알파벳대로 전보를 치고 신문사에서는 전문을 다시 한글로 풀어서 기사화했다.

정 총리는 홍콩 주재 상사대표들과 간담회를 열어 수출 증진 방안을 협의하고 이들의 노고를 치하했다. 나는 회의 내용을 상세히 신문사에 송고했다.

다음 일정은 우리 국군 비둘기 부대가 주둔하고 있었던 월남이었다. 비둘기부대는 당시 월남에서 비전투부대로 의료와 건설 쪽을 지원하고 있었다.

미국과 월남이 우리 정부에 전투부대 지원을 요청하던 때라 정 총리에 대한 월남 정부의 예우는 말할 수 없이 극진했다. 티우 대

사이공에서 채명신 주월 한국군 사령관으로부터 감사패를 받는 필자.

통령과 키 수상은 기자단을 별도로 접견하고 다과를 베풀어주기도 했다.

사이공에 도착한 다음 날 밤, 총리 일행이 묵고 있는 영빈관을 베트콩이 야습한다는 정보가 주월 한국대사관에 입수되어 우리 일행은 밤을 꼬박 새우다시피 했다.

그날 밤 별일은 없었다. 대사관에서 알려온 바로는 한국군의 파병을 방해하기 위해 베트콩 측이 허위 정보로 심리전을 편 것 같다고 했다. 이러한 전시 상황을 밤새워가며 기사로 써서 서울로 송고했다.

사이공 교외 검문소에서 취재중. (왼쪽은 MBC 정진철 기자)

이틀 후 9월 29일, 오전에 목적지인 말레이시아에 도착했다. 공항에는 라만 총리와 최규하(대통령 역임) 대사가 영접을 나왔다.
공항에서 환영행사를 끝냈을 때 대사관 직원이 불쑥 기자들 앞으로 오더니 "C일보 C기자가 왔느냐?"고 물었다. C기자가 "왜 그러느냐?"고 나섰다. 본사에서 대사관으로 온 전문을 내놓았다. 펼쳐보니 영어로 "Send Story or resign C ILBO"(기사를 송고하라, 아니면 C일보를 사임하라)라고 적혀 있었다.
귀국 후 나는 각 신문들을 체크해보았다. 대한일보 지면은 매일 정 총리 순방 기사를 다룬 데 비해 다른 신문들은 별로 다루지 않앉다. 일행 중에 나는 가장 나이가 어렸고 또 회사에서 비싼 경비까지 부담했고, 사장이 직접 출장 명령을 내렸고, 정 총리 일행도 자신들 활동이 기사화되기를 바랐고, 이런저런 사유로 밤늦게까지 열심히 기사를 송고했던 것이다.

호텔에는 대사관에서 준비한 현지 안내 책자가 기자들 방에 놓여 있었다. 내용은 말레이시아의 특산품은 동(銅)이고, 나염한 의류가 유명하며, 국민소득은 얼마고 하는 일반적인 안내서였다.

이날 저녁식사가 끝나자마자 C기자가 먼저 방으로 들어갔다. 다음 날 그는 기사를 두툼히 작성하여 전신국으로 갔다. 그 다음 날 C일보에서 K정치부장 명의로 다시 전보가 왔다.

"Stop sending dull story."(시시한 기사 송고하지 마라)

대사관에서 비치해 준 말레이시아 안내서를 요약해 기사로 송고한 것이다.

나는 C기자가 걱정이 되었다. C기자의 부인은 나와 동향인 청주출신이었다. 그들 내외는 같은 대학 동기 동창생인데 그 처남이 나와는 절친한 사이라 나를 항상 '동생, 동생' 하며 거두어주곤 했다.

"형, 괜찮아?" 내가 걱정이 되어 물었을 때 C기자는

"야, 걱정마라. 나 기 안 죽어." 당당한 표정이었다. 내 경우라면 밤잠을 설쳤을 일이었는데 그는 담대했다.

30여 년 뒤 우리가 나란히 국회의원이 되었을 때 하루는 C의원에게 "형, 말레이시아 전보사건 훗날에 내가 글로 쓸 거요." 했더니

말레이시아 한국대사관저에서. 앞줄 왼쪽부터 이창원(경향), 심상기(중앙), 채영석(조선) 기자, 필자, 뒷줄 왼쪽부터 다섯 번째가 정일권 총리, 일곱 번째가 최규하 대사, 여덟 번째가 윤주영 장관.

"야, 그거 꼭 써라. 내가 배짱 좋았다는 걸 쓰란 말야." 해서 한바탕 웃었다. 작고한 C의원의 호탕한 모습이 눈에 선하다.

귀로에 일본에서 본사에 전화를 걸었다. 홍 부장이 받았다. 홍 부장은 "이번 수행 취재 기사에서 단연 신 기자가 돋보였다."고 격려하고 "한일협정 비준을 앞두고 일본 국회에 격랑이 일고 있으니 도쿄에 머물러 취재를 하라."고 지시했다.

한 달 가까이 도쿄에 머무르면서 일본 국회의원들이 한·일 협정 비준안 통과를 둘러싸고 여·야 간에 치열한 격돌을 벌이는 현장을 취재했다.

숙직하던 날 밤 시말서 쓴 이유

1960년대 중반 신문사 편집국 기자들은 돌아가면서 숙직을 했다.

내가 숙직을 하던 밤이었다. 새로 입사한 견습기자 한 명이 보조로 같이 숙직을 하게 되었다.

둘이 앉아서 할 일도 없고 (편집국에 TV가 없을 때였다) 해서 그 견습 후배에게 전화 오는 것 잘 받아놓으라고 당부하고는 출입처 사람들과 술집으로 갔다. 그날 밤, 술이 취한 나는 곧장 집으로 갔다. 다음 날 아침 출근해보니 편집국 분위기가 심상치 않았다.

편집국장실로 빨리 가보라고 편집 서무가 일러주었다. 부처님같이 부드럽고 말수가 적은 박용래 국장이 딱딱하게 굳어진 표정으로 내 아래위를 훑어보더니 "어떻게 된 겁니까?" 나직하게 말했다. 도대체 무엇이 어떻게 되었다는 것인가, 내가 되묻고 싶은 말이었다.

사연인즉 그날 밤 같이 숙직을 하던 견습기자가 혼자 남아 있다가 슬그머니 편집국을 비워놓고 밖에 나가 대취해 돌아왔던 것이다. 그러고는 국장 책상을 뒤엎어버렸고, 사회부 홍돈섭 부장 뒤에 걸려 있던 편집국 칠판에 탄알이 뚫고 지나간 것처럼 뻥 하니 구멍을 뚫어놓았다. 책상과 의자를 내동댕이쳐 편집국을 난장판으로 만들어놓았다.

다음 날 아침 간부회의 때문에 일찍 출근했던 국장, 부장들이 그 현장을 그대로 목격한 것이다. 결국 그 견습기자는 얼마 지나지 않아 신문사를 그만두었고 그 일로 나는 난생 처음 시말서라는 것을 썼다.

나와 같이 숙직을 한 그 기자가 바로 많은 근로자들의 꿈과 희망을 한 몸에 안고 지난 2002년 대통령선거에 출마해 선전하고, 2007년 제17대 대선에 민노당으로 다시 출마한 권영길 후보였다.

중앙청에서 만난 사람들

기자실의 포커판

1960년대 초, 중앙청 기자실은 출입기자가 약 30명 정도 되었다. 자유당시절 경무대를 출입하던 고참부터 막 견습기자 딱지가 떨어진 신출내기까지 구성멤버는 다양했다.

주요 취재대상은 일주일에 두 번씩 열리는 국무회의와 총무처의 정부인사, 공보처의 현안에 대한 공식발표 등이었다. 정치면 기사는 늘 국가재건최고회의가 주인공이어서 중앙청 기사는 큰 특종이 아니고는 하단으로 밀렸다.

오전 11시 반쯤 기사송고 마감시간이 끝나면 나머지 시간은 대개 바둑이나 장기를 두었다. 어떤 패는 귀퉁이 테이블에 모여 '섯다'를 하거나 '포커'를 했다. 고스톱이 없을 때였다.

판이 벌어지면 나와 동화통신 안종석(신아일보 편집부국장 역임) 기자가 늘 따는 편이었다. 안 기자와는 문화촌 입구 이웃에 살면서 동갑내기로 각별하게 지냈다.

그는 일제시대 3만 석을 했다는 경산 안 부잣집 장손자였는데 그 할아버지는 손자가 넘어지면 무릎을 다친다고 100칸이 넘는 큰 집 마루마다 카펫을 깔았다고 한다. 신아일보 사주였던 장기봉 씨가 그의 큰 자형이다.

안종석과 나는 섯다 판에서 마주 보고 앉는다. 멤버들이 모두 자기 패 쪼는 데 정신이 없을 때 우리 둘은 서로 패를 밖으로 쫀다. 그러면 상대방 패를 보게 되고 한쪽이 패가 좋으면 그 후에 둘이서 서로 치고받고 한다. 패가 좋아도 판돈을 올려주는 상대가 있어야 판이 커지는 법이다. 웬만한 사람들은 액수가 커지면 중간에 들어가버리고 만다.

화투판에서는 모두 자기 패에 열중해 이렇게 공개적으로 맞은편에 패를 까 보여도 누구 하나 보는 사람도 아는 사람도 없었다.

1960년대 중반 들어서면서 화투보다 포커가 성행하기 시작했다. 중앙청 기자실에서는 조선일보 채영석(3선 국회의원 역임), 동아일보 조규하(전남지사 역임), 서울신문 고흥욱(고흥길 의원 맏형), 동양방송 김집, 동아방송 장순재, 그리고 내가 포커의 주 멤버였다.

판이 커지다보면 통금 직전까지 계속되었다. 퇴근시간 때쯤 편집국에 전화를 걸어 "취재가 끝나지 않아서 신문사에 못 들어간다."는 통고를 하면 벌써 부장은 훤히 꿰뚫어보고 "판돈 모자라면 연락해." 한다. 요즘도 신문 기자와 부장 사이에 이런 인간적인 정이 있는지 모르겠다. 앞에서 이름을 밝힌 멤버들은 모두 나보다 고참이고 적어도 네다섯 살씩은 위였다.

내가 막내 격인데 과격하지 않은 내 성격을 아는지라 판돈이 커졌을 때 내가 '킥백(되받아치기)'을 하면 대개 좋지 않은 패를 가지고 따라오던 상대들은 내 패가 좋을 것으로 알고 포기해버린다.

그 점을 간파한 나는 역으로 블러핑(bluffing 카드에서 패가 센 것처럼 허세를 부리거나 엄포 놓기)을 치다가 탄로가 난 적이 몇 번 있었다. 예를 들어 세 끗 가지고 쳐서 일곱 끗을 누르는 식이었다.

이런 것을 포커판에서는 속된 말로 '구라' 친다고 하는데 판이 계속되면서 아예 내 별명이 '신구라'가 되었다. 지금도 중앙청에 같이 출입하던 정재호 전 의원, 최병렬 한나라당 전 대표 등은 가끔씩 포커 할 때의 내 별칭인 "신구라"라는 호칭으로 친근감을 나타낸다. 고도한 심리전술도 동원되는 포커판에서 높지 않은 카드로 배짱 있게 쳐서 이긴다는 뜻인 이 별칭은 "포커 하면 신경식"이라는 이미지를 남기기도 했다.

한번은 동양통신 갈천문 기자가 포커판에서 내게 지갑을 다 털렸다. 우리가 카드를 계속하고 있는 동안 그는 혼자 돌아앉아 테이블 한쪽에 담뱃불로 '신구라'라고 새겨놓았다. 그때 홍종철 공보부장관이 국무회의 브리핑 관계로 기자실에 내려왔다가 불로 지져 써놓은 '신구라'라는 글씨를 보더니 이게 무슨 뜻이냐고 간사에게 물어보아 화제가 되기도 했다.

포커판에서 있었던 큰판 승부는 기억에 오래 남는다.

한번은 기자실에서 밤새워 카드를 했다. 새벽 2시쯤 '로볼'(4장의 카드가 그림이 다르고 중복되지 않은 낮은 숫자가 좋은 끗발인 게임)을 하는데 내 손에 1, 2, 4, 5가 들어왔다. 가히 8땡쯤 되는 패다.

한바가지(카드 베팅 때 많이 친다는 속어) 쳤더니 동아일보 조규하 선배가 그걸 받고 더 큰 액수로 킥백을 했다. 나는 자신 있게 받고 내 앞에 놓인 돈을 다시 전부 털어넣었다. 물론 그쪽에서도 서슴없이 전부 받았다.

패를 까보니 조 선배 패는 1, 2, 3, 5였다. 내가 한 끗 차이로 패한 것이다. 이날 밤 혼난 일은 40년도 더 지난 지금까지 잊혀지지 않는다.

언젠가 맥아더 장군 자서전을 보았더니 맥아더 장군이 어렸을 때 할아버지하고 포커를 하는데 '킹'이 네 마리가 들어왔더란다. 칩을 있는 대로 다 치고 까보니 할아버지는 '에이스'가 네 마리였단다. 맥아더 장군은 그 이후 아무리 극한적인 운명에 처해도 그보다 더 극한적인 운명이 그 위에 있다는 진리를 깨닫고 평생 할아버지와 벌였던 그날의 포커 게임을 잊지 않고 조심하면서 살아왔다고 술회했다.

'살콰주' 홍 장관

중앙청 출입을 할 때 사귄 분들로 지금도 자주 만나거나 또는 못 만나지만 마음속으로 종종 떠올리는 분들이 있다. 남한강 상류에서 낚시를 하다가 낚싯줄에 걸려 물에 빠진 아들을 구하려고 물속에 뛰어들어 돌아가신 홍종철 공보부장관은 에피소드를 많이 남겼다.

한번은 홍 장관이 국무회의를 끝내고 기자실로 들어왔다. 미처 의자에 앉기도 전에 당시 큰 현안이 되었던 언론법 문제에 대해 기자들이 국무회의에서의 논의 여부를 물었다.

홍 장관의 대답이 좀 늦어지자 김대식 차장이 홍 장관 허리띠를 움켜쥐고 "사실대로 말하라우." 하며 흔들었다. 깜짝 놀란 홍 장관은 "아이쿠 내래 살콰주." 하고 비명을 질렀다. 그때부터 고향이 평안도였던 홍 장관의 별명은 '살콰주'가 되었고 '살콰주 홍 장관'이라는 별명으로 가십도 여러 번 나갔다.

홍 장관은 5·16 당시 군사 혁명주체 중 한 사람이었다. 육사 8기 대령으로 5·16 때 전방 6군단 작전참모로 있으면서 포차를 이끌고 서울에 진주해 절대적인 공을 세운 사람이다. 그 부대는 사실상 서울 근교에 주둔하면서 서울에 반란이 생기면 즉시 진압을 해야 하는 동원부대였다.

이분은 공보부장관이 된 뒤에 사석에서 자신은 기자를 아주 싫어하는데 공보부를 맡아 걱정이라는 말을 했다. 이유인즉 전방에서 장교들이 생활이 어려워 군 휘발유를 가끔 빼내 가고, 부식이나

홍종철 공보부장관과 중앙청 출입기자단. 앞줄 왼쪽부터 조규하, 유병무, 김상희, 고흥욱, 홍종철 장관, 홍성철 실장, 필자, 이영익 기자.

국무회의 결과를 발표하는 홍종철 장관. 뒷줄 왼쪽 끝이 필자, 홍 장관 왼쪽이 안종석 기자, 사진 오른쪽 끝 안경 쓴 사람이 채영석 기자.

쌀을 좀 가져가면 어떻게 알았는지 지방 주재 기자들이 찾아와 신문에 낸다고 공갈협박을 해서 휘발유 한 통으로 인해 열 통 값이 들어갔다고, 기자들에 대한 감정을 말했다.

홍 장관은 군인정신이 투철했고 소탈한 성격이었다. 5·16 후 국가재건최고회의 최고위원으로 있을 때 하루는 기자실에 왔다. 많은 기자들이 몰려들자 앞에 있는 기자를 보고 "어느 신문사냐?"고 물었다. "통신사에 있다."고 하니 "어느 신문사 전화가 고장 났느냐?"고 물어 두고두고 화제가 되었다.

삭주 구성의 이석제 장관

이석제 총무처장관은 고향이 소월 시에서 산골 벽촌의 대명사처럼 쓰이는 "삭주 구성" 하는 삭주다. 혁명주체로서 청렴하다는 정평이 난 사람으로 총무처장관을 6년 넘도록 했다. 성격이 꼬장꼬장하고 정확해 박정희 대통령의 각별한 신임을 받았다.

1960년대 중반 '에로파'라는 아시아지역 행정기구 회의체가 말레이시아에서 결성되었다. 이 장관이 정부대표로 참석하고 돌아왔는데 기자들에게 그 당시로는 귀한 넥타이를 하나씩 선물했다. 그때 외국 넥타이를 받는다는 것은 대단한 선물이었다.

기자들이 저마다 매고 다녔는데 외제상표가 가위로 잘려져 있어서 아쉬워들 했다. 기자들은 그 꼼꼼한 분이 공항에서 혹시 무슨 말이 나올지 몰라 외제상표를 잘라버렸을 거라고 추측했다. 그런

이석제 총무처장관과 선운사에서.

데 어느 기자 넥타이 상표의 잘리다 남은 끝 부분에 한글이 남아 있었다. 이 일로 기자들은 이 장관을 더욱 존경했다. 국산품 애용은 곧 애국이었던 시절이다.

3선 개헌안이 통과되고 1971년 4월 제7대 대통령 선거가 시작되었을 때다. 전직 고위관료들이 총동원되어 지역별로 득표활동을 하게 되었다. 장관직에서 물러난 이석제 씨가 박 대통령 득표운동을 위해 전라북도로 내려갔다. 마침 전·남북지역 선거 분위기를 취재하게 된 나는 그분과 차를 함께 타고 전북으로 갔다.

순창군 쌍치면이라는 곳에 들렀는데 그때만 해도 면 소재지에 아스팔트 길은 물론 기와집도 몇 채 없었다. 가두 유세를 하는데 노인네 대여섯 명이 모였다.

장관을 지낸 사람이 이곳에 오기는 처음이라고들 했다. 승용차 구경을 하려고 차 주위에 몰려든 아이들 수가 더 많았다. 마이크를 집어치우고 노인들과 둘러앉아 세상 돌아가는 이야기를 나누다가 선운사로 가서 하룻밤을 묵었다.

차 속에서 이 장관은 고향 이야기를 들려주었다. 삭주는 쌍치보다 훨씬 더 험한 산골로 외지 사람이라고는 1년에 몇 명이 지나다닐 정도로 사람을 구경하기가 어려운 곳이라고 했다.

이 장관 할아버지는 산비탈에서 옥수수를 따다가 낯선 과객이 지나가면 쫓아가서 집으로 데리고 와서 하룻밤을 재우고 돌려보냈다고 한다. 과객을 통해서 1년에 한두 번 바깥세상 돌아가는 이야기를 듣는다는 것이다. 그 후에도 그분은 구수하고 재미있는 이야기를 곧잘 내게 들려주었다.

그날 밤 선운사 입구에 있는 여관에서 짐을 풀고 그곳 명산품이라는 풍천장어 집에 갔다. 20세쯤 된 여종업원이 심부름을 했다.

나와 둘이서 소주를 마시던 이 장관이 장어를 굽고 있는 종업원에게 "서울은 큰 곳이야, 내일 우리하고 서울이나 가지?" 물론 지나가는 말이었다. 여자가 "알았어요." 하면서 열심히 장어를 구웠다.

다음 날 아침식사를 마치고 그곳을 떠나려는데 그 여종업원이 보퉁이를 들고 차 옆에서 기다리고 있지 않은가. 그때의 황당함은 무어라 표현할 수도 없었다.

대통령선거가 끝난 뒤 이석제 장관은 감사원장으로 부임했다. 하루는 내게 "감사원에서 같이 일을 하자."고 했다.

중요한 사안이라 나는 정일권 총리에게 상의를 했다. 정 총리는 "좀더 신문사에 있는 게 좋겠다."는 의견을 냈다. 한국일보에서 국회 출입을 하던 염길정(2선 국회의원 역임) 기자가 감사원장 비서관 겸 공보관으로 갔다.

제주 출신 6선 양정규 의원

양정규 의원은 제주 출신 6선 의원으로 당내에서 내가 늘 기대고 의지했던 분이다. 그분은 과거 국무총리 정보 비서관이었다. 나이는 나보다 서너 살 위였고 그 당시 30대 초반에 국무총리 정보 수석 비서관이라는 지위는 크게 출세한 자리였다.

그는 제주도 지도를 사무실 벽에 걸어 놓고 있었다. 그때부터 국회의원 꿈을 키우고 있었던 것이다.

7대 국회의원 선거가 다가오자 양 비서관은 제주에 공화당 공천을 신청했다. 당시 김종필 당 의장이 공천을 좌지우지했는데 JP가 양 비서관 아닌 다른 인물을 밀었다. 공천 발표 직전에 JP가 미는 사람이 후보로 확정되었다는 정보를 입수한 양 비서관은 정일권 총리에게 달려갔고, 정일권 총리는 엄민영 내무부장관과 상의했다.

양정규 의원과 백두산 장백폭포 앞에서.

당시 실세였던 엄 장관은 그 길로 청와대로 올라가 200여 명 국회의원 후보 중에 정 총리가 부탁하는 단 한 사람이라며 박 대통령에게 읍소했다.

당에서는 내정된 후보에게 공천장을 받으러 오라는 통지까지 발송한 상태였다. 그러나 박 대통령은 정 총리의 부탁을 받아들여 그 자리에서 제주도 공천을 양 비서관으로 교체했다.

양 비서관은 선거에서 압승해 30대 초반의 젊은 나이에 제7대 국회 의정 단상에 올랐다. 그 후 6선 의원을 기록하며 중진의원으로 우뚝 섰다.

경향신문 이창원 기자

경향신문 이창원 기자는 서울 법대를 졸업한 수재다. 나와는 한 동네 이웃에 살면서 각별하게 지내는 사이다. 지금은 잘나가는 기업가가 되었지만 나와 함께 중앙청을 출입할 때는 별난 에피소드가 있었다.

대한일보 김한수(2선 국회의원 역임) 기자가 국회로 출입처를 옮긴 뒤 견습출신인 정수재 기자가 2진으로 나를 따라 나왔다. 대학 후배인 정 기자는 여자였지만 취재 열기가 남자 못지않았다.

정 기자가 한번은 법제처에서 법안 하나를 구해가지고 나오다가 이창원 기자와 마주쳤다. 좀 보자고 했으나 정 기자는 서류를 둘둘 말아 쥐고 복도로 사라졌다.

이창원 기자는 큰 기삿감일 것이라고 생각하고 뒤쫓아 갔다. 급해진 정 기자가 여자 화장실로 몸을 피했다.

이 기자는 화장실 문 앞까지 따라갔지만 차마 여자 화장실에 들어갈 수는 없어 문 앞에서 버티는데, 젊은 남자가 화장실 문 앞에 서서 씩씩거리고 있으니 여자들이 놀라지 않을 수 있었겠나.

청사 안에 금방 소문이 퍼지고 수위가 달려와서 이 기자는 할 수

이병철 회장의 벤츠를 발로 찬 중앙일보 이창원 기자(오른쪽)와 필자

없이 기자실로 철수했다. 그 법안을 나중에 보았더니 기삿감이 될 수 없는 작은 시행령이었다.

　이창원 기자는 그런 일이 있은 지 얼마 후 새로 창간되는 중앙일보로 옮겼다. 그곳에서도 그의 우직성은 발휘되었다. 하루는 밤늦게 술을 거나하게 마시고 신문사로 들어오다가 신문사 건물 앞에 세워진 고급 벤츠를 보았다. 젊은 혈기에다 술을 한잔한 기분으로 외제차 벤츠를 보자 비위가 거슬려 발길로 찼다. 재수가 없게 차 뒤쪽에 달려 있던 안테나가 부러져 나갔다.

　수위들이 쫓아 나와 난리를 쳤다. 바로 사주인 이병철 회장의 차였던 것이다. 재벌그룹에서 오너의 권위는 행정부의 대통령 못지 않았다.

결국 그 일로 신문사에서 물러난 이창원 기자는 전자제품 회사를 차려 지금은 연간 7천억 원의 매출을 올리는 대 회사의 오너가 되었다. 사주의 승용차를 발로 찬 것이 전화위복이 된 셈이다.

이창원 씨와는 잊을 수 없는 추억이 있다.

1965년 9월 정일권 총리를 수행해 말레이시아를 방문했을 때다. 콸라룸푸르에서 최고급 호텔인 '마린호텔'에 투숙했다.

대학 졸업하고 1년 좀 지난 나로서는 호텔이라는 데가 여인숙이나 여관처럼 잠자는 곳으로만 알고 있을 때였다.

처음 들어가본 호텔 분위기는 나를 완전히 압도하고 말았다. 당시 서울에는 6층짜리 반도호텔(현 롯데호텔 자리)과 2층짜리 조선호텔이 호텔이라는 이름을 달고 있었다.

휘황찬란한 샹들리에 아래에서 호화스런 만찬을 끝내고 방에 들어가보니 카펫을 깔았는데 구두를 신고 걷기가 조심스러웠다.

이창원 씨와 나는 한 방을 썼다. 사르르 잠이 절로 오는 푹신한 침대에서 자고 다음 날 아침 식사를 하러 내려가자고 했더니 이창원 씨는 "호텔은 방에서 주문하면 배달해 주니 그냥 여기서 먹자."고 했다.

나도 그게 좋겠다고 하고, 종업원을 불러 아침식사를 주문했다. 종업원이 메뉴를 내밀었다. 우리는 호기심으로 메뉴에 있는 음식을

10여 가지 넘게 주문했다. 20여 분 후에 노크 소리가 나고 종업원 두 사람이 손수레를 끌고 들어오는데 각종 음식이 잔칫상 같았다.

우리는 속으로 당황하면서도 겉으로는 태연히 시계를 들여다 보며 '몇 사람이 더 올 텐데 아직 시간이 이른가?' 하는 표정을 지었다.

종업원이 나간 뒤 이창원 씨와 나는 허리띠를 풀고 거의 한 시간 동안 쉬었다 먹었다 하면서 접시들을 비워야 했다.

특종도 가지가지

1967년, 7대 국회의원 선거를 앞두고 행정부는 드러나지 않게 득표활동을 지원했다.

국무총리가 지역을 자주 순시했다. 표면적으로는 지방행정 시찰이었지만 내용적으로는 집권당 당선에 힘을 쏟으라는 보이지 않는 격려이자 압박이었다.

하루는 정일권 총리가 천안으로 일정을 잡았다. 고속도로가 없던 그 시절에 지방시찰은 주로 철도를 이용했다.

철도청에 가면 특별 기동차가 늘 준비되어 있었다. 기동차는 두 칸인데 앞 칸에는 국무총리와 장관들이 타고 뒤 칸에는 수행기자들과 비서관, 경호원들이 탔다.

목적지인 천안에 내려 시장실로 직행한 일행은 천안 시장으로부터 지역 현안을 보고 받았다. 기자들은 시장실 뒷좌석에서 총리와

정일권 총리와 지방출장에 나선 중앙청 기자단. (뒷줄 왼쪽부터 다섯번째가 필자)

같이 보고를 들었다.

간단한 현황 보고가 끝나고 옆 건물 회의실에서 총리와 지역 유지들 간에 인사 교환이 있었다.

기자들은 총리가 지역 유지들과 간단히 만나고 곧 돌아올 예정이라는 말에 그대로 앉아 과일과 차를 들었다.

다음 날 아침 각 신문에 "어제 정 총리, 천안 시청에 들러 현지 시찰"이라고 간단한 동정 기사가 났다. 그러나 조선일보만은 눈에 확 띄는 고딕체로 1면 한가운데에 『국무총리가 공무원과 지방 유지들에게 여당 지지를 호소』했다는 4단짜리 기사가 쭉 뽑혀 있었다. 주돈식 기자가 뽑아낸 특종이었다.

기자실이 벌집 쑤신 것같이 소란스러웠다. 각 신문사에서는 "왜 같이 출장 갔는데 조선일보 기자만 이런 기사를 빼내었느냐. 다른 기자들은 무얼 취재했느냐." 하고 그날 수행했던 자사 기자들에게 책임을 추궁했다.

선거를 며칠 앞두고 국무총리가 일선 행정기관에 가서 득표활동을 독려했다는 것은 큰 기삿거리였다.

일부 기자들은 지역 유지들하고 차 한 잔 나누며 악수만 하고 나왔다고 발표한 박장근 총리 공보비서관에게 몰려가 책상을 치며 따지기도 했다.

확인한 결과 그날의 조선일보 특종은 아주 사소한 데서 비롯되었다.

총리의 천안 시찰은 당일치기로 특별한 행사도 아니고 하여 조선일보에서 중앙청 1진인 송기오 기자나 2진인 채영석 기자가 따라나서지 않고 갓 견습이 떨어져 3진으로 있던 주돈식 기자(문체부 장관 역임)가 수행했다.

주 기자는 천안 본토박이로 초등학교와 중학교를 천안에서 다니고 친척들이 모두 그곳에 살고 있었다. 그는 서울 사대를 졸업하고 여학교에서 잠시 학생들을 가르치다가 뒤늦게 견습기자로 들어왔다. 그 무렵 동갑내기인 우리들이 한창 뛸 때 갓 견습이 떨어진 상태였다.

주 기자는 자기 고향에 왔고 시장 이하 시 직원들을 잘 아는 사이였고(매부가 당시 시에 계장으로 있었다) 또 유지들이 모여 있다니까 유지들 앞에서 "내가 국무총리하고 같이 온 기자다." 하고 자랑도 할 겸 그 회의실로 들어갔다.

입구에서 시 직원이 출입자들을 체크하고 있었는데 주 기자야 한 고향 사람이고, 학교 선생으로 알았지 기자인 줄 알 리 없었다. 도리어 참석을 고마워하는 눈치였다.

잠깐 악수만 나누고 온다는 그 자리에서 정 총리는 "박 대통령이 힘 있게 일할 수 있도록 공화당 공천자를 꼭 국회의원에 당선시켜야 한다."고 일장 연설을 했던 것이다.

특종은 노력보다 운이 좌우하는 예를 종종 경험했다.

도쿄에서 라이브 쇼

같이 중앙청 출입을 했던 문화방송 이영익 기자는 키가 작아도 당차고 부지런했다.

그가 문화방송 도쿄 지사장으로 있을 때 우리 부부가 일본을 방문한 적이 있었다. 저녁식사를 마친 뒤, 이 기자는 우리에게 그 유명하다는 도쿄 뒷골목의 '라이브 쇼'를 비싼 값으로 구경시켜주었다.

현역의원이었던 나는 한국인과 부딪칠까도 염려스러웠고 민망스럽기도 해서 도중에 나왔는데 집사람은 끝까지 보지 못한 것을 아쉬워했다. 도쿄 뒷골목을 지나노라면 늘 이영익이 생각 났다.

MBC 춘천방송 사장을 끝으로 세상을 너무 일찍 떠났다.

필자가 1970년대 미국 샌프란시스코 샌타클라라대에서 수학할 때 이영익 기자가 찾아왔다.

운명하기 10여 일 전 병원에 들렀더니 파리한 손으로 내 손목을 잡고 "야, 경식아, 내가 좋은 아이디어를 하나 생각해냈는데 틀림없이 성공할 사업이야. 이제 곧 낫는다니까 나가는 대로 이 사업을 하자고."

10여 일 뒤 상가에 가서 소주를 마시며 왜 이영익이 그런 소리를 했는지 혼자서 곰곰이 생각해보았다. 머리 좋은 이영익이 자기 병세를 모를 리 없었다. 처참해진 자기 모습을 보며 나를 위로하기 위해 그런 희망찬 얘기를 한 것이 틀림없다고 지금도 나는 생각한다.

떠나는 순간까지 친구 마음을 위로해주며 씩씩한 모습을 보여주고 간 그가 존경스럽다.

판문점의 남·북한 기자들

노동신문 부국장 이수근 탈출

1960년대는 남·북 간의 냉전기류가 첨예했던 시기였다.

나는 1964년부터 판문점을 출입했다. 미8군 출입증을 교부받아야 하고 엄격한 신원조회를 거쳐야 했다.

한 달에 한두 번씩 열리는 판문점 남·북 군사정전위원회 본회의는 회의 때마다 소소한 기사들이 나왔다. 출입기자들은 정치부, 사회부, 외신부 등 신문사 형편에 따라 여러 부서에서 차출되었다.

판문점 기자들은 남쪽이나 북쪽이나 정전위원회에서 출입증을 교부받아야 출입하도록 되어 있어 같은 얼굴들과 자주 만났다.

몇 가지 큰 사건이 있었다. 첫번째는 이수근(북한 노동신문 부사장)의

북한 탈출 사건이었다.

1967년 3월 22일 아침 8시, 태평로 신문회관 앞에서 8군 버스 편으로 판문점으로 향했다. 전례대로 오전 11시부터 정전위 본회의가 열렸다.

북측의 직전대표 장정환 소장은 쿠바 대사로 부임해 가고 박중국 소장이 새로 부임했다. 체격이 장대했던 전임 장정환과는 달리 박중국은 왜소하고 눈매가 매서웠다.

이날 회의에서 남·북대표는 서로 상대방이 휴전협정을 위반했다고 주장하면서 지루한 힘겨루기를 벌였다.

한쪽 대표가 연설을 하면 이를 영어로 통역하고, 영어가 끝나면 중국말로 통역했다. 그러면 상대방 측에서 이에 대해 반박하고 그것을 다시 상대측 통역관이 영어로, 중국어로 돌아가면서 통역을 했다.

발언시간은 3배가 소요되었다. 지루한 탓에 기자들은 특별한 기삿거리가 없으면 기자실에서 마이크로 중계를 들으며 포커로 시간을 보냈다. 그날은 내게 카드가 유난히 잘 들어왔다. 클로버 스트레이트 플러시가 들어와 큰판을 휩쓸었다.

평소에는 회의가 오후 5시쯤 끝이 났다. 기사 마감시간도 지났고 회사에 들렀다가 퇴근해야 하기 때문에 기자들도 5시쯤이면 8군 군용버스 편으로 서울로 서둘러 돌아오곤 했다. 이날 4시쯤 되어 나는 "그만 가자."며 포커판에서 일어났다. 돈을 땄을 때 일어나려는 것이 포커꾼의 생리다.

동양방송의 김집 기자가 조금만 더 치다가 가자고 미련을 두었지만 나는 서울로 돌아가자고 우겼다. 결국 버스를 타고 평소보다 한 시간쯤 앞당겨 모두 서울로 향했다. 버스는 임진강 다리를 건너 문산을 거쳐 6시경 프레스센터 앞에 도착했다.

그날 나는 수월찮이 돈을 딴 편이라 같이 취재 갔던 신아일보 안종석 기자와 문화방송 이영익 기자에게 퇴근 후 다동탕에서 만나 목욕하고 저녁이나 하자는 약속을 하고 신문사로 들어갔다.

편집국으로 막 들어서려는데 홍성원 부장이 한 손에 원고지를 들고 뛰어나오다가 나와 마주쳤다.

나를 보자마자 홍 부장은 "아니, 그래 어떻게 된 거야? 현장에 있어야지 여기 오면 어떻게 해." 하며 목소리를 높였다. 나는 급하기로 소문난 홍 부장이 흥분해 있는 영문을 몰라 엉거주춤했다.

"방금 전에 북한 기자가 판문점에서 남쪽으로 탈출했대. 빨리 용산 8군 헬리콥터 장으로 가봐."라고 소리쳤다. 지방판에 그 기사를 넣기 위해 홍 부장은 원고지를 들고 아래층 공장으로 뛰어 내려가던 길이었다. 나는 정신이 아찔했다.

북한 기자가 판문점에서 남쪽으로 탈출했다면 이것은 세계적인 뉴스감인데 빨리 가자고 서둘러 현장을 떠나버렸으니 앞으로 이 책임을 어쩔 것인가. 뒷일은 어쨌든 우선 현장으로 가야 했다. 급히 용산 8군 헬리콥터 장으로 달렸다.

현장에는 강서룡(교통부장관 역임) 국방부차관이 나와 있었다. 강 차관은 1965년도 정일권 총리 동남아 순방 시 동행했던 분으로 가

판문점을 탈출해 용산 8군 헬리콥터 장에 도착한 이수근을 맞는 강서룡 국방부차관(오른쪽), 가운데가 필자(경향신문 1967년 3월 23일 1면)

깝게 지내는 사이였다.

"어떻게 된 겁니까?" 내가 황급히 묻자,

"나도 잘 모르겠어. 정전위원회 회의가 끝나고 유엔군 측 대표단이 출발하려고 하는데 북한 기자 하나가 우리 차에 뛰어 들어왔대.

지금 싣고 오는 중이래." 강 차관은 들은 대로 전해주었다.

사방이 어두워지고 잠시 후 헬리콥터가 도착했다.

도대체 누군가? 헬리콥터에서 10여 미터 떨어진 곳까지 바짝 다가갔다. 헬리콥터 문이 열리면서 미군 장교가 내리고 낯익은 이수근이 뒤따라 내렸다.

그날 낮에도 정전위 회의장 밖에서 잡담을 주고받던 사람이었다. 반갑기도 했다. 뛰어나갔다. 이수근도 나를 보더니 안심이 되었던지 "오, 오" 하며 나를 끌어안았다. 그때 이수근은 나보다 열 살 이상 위였다. 이날 강 차관, 이수근, 신경식 셋이 헬리콥터 앞에 서 있는 사진이 다음 날 조간신문들에 크게 게재되었다.

당국의 관계자들이 이수근을 대기하고 있던 승용차에 태우고 8군 사령부 쪽으로 떠났다. 나는 지프차를 타고 뒤쫓아 갔다. 차는 8군 병원으로 들어갔고 그는 그곳에서 신체검사를 받았다.

이미 마감시간도 지났고 곧 발표가 있을 터라 병실 앞에서 서성거리다가 회사로 돌아왔다. 그 사이 신문사에는 이수근 탈출만큼이나 쇼킹한 뉴스가 들어와 있었다.

그날 기자실에서 같이 포커를 하던 동양방송 김집 기자의 특종이었다. 서울행 8군 버스를 타지 않고 슬그머니 뒤에 남아 있던 그는 이수근 탈출 현장을 목격했고 인민군들이 쏜 총소리까지 녹음해 왔다. 총성이 탕탕 울리는 현장녹음이 동양방송을 통해 긴급뉴스로 보도되었다.

판문점 출입기자들은 어떻게 된 영문인지를 몰랐고 그 경위가 궁금했다. 창설된 지 얼마 되지 않은 동양방송으로서는 희대의 특종을 한 것이다.

2, 3일 후, 이수근 탈출 당일의 상황과 판문점 취재 전반에 대해 동양방송에서 특집프로를 방영하는데 내게 출연해달라는 부탁이 왔다.

TV가 저녁에 몇 시간 동안만 방영될 때였다. 브라운관도 흑백이었다. 나로서는 첫 TV 출연이었다.

스튜디오에서 생방송으로 진행되었다. 나는 녹화 렌즈에 신경이 쓰여 제대로 할 말을 하지 못했다. 눈치를 챈 김집 기자는 자문자답으로 프로를 잘도 이끌어갔다.

"어떻게 특종을 하셨습니까?" 사회자가 물었다.

"제가 판문점엘 출입한 지 오래되었는데 그날 예감이 이상했습니다. 그래서 다른 기자들은 서울로 다 돌아갔는데 저는 슬그머니 빠져서 혼자 남아 있었습니다." 김 기자의 답변이다.

황당한 발언이었지만 나는 "김집 기자는 판문점 출입기자로는 제일 고참이고 상황 파악이 워낙 빠른 분이라 그런 예감을 능히 했을 겁니다." 하고 맞장구를 쳤다.

아무도 몰랐던 이 특종의 의문이 얼마 뒤에 풀렸다. 이수근의 탈출 정보를 입수한 미군 당국은 정전위 소속 한국인 통역을 통해 고참 기자이고 대북관계를 잘 아는 김집 씨에게 언질을 주었다.

미군으로서는 언론의 현장 증인이 필요했던 것이다. 김집 기자는 이수근 탈출 사건을 현장에서 지켜본 남측의 유일한 증인이 되었다. 대특종을 한 뒤 김집 기자는 그해의 언론인 대상을 수상했고

이수근 탈출 보도로 중앙정보부로부터 감사패를 받는 필자.

이병철 회장의 배려로 동남아 일주 여행까지 하고 돌아왔다.

김집 기자는 이수근 탈출 특종 말고도 판문점 기자들에게 그 당시로는 깜짝 놀랄 만한 사건을 남겼다.

1970년대 초, 판문점에서 남·북 적십자회담이 열렸을 때였다. 북한 기자가 김 기자와 한담을 나누다가 북한제 담배 한 갑을 주며 "서울 돌아갈 때 조용히 뜯어보라."고 했다. 평양사범 출신으로 공산당과 싸우다 월남한 김 기자의 내력을 북한 기자들도 잘 알고 있었다.

김 기자는 예감이 이상해 담뱃갑을 뜯어보았다. 북한에 있는 막내 여동생이 보낸 편지가 들어 있었다. 해방 전에 찍은 어머니의 사진도 있었다.

　편지 내용은 혈육의 정을 강조하고 미제 앞잡이를 하루빨리 그만두고 김일성 장군 품 안으로 돌아오라는 여동생의 간곡한 호소문이었다. 그 당시 이런 문건을 받는다는 것은 떨리고 두려운 일이었다. 이 사건 이후 판문점 기자들은 북한 측의 회유대상이 되고 있다는 사실에 놀라며 언행을 더욱 조심했다.

치획과 노획

　판문점 기자로서 가장 큰 애로사항은 마감시간이 임박해 본사에 기사를 송고하는 일이다. 송고하는 방법은 전화뿐이었다.

　군용 퀸셋(길쭉한 반원형의 간이 건물)에 있는 기자실에는 귀퉁이에 전화박스가 2개 있었다. 8군 군용 전화로 수화기를 들면 용산 8군 교환이 나온다. 초기에는 수화기를 들면 용산이 아니고 도쿄 맥아더 사령부가 나왔었다.

　"프레스 콜", "프레스 콜"하면서 한국 전신전화국으로 돌려 다시 신문사 번호를 불러 통화를 했다. 나중에는 용산 8군 교환에서 바로 한국 전화번호에 연결하는 시스템으로 바뀌었다.

　큰 기삿감이라도 터지는 날은 전화에 불이 났다. 기사를 송고하려면 두 대뿐인 전화기 앞에 극장 표 사듯 한 줄로 죽 줄을 서서 통화 차례를 기다렸다.

임진강에서 나포된 북한 공작원의 소형 잠수정에서 노획된 각종 도구를 본회의장 앞 꽃밭에 전시했다. 현장을 돌아보는 필자.

 마감시간은 닥쳐오고 통화 중인 기자는 박스 안에서 시간을 끌고, 앞줄은 길고, 불안과 초조가 극에 달했다.
 한번은 북한 소형 잠수정이 밤중에 임진강을 건너오다가 우리 군에 잡혔다. 정전위원회가 소집되고 그날 나포된 잠수정과 그 배에 실렸던 모든 장비와 체포된 간첩들의 사진, 그들의 육성녹음 등을 본회의장 우측 화단 옆에 길게 전시해 놓았다.
 전화통 앞에 기자들이 발을 동동 구르며 자기 차례를 기다리는

판문점 남북 정전위원회 본회의를 취재 중인 필자.

데 가까스로 내 차례가 와서 전화를 넘겨받았다.

회사 전화도 마감시간이 가까우면 통화하기가 힘들었다. 그래서 판문점에 큰 기삿거리가 있는 날은 신문사에서 전화선 하나를 비워 놓는다. 동료 기자들이 그 번호 전화는 다이얼을 돌리지 않고 판문점 기사송고 편의를 보아주는 것이다.

나는 전화에 대고 회의장 통로에 전시된 북한 장비들을 열거했다. "임진강에서 치획한 소형 잠수정을 비롯하여-----"라고 큰 소리로 기사를 엮어 나갔다.

지금은 노트북으로 기사를 쓰고 보내지만 그때는 취재한 기자가 현장에서 기사를 부르면 편집국에서 내근 기자가 왼손으로 수화기를 귀에 대고 오른손으로는 펜으로 잉크를 찍어 기사용지 한 장에 네 줄씩 받아썼다.

기사를 받아쓰던 조창화(대한언론인회 회장) 기자가 "치획이 뭐요?" 한다. 급해 죽겠는데 제대로 받아쓰지 못하고 되묻다니.

"야! 치획도 몰라? 치획, 잡아서 갖게 되었다는 치획 말이야. 야, 문리대 나온 놈이 그것도 몰라?"

뒤에서 길게 줄지어 순번을 기다리는 동료 기자들을 보니 1초가 급했다.

"치획 아니라 노획 아니오?"

순간 '아차' 했다. 노획(鹵獲)의 노 자가 치(齒) 자와 글자가 비슷해서 농담으로 노획을 치획이라고 발음했던 것이 급한 때에 치획이라고 나왔다.

친한 친구 박응칠 기자에게도 비슷한 일이 일어났다. 동아방송에서 국회에 출입하던 박 기자는 나와 동갑이고 조창화 기자와는 서울대 문리대 정치학과 동기생이다.

그 무렵 선거 취재를 위해 전북을 순회하다가 고창에 내려가서 기사를 부르는데 "이곳 전북 고폐는 선거 분위기가……" 하고는 "고폐에서 동아방송 박응칠 기자입니다."라고 했던 것이다.

고창(高敞)의 창(敞)자와 폐(敝)자를 혼동한 것인데 얼마 전 그 이야

기를 했더니 박응칠 씨는 그때를 회상하며

"아니 글쎄 데스크에서 고폐가 뭐냐고 묻잖아, 기가 막혀서……우리 사주 고향 고폐도 모르느냐고 받아쳤었지." 하며 웃었다.

인촌 김성수 선생의 장남으로 당시 동아일보 사주이던 김상만 회장 고향이 바로 고창이라고 했다.

그 후 박기자는 KBS로 자리를 옮겨 남미 특파원을 지내고 왔는데 40여 년이 지난 지금도 박응칠 씨를 부를 때 동료 기자들은 '박고폐'라고 부르고 있다.

"우리 북조선 기자들을 보라우"

1966년 가을이었다. 판문점 회의장에서는 남·북 양측 대표단의 입씨름이 벌어지고 있었고 회의장 밖 잔디밭 벤치에서는 남북기자들의 잡담이 꽃을 피웠다.

그 무렵 서울에서는 젊은 남자들 사이에 바지통 넓이가 7인치 내외인 맘보바지가 유행이었다. 몸에 달라붙을 정도로 바지통이 좁았다.

판문점을 출입하는 우리 측 젊은 사진기자들은 멋쟁이가 많았다. 옷 색깔도 다양했고 신발이나 넥타이나 선글라스가 모두 명품들이었다.

경향신문 사진부 김종옥 기자가 그날 통 좁은 바지를 입고 나왔

판문점에서 남북 기자들이 담소를 나누고 있다. 왼쪽 정면이 김집 기자, 중앙에 모자 쓴 필자 양쪽으로 북한기자들이 앉았다.

는데 북한기자들이 김 기자에게 집중적으로 카메라를 들이대었다.

"왜 그러느냐?"고 김 기자가 불쾌하게 말을 뱉자, 북한 기자는 바지를 가리키며 "남조선이 얼마나 생활이 어렵고 물자가 귀하면 저렇게 바지통이 좁으냐."면서 "우리 북조선 기자들을 보라우. 그 바지통보다 두세 배는 넓지 않느냐."며 자랑스럽게 다리를 앞으로 내밀어 보이는 것이었다. 어처구니가 없었다.

"이런 경우 어떻게 설명해야 되나요?" 내 말에 한국일보 박승탁 기자는 체념하는 말투로 "설명한다고 알아듣겠어?" 했다. 그랬다. 설명이 되지 않았다.

박 기자는 미국과 북한이 개성에서 처음으로 정전협정 회의를 시작할 때부터 취재에 나섰던 대선배로, 그런 말에 대꾸해보아야 소용없다는 것을 잘 알고 있었다.

북한 기자들은 정전위원회 회의가 열리는 전날 열차 편으로 평양을 떠나 개성에 도착해 하룻밤 합숙을 하고 회의장에 나오곤 했다. 합숙하는 자리에서 자기들끼리 다음 날 취재에 대한 방향을 정하는지 남측 기자들과 만나면 꺼내는 대화가 거의 비슷했다.

6·3 계엄 때 "데모대가 경찰 백차를 어떻게 했다."는 뉴스가 나갔을 때다. 낯익은 북측 기자가 "백차가 어떻게 생긴 것이냐?"고 진지하게 물어왔다. 경찰이 타는 지프차에 흰색을 칠한 것이라고 설명해주었다. 다른 기자들도 북측 기자들로부터 백차에 대한 질문을 똑같이 받았다.

비날론 발명한 이승기 씨를 만나다

정전위원회 본회의가 열릴 때면 남쪽이나 북쪽에서는 출입허가를 받은 저명인사들이 관광차 종종 회의장을 방문했다.

한번은 이 왕조의 마지막 황손 이구 씨가 판문점을 방문했다. 체구가 가냘프고 하얀 얼굴에 검은 테 안경을 쓴 황손 이구 씨를 보니 공연히 가슴이 안쓰러웠다.

그 후 30여 년이 지나 내가 국회 문화체육공보 위원장을 맡고 있을 때였다. 이구 씨 생활이 너무 어려우니 정부에서 보조금을 지원

판문점을 돌아보는 황손 이구 씨(필자 촬영).

해달라는 전주 이씨 종친회의 탄원서가 접수되었다. 30여 년 전 그때의 아렸던 감정으로 나는 앞장서서 이 왕실 보조금 지급 안을 통과시켜 생활에 다소나마 보탬이 되게 했다.

법안 통과 후 언론계 선배인 이환의(14대 국회의원 역임) 전주 이씨 종친회장으로부터 고맙다는 인사를 몇 번이나 받았다.

초가을 어느 날 정전위 본회의가 열렸는데 이북에서 예사치 않아 보이는 노인이 관광객으로 왔다. 인민군 장교들이 각별히 안내를 했다. 북한 쪽에서 관광으로 판문점에 오는 일은 외국 귀빈을

빼고는 아주 드문 일이었다. 남측 기자들은 연신 카메라를 들이대며 노인에게 질문을 했다.

노인은 무표정한 얼굴로 양지 쪽 벤치에 앉아 사진 찍는 기자들의 프레스 완장을 보더니 "고재욱이 잘 있나?" 하고 고재욱 씨 이름을 거명해 우리는 깜짝 놀랐다.

고재욱 씨는 동아일보사에서 오랫동안 사장, 회장을 역임한 분 아닌가. 기자들은 석연치 않은 노인의 정체가 궁금해서 취재에 더욱 열을 올렸다. 나는 평소 가깝게 지내던 북한 기자에게 물었다.

그 노인은 북한에서 비날론(화학섬유)을 처음으로 발명하고 보급한 유명한 과학자 이승기 씨라고 했다.

다음 날 서울의 각 신문에는 그분의 사진과 기사가 크게 게재되었다. 이승기 씨는 고향이 전남으로 고재욱 회장과는 어린 시절 한 동네에서 같이 자랐다고 한다.

인촌 김성수 선생의 장학금으로 대학을 졸업하고 서울대 공대 화학교수로 재직 중 6·25 전에 월북해 김일성대학 교수로 있으면서 비날론을 발명한 사람이었다. 기사가 나간 뒤 그분과 잘 안다는 노인들을 여럿 만났다.

북한 달력 사건

판문점에서 한 달에 한두 번씩 얼굴을 마주치다보니 남북 기자들 간에도 가까운 사람이 생겼다. 우리는 그들을 파트너라고 불렀

1965년 새해를 맞이해 북한측 팔각정에서 남북 기자들이 기념촬영. 필자(앞줄 왼쪽부터 두번째) 외 털모자를 쓴 사람은 모두 북한 기자들이다.

다. 이름이나 소속은 알 수가 없었다. 우리 측은 이름은 무엇이고, 어느 신문사 기자라고 알려주었지만 그들은 자기 신분에 대해서는 절대 밝히지 않았다.

　나의 파트너는 고향이 광주 학동이고 6·25 전에 월북했다는 사실과 부인이 학교 선생이라는 것만 밝혔다.

　1966년도 음력설이 지난 정초였다. 정전위원회 본회의가 열리는 날 판문점으로 가려고 집을 나서는데 파트너 부인에게 전해주라면서 집사람이 화장품 하나를 건네주었다.

　그날 회의가 열리는 동안 잔디밭 벤치에 앉아서 남들 보지 않게

1장·신문기자 시절 105

1960년대 판문점 출입기자들이 40여 년 만에 옛 취재현장을 찾았다. 장인배(국제신문 국장 역임) 씨와 나란히. 왼쪽 세번째가 박승탁(한국일보) 씨.

화장품을 전해주었다.

파트너는 내게 새해 달력을 건네주었다. 트랙터로 농사짓는 사진, 금강산 만물상, 백두산 천지 같은, 남한에서는 보기 어려운 사진들로 가득 차 있었다.

그날 저녁 서울에 도착해 태평로 프레스센터 앞 8군 버스 정류장에서 우연히 친구를 만났다. 희귀한 달력을 꺼내어 그 친구에게 보여준 뒤 다시 접어 넣고 신문사 쪽으로 가는데 누가 뒤에서 툭 쳤다. 돌아보니 전혀 모르는 사람이었다.

"저 좀 따라오시지요." 그러고는 앞장서 프레스센터 안으로 들어갔다. 신분증을 내보이는데 경찰관이다.

나도 신분증을 보이며 판문점 회의를 취재하고 오는 중이라고 설명했다. 은근히 겁도 났다. 그쪽 기자들이 달력을 주었고 호기심에 넣고 온 것이라고 사실대로 설명했다.

"그 달력 조심해서 관리하세요." 경찰관은 싸늘한 소리로 말하고는 돌아가라고 했다.

1960년대에 북한 물건을 구경한다는 것은 특수기관 아니면 생각도 못할 때다. 북한 물건을 소지하면 반공법 위반일 때다.

그 일을 계기로 알게 된 경찰관 차(車) 씨는 신문사에 들를 때면 꼭 나를 찾아 인사를 나누고 갔다. 경감 때까지 교류가 있었다.

화장품을 주고 달력을 받은 뒤 20여 일 후에 다시 정전위원회가 열렸다. 내 파트너가 벤치에서 나를 기다리고 있었다.

"신 동무, 지난번 화장품 그거 뭐이가? 구리무가 어띠(어찌) 물이가?" 액체 화장품을 북한에서는 모르고 있었다. 화장품이라고 하니 일제강점기 때 바르던 구리무(크림)로 알고 있다가 막상 발라보니 묽은 물이 나와 놀랐다는 것이다. 그 당시 북한의 생활상이었다.

판문점 출입을 그만두고 정치에 입문한 뒤 40여 년이 지난 2004년, 당시 CBS 한영도, 한국일보 박승탁, 동아일보 홍성혁 기자 등 몇 명이 중심이 되어 판문점 출입기자단 동우회를 만들었다.

내가 회장직을 맡고 최종수(코리아 헤럴드 사진부장 역임) 씨가 총무를 맡아 매년 송년 모임을 갖고 그 시절을 회상하며 친목을 도모하고 있다.

제 2 장
내가 만난 사람들

정일권 국무총리와의 인연

건국 이래 기록을 남긴 총리 재임

 1967년 5월 3일, 제6대 대통령 선거가 끝나자 신문사마다 출입처 변동이 있었다. 나는 견습기자 시절부터 출입하던 중앙청을 떠나 국회 기자실로 출입처를 옮겼다.

 출입처를 국회로 옮기던 날 아침 정일권 국무총리와 삼청동 공관에서 아침식사를 같이 했다. 햇수로 5년 동안 중앙청을 출입하면서 정 총리와는 남다른 정을 쌓았다.

 가까이 지내는 동안 자연히 그분의 가정사나 과거 활동상, 주변 인물 등에 대해 관심을 갖게 되었다.

파리 루브르박물관 앞에서 정일권 국회의장과 함께

정 총리는 시간이 날 때면 자신의 출생부터 고학시절, 만주 군관학교 시절, 일본 육사시절, 해방 전후, 국방경비대 창설, 6·25 전쟁 등 자신이 겪었던 역사적인 순간들을 나에게 말해주었다. 언젠가는 자신의 기록을 정리해달라는 부탁도 했다.

전직 국회의원들의 모임인 헌정회에서 무료로 발간하는 〈헌정〉지에 정 의장과 민기식 장군에 대한 추억담을 게재한 적이 있다.

내가 모셨던 정일권 의장은 육군대장으로 두 번에 걸친 참모총장, 6년 7개월의 국무총리직, 6년간의 국회의장직 등 대단한 관운을 타고난 분이었다. 그분 성함 뒤에 붙여야 할 호칭이 너무 많지만 여기서는 의장으로 한다. 국무총리 6년 7개월간 재임은 건국 후 아직까지 깨어지지 않은 기록으로 남아 있다.

석유 팔러 다닌 정일권 소년

　정일권 의장은 1917년 11월 21일 소련 땅 하바로프스크에서 태어났다. 박정희 대통령이 경북 구미 상모리에서 태어난 바로 그해다.
　정일권이 할아버지 등에 업혀 뗏목을 타고 두만강을 건너 한·만 국경지대에 있는 경원으로 돌아온 것은 네 살 때였다. 경원은 할아버지가 어렸을 때 시베리아로 유랑 길을 떠나기 전에 정착했던 곳이다. 이곳은 국경지대여서 일본군 19연대가 주둔하고 있었다.
　읍내에는 아침마다 말을 타고 부대에 출근하는 연대장교가 있었다. 그가 조선 사람이라는 것이 경원 읍내주민들은 자랑스러웠다. 정일권은 저렇게 말 타고 칼 차고 다니는 군인이 되어야겠다는 생각을 했다.
　말 탄 장교가 바로 국방부 장관을 역임한 유재흥 장군의 부친 유승열 소좌(후에 한국군 장군)였다.
　가세가 빈한했다. 할아버지가 농사를 도맡아 집안을 이끌어갔고 아버지는 만주, 소련으로 돌아다니면서 1년에 한두 번 집에 들렀다. 초등학교 졸업이 가까워지자 어머니는 소년 정일권이 면사무소 사환으로 취직하기를 바랐다. 담임선생은 공부 잘하는 정일권이 사환을 해서는 안 된다면서 중학교 진학을 강력히 권고했다.

간도에서 고학으로 학비를 조달하던 광명중학 시절(앞줄 오른쪽 끝이 정 총리. 옆에 석유통이 놓여 있다).

집에서는 학비를 댈 형편이 못 되었다. 무리해서 간도에 있는 광명중학교에 입학했다. 낮에는 학교에 나가고 수업이 끝나면 석유통을 메고 석유를 팔러 다니면서 공부를 했다. 1960년대 말 한국일보에 실린 그분의 수필 '냉면 한 그릇'이 바로 그 시절 이야기다.

중학교 1학년 때 더운 여름날 할아버지가 교문 앞에 서서 손자를 기다리고 있었다. 손자를 만나보기 위해 경원에서 간도까지 밤새워 걸어온 것이다.

정일권은 할아버지와 학교 근처 냉면집으로 갔다. 냉면 한 그릇을 주문했다. 손자가 맛있게 냉면 그릇을 비우는 것을 지켜보고 있던 할아버지는 손자가 먹다 남긴 육수에 물을 타서 들이마셨다.

할아버지는 그길로 돌아가서 보름 만에 노독으로 세상을 떠났다. 정일권 의장은 냉면 한 그릇을 시켜 손자만 먹이던 할아버지 생각을 하면 늘 목이 멘다고 했다.

어려서 너무 고생을 하고 먹지를 못해 키가 크지 못했다고 술회하곤 했다.

양말 선물한 여학생

중학교 4학년 때였다. 겨울날 등교하는데 뒤에 오던 여학생 4, 5명이 정일권 학생의 발꿈치를 가리키며 웃었다. 닳아서 헐은 양말 뒤꿈치 윗부분이 밖으로 나와 신발 뒤축을 덮고 있었다.

부끄럽고 무안했지만 정일권은 못 들은 척하고 걸어갔다. 그때 "너희들, 저것을 보고 웃으면 안 돼." 하며 나무라는 여학생이 있었다. 힐끔 돌아보았다. 가끔 등교 길에 보았던 얼굴이었다.

그런 일이 있은 지 2, 3일 후 수업이 끝나고 하굣길에 우연히 그 여학생을 만났다. 여학생은 책가방에서 양말 몇 켤레를 꺼내주었다. 그 후 몇 차례 길에서 스칠 때 목례를 하고 지나쳤다.

졸업 후 그 여학생은 이화여전에 입학했고 정일권은 만주군관학교에 입교했다. 그 여학생이 결혼했다는 말을 풍문에 들었을 뿐 졸업 후 일체 소식을 모른 채 세월이 흘렀다.

1950년 가을 6·25 전쟁이 치열할 때였다. 낙동강까지 밀렸던 아군이 서울을 수복하고 얼마 되지 않아서였다. 육군참모총장 정일권 장군이 을지로 참모총장 공관에서 육본으로 출근하려고 정문을 나서는데 헌병 경비초소 옆에 젊은 여자가 애기를 안고 서 있었다.

"저 여자가 누구냐?"고 부관에게 물었다.

"총장 각하를 꼭 뵈어야 한다면서 어제부터 저러고 있습니다."

차를 공관으로 되돌려서 그 여인을 불러들였다. 한동안 말을 못하고 흐느껴 우는 여인은 간도에서 고학할 때 가방에서 양말을 꺼내 준 그 여학생이었다.

이화여전을 다니던 중 세브란스 의전 학생과 사귀다가 졸업 후 바로 결혼을 했다. 미처 피난을 가지 못한 남편이 세브란스병원에 불려나가 부상당한 인민군들을 치료하게 되었다.

국군이 인천상륙 후 서울을 수복할 때 부상당한 인민군들을 돌보던 그는 현장에서 체포되어 군 특무대에서 취조를 받았고 이적행위로 총살형이 확정되었다는 것이다.

"아무개 의사를 사형시킨다는데 살릴 수 있겠소?"

정일권 총장은 그 자리에서 김창룡 특무 대장에게 전화를 걸었다. "살릴 수도 있고 죽일 수도 있습니다. 각하!"

"살릴 수 있다면……."

다음 날 그 의사는 석방되어 집으로 돌아갔다.

그 며칠 뒤 사형 문턱까지 갔던 그 의사는 워낙 혼이 나서였는지 또는 사상적으로 그랬는지 가족과 함께 야반도주해 월북했다는 보고가 들어왔다.

창군 주역이 된 만주군관학교 출신들

정일권은 광명중학교를 졸업하고 경성제대 법학부에 지원하고 싶었으나 형편이 어려워 결국 봉천에 있는 만주군관학교에 지원했다.

만주군관학교에서 1등으로 졸업하는 학생에게는 일본 육사에 편입되는 혜택이 있었다. 1등으로 졸업한 정일권은 일본 육사 54기에 편입했다. 만주군관학교 후배인 박정희도 같은 코스로 일본 육사를 졸업했다.

일본 육사에서 가장 우수한 학생들은 기병과에 있었다. 정일권도 기병과였다. 기병과의 가장 힘든 일은 추운 겨울날의 말발굽 소제였다. 말발굽 사이에 흙 한 톨도 남지 않게 깨끗이 씻어놓지 않으면 엄한 기합을 받았다.

졸업 후 만주에 주둔하고 있는 관동군사령부로 발령이 났다. 당시 일본은 군국주의의 절정에서 한국, 만주, 일본 3국을 대동아 공영권으로 묶어 내선일체로 몰고 갈 때였다. 그런 시기에 비록 한국인이지만 만주에서 중학교를 나와 일본 육사를 졸업한 젊은 엘리트 장교는 일본군 입장에서도 귀한 존재였다.

한·중·일 3개 국어에 능통한 정일권은 초임장교임에도 불구하고 신경[新京, 현재 지린(吉林)성 창춘(長春)]에 있는 관동군 사령관실로 보직명령이 났다.

그 무렵 중학교 졸업 때가 되면 대학에 다니는 선배들이 모교에 찾아가 자기 대학으로 학생들을 유치하는 일이 많았다. 정일권도 모교인 광명중학에 찾아갔다. 졸업반 학생들을 강당에 모아 놓고 만주군관학교에 입학할 것을 권유하는 연설회를 열었다.

이때 연설회에 참석했다가 후에 만주군관학교에 들어온 학생들이 강문봉 중장, 이주일 대장, 박임항 중장, 김동하 중장, 최주종 중장, 윤태일 소장 등이었다. 후에 우리 군에서 '알라스카'로 불리던 함경도 출신 장군 그룹으로 이들은 창군의 주역이 되었다.

박정희 생도와 담배

이들이 군관학교에 재학 중일 때 관동군 사령관 부관인 정일권 중위는 주말에 자주 후배들을 찾아갔다. 당시 강문봉의 부친은 용정에서 정미소를 경영하고 있었다. 휴일이면 강문봉 집에 모여 닭이나 돼지고기로 포식을 하고 부대로 돌아오곤 했다.

함경도 그룹에 낯선 생도 하나가 있었다. 키가 작고 까만 얼굴이지만 야무져 보였다. 그 학생은 특히 담배를 좋아해 매주 정일권이 오기를 손꼽아 기다렸다. 정일권은 일주일치 배급 담배를 모았다가 이 생도에게 모두 주었다.

고향에서 사범학교를 졸업하고 국민학교 선생으로 있다가 입교했다는 그 생도가 바로 경상도 출신 박정희였다. 나이는 동갑이었지만 계급의 차이는 컸다. 정일권은 동기생들보다 나이가 많은 박정희에 대해 신경을 써주었다.

박정희는 강문봉과는 같은 반이었고 각별히 친했다. 30여 년 후 강문봉 장군은 박정희 정권 시절 중앙정보부에 끌려가 모진 고문을 당하고 끝내 암으로 세상을 떠났다.

　박정희 대통령과 강문봉 장군의 우정은 현실정치에 대한 견해차이로 극과 극의 증오로 변했다. 강 장군은 군 출신이지만 5·16 군사정권에 완강히 반대했다.

죽음의 행진, 시베리아행

　정일권이 대위로 진급했을 때 8·15 해방을 맞았다. 전 만주가 혼란스러웠다.

　신경에 살던 한국교민들은 자체 치안대를 결성해 무법천지처럼 발호하는 만주족과, 발악하는 일본군에 대처했다. 바로 이 치안대장에 정일권이 임명되었다.

　정일권은 철도 경비대를 따로 만들어 교민들을 서울로 실어 보내는 일에 주력했다. 양찬우(내무부장관, 국회의원 역임) 씨가 이 일을 맡았다.

　귀국할 교민들을 거의 다 한국으로 보낸 뒤 정일권도 귀국 준비를 하던 중 소련군 사령부의 호출장을 받았다. 점령군은 일본군 장교 출신들에 대해 성분조사를 실시했다.

　소련군은 정일권을 밤새도록 심문하고 유치장에 수감했다.

　다음 날 오후, 같이 군에서 장교로 복무했던 최 모가 유치장으로 면회를 왔다. 자신이 밤중에 무기를 가지고 들어올 테니 소련군 경비병을 살해하고 함께 도망가자는 제의를 했다.

전방에서 미군측과 작전계획을 수립하고 있는 정 총리(왼쪽).

한시라도 빨리 유치장을 빠져나가야겠다는 생각으로 그의 제안을 받아들여 약속시간인 밤 2시를 기다렸다.
정일권이 신발 끈을 매고 탈출 준비를 하고 있는데 최와 무장한 소련군인 10여 명이 들이닥쳤다. 군인들은 정일권을 결박하고 더욱 철저히 감시했다. 모함에 빠진 것이다.
다음 날 아침 소련군 정치장교가 정일권과 최를 마주 앉혀 놓고 심문을 했다.
"소련 군인을 사살하고 탈출하려 했다."고 최가 태연히 말했다. 최는 핵심 공산주의자였다. 소련군 진주 후에 그곳에서 요직을 맡고 있었던 것이다.

소련군 측은 정일권이 자신들과 같이 일을 할 수 있는지 여부를 시험하기 위해 최를 이용했던 것이다. 정 의장은 최의 탈출 제의를 거절했더라면 소련군 밑에서 인생을 새 출발 했을 것이라고 그때를 회상했다.

최는 그 후 서울로 돌아와 겉으로는 국방 경비대 장교로 있으면서 군내 남로당 책임을 맡아 지하공작을 벌이다가 발각되어 끝내 총살되었다.

탈출사건으로 체포된 정일권은 다음 날 화물칸에 실려 소련으로 넘어가던 중 송화강 근처 언덕배기에서 기차가 서행할 때 생사를 걸고 뛰어내렸다. 처가가 있는 평양으로 무사히 돌아왔다.

김일성 만나보고 월남 결심

혈기 왕성한 28세의 청년 정일권은 귀국 후 평양 선교리 처가에서 하루하루를 무료하게 보내고 있었다. 군에 같이 있던 동료들은 대부분 서울로 올라갔다.

정일권도 서울로 갈까 망설이고 있던 중 군관학교 후배인 백선엽(육군참모총장 역임)에게서 연락이 왔다. 백선엽은 조만식 선생의 비서실에서 일하고 있었다. 백선엽의 안내로 조만식 선생을 찾아뵈었다.

당시 북한에서는 소련을 등에 업은 김일성이 크게 부상하고 있었다. 거리마다 스탈린과 김일성 사진이 나붙어 있었다. 정작 고초를 겪으며 국내에서 항일투쟁을 하던 조만식 선생이나 국내파 애국지사들은 김일성이 설치는 바람에 발붙일 곳이 없었다. 정일권은 가끔 조만식 선생 사무실에 들러 돌아가는 상황을 지켜보았다.

하루는 그 사무실에서 백선엽과 대화를 나누고 있는데 조만식 선생 방에서 몸이 육중한 젊은이가 중절모를 들고 나왔다. 따라 나오던 조만식 선생이 인사를 시켰다.

"일본 육사를 졸업하고 일군, 만군 출신들의 중심인물로 활약했던 정일권"이라고 그 청년에게 소개했다.

"우리 같이 일합세다." 그는 정일권의 손을 잡고 흔들며 거친 평안도 사투리로 말했다. 바로 김일성이었다.

김일성과 인사를 나누고 돌아온 뒤 정일권은 남쪽으로 넘어가야겠다는 결심을 굳혔다. 김일성의 매너나 말투나 행동이 정통 사관학교 출신인 정일권이 보기에는 너무나 천박했던 것이다. 결국 그해 겨울에 정일권은 백인엽(육군중장 예편, 백선엽 장군 동생)과 함께 38선을 넘어 월남했다.

다음 해 미 군정청에서 설립한 군사영어학교에 입교해 군번 5번의 한국군 장교가 되었다.

33세에 전시 육군참모총장

정일권이 6·25 전쟁을 맞은 것은 하와이에 있는 한국 총영사관에서였다. 군사교육을 받기 위해 도미했던 고급장교 10여 명이 소정의 코스를 마치고 군함 편으로 귀국길에 올라 하와이에 기착했다. 현지 시간으로 24일 저녁 하와이 총영사관에서 귀국 중인 군 장교들을 위한 만찬이 열렸는데 본국에서 급전이 왔다. 정일권의 소재를 확인하는 전문이었다.

하와이에 머물고 있음이 확인되자 도쿄 맥아더 사령부에서 다시 전문이 왔다. 군용 비행기를 보낼 테니 그 비행기 편으로 급히 귀국하라는 내용이었다.

6월 28일 늦게 수원비행장에 내렸다. 다음 날 채병덕 장군 후임으로 제5대 육군참모총장에 보임되었다. 정일권의 나이 33세 때였다.

전황은 시시각각으로 변했다. 낙동강까지 후퇴했다가 인천상륙작전으로 서울을 수복했다. 평양에서 군중대회도 열었고 압록강까지 진격했다가 중공군의 인해전술로 다시 서울까지 밀려 내려오기도 했다. 살얼음 같은 나날을 보냈다.

그 사이 육군참모총장, 육해공군 총사령관, 전시 비상계엄사령관 등을 역임했다. 6·25 전쟁을 치르며 하루아침에 사단장으로 강등되기도 했다.

미국에서 군원으로 지원받았던 원면을 시중에 유출한 '원면 부정사건'과 국민방위군 지원비를 유용한 '방위군 사건' 때문이었다. 이에 관련된 장군들은 총살되었고 정 총장은 도의적 책임을 지고 참모총장직을 사임했다.

군 장성이 한사람이라도 아쉬운 때라 이승만 대통령은 사건에 직접 관련이 없었던 정 총장을 사단장으로 강등 발령하는 것으로 사건을 수습했다. 정 총장은 퇴역하지 않고 이 대통령의 뜻에 따라 사단장 역할에 충실했다. 참고 또 참는다는 그분의 생활철학이 가장 잘 드러난 부분이다.

얼마 후 다시 군단장이 되었고 이어 제8대 육군참모총장에 올랐다. 한국군 역사에 현직 참모총장이 사단장으로 강등되어 계속 복무한 것은 아직까지 처음이고 참모총장을 두 번 역임한 장군은 백선엽, 정일권 오직 두 사람뿐이다.

"미군들, 갈 테면 가라고 해"

1950년 8월 말경, 영천을 뺏고 빼앗기는 격전 속에서 대구 교외까지 인민군의 포탄이 떨어질 때였다.

워커 8군 사령관에게서 "중대한 문제를 협의할 테니 아무에게도 알리지 말고 단독으로 모처에서 만나자."는 연락이 왔다.

약속 장소에는 워커 사령관이 먼저 와서 기다리고 있었다.

'맥아더 원수의 특명'이라면서 워커 사령관이 전한 내용은 "한국의 지도층 인사와 군인, 경찰의 간부급 인사 등 약 15만 명을 선정하여 오키나와로 수송할 준비를 해두라."는 것이었다. 급박한 전황을 짐작케 하는 말이었다.

이 사실이 사전에 누설되면 적보다도 우선 내부 혼란으로 대한

정일권 장군의 안내로 전선을 시찰 중인 이승만 대통령.

민국이 붕괴되고 말 것 같았다. 고민을 거듭하던 정 총장은 이승만 대통령에게 워커 장군이 밝힌 '맥아더 특명'을 전했다. 묵묵히 정 총장의 이야기를 듣고 있던 이 대통령은 "미군들 갈 테면 가라고 해. 나는 혼자라도 끝까지 이 나라에 남겠어. 가서 그렇게 전해."라고 말했다.

정일권 총장은 모든 것이 자신의 책임인 것만 같아 머리를 들지 못했다. 다음 날 워커 사령관을 만나 이승만 대통령의 뜻을 그대로 전달하자 워커는 몹시 불쾌한 표정으로 정 총장을 훑어보았다.

결국 한국인 15만 명의 오키나와 철수계획은 중단되고 20여 일 뒤 인천상륙작전의 성공으로 계획 자체가 역사 속으로 사라져버렸다.

수년 전 서울신문 주미 특파원으로 워싱턴에 주재했던 안영모(세계일보 주필 역임) 씨는 미 국무부가 30년 지난 기밀문서를 파기할 때 피난민 15만 명 오키나와 철수 안을 직접 확인했다고 내게 말했다.

10월 1일이 '국군의 날'로 지정된 사연

인천상륙작전의 성공으로 9월 28일 서울이 수복되고 중앙청 옥상에 태극기가 휘날렸다. 동부전선은 중서부 전선보다도 북진 속도가 빨랐다.

동부전선 최전방의 23연대(연대장 김종순 대령, 중장 예편)는 동해안을 따라 9월 29일 낮, 38선에 당도했다. 맥아더 사령부로부터 절대로 38선을 넘지 말라는 엄명이 내려져 38선 앞에서 멈추지 않을 수 없었다.

이때 이승만 대통령은 정일권 총장을 임시 경무대로 불렀다.

"임자 상관은 이 나라 대통령인 나야. 내 명령대로 하게. 내일이라도 당장 38선을 넘어 북진하도록 해. 우리가 흘린 피가 얼마나 되는데 여기서 그친단 말인가." 이 대통령의 의지는 단호했다.

북진을 명령하는 이승만 대통령과 작전 지휘권을 갖고 북진을 막는 맥아더 원수 사이에서 정일권 총장은 진퇴양난의 곤경에 처하게 되었다.

정일권 총장은 육본으로 돌아와 대책회의를 열었다. 23연대에서 올라온 보고에 의하면 38선 북쪽에 위치한 강원도 양양군 기사문리 부근의 300미터 전방 야산에서 인민군이 계속 포격을 가하고 있어 아군의 피해가 크다고 했다. 연대장은 이 야산까지만이라도 38선을 넘게 해달라는 것이었다.

정 총장은 8군사령관에게 이 같은 사실을 알리고 그 이상은 전진하지 않겠다는 약속을 했다. 8군사령관은 도쿄의 맥아더 사령부에 보고하겠다면서 기다려보라고 했다. 한 시간쯤 후에 연락이 왔다. 38선을 넘어 그 고지까지 북진해도 좋다는 맥아더 사령부의 북진 승인 명령이 내려졌다.

10월 1일 새벽, 23연대장 김종순 대령 지휘 아래 우리 국군은 8·15 해방 이후 38선 이북 땅에 첫발을 내디뎠다.

고지를 점령하고 북한 땅에 태극기를 휘날린 다음 날 맥아더 사령부는 전 전선에 38선 돌파 명령을 내렸다.

후에 정일권 총장은 국군이 처음으로 38선을 돌파한 10월 1일 이날을 기념하기 위해 '국군의 날'로 제정했고 군에서는 오늘날까지 이날을 기념하고 있다.

김창룡 저격

1956년 1월 30일 오전 7시 30분, 몹시 추운 날 아침이었다.

용산구 원효로 자택에서 사무실로 출근하던 육군소장 김창룡 특무부대장이 용산구 청파동 골목길에서 지프차에 탄 채 괴한에 의해 저격 살해되었다. 이승만 정권에 가장 충직했던 김 장군의 시해는 이 대통령에게 크나큰 충격이었다.

군 합동수사대의 치밀한 수사 끝에 배후가 드러나기 시작했다. 2월 26일 범행을 저지른 하수인 신초시, 송용교 두 사람이 체포되고 이들을 조종한 허태영 대령이 배후로 드러났다.

허태영 대령의 윗선이 끈질기게 추적되었다. 특무대는 허 대령을 안가로 옮기고 부인과 동거하도록 편의를 보아주었다. 마침내 허태영 부인은 자기 남편도 단순한 하수인에 지나지 않고 더 큰 배경이 있다는 요지의 진정서를 냈다.

배후의 윗선이 서서히 드러나기 시작했다. 군단장 강문봉 중장이 핵심 주모자로 떠올랐다.

군 조사단은 강 장군의 뒤를 의심했다. 음모를 꾸민 사람들은 세칭 '알라스카'라고 불린 함경도 출신 장성그룹이 주축이었다. 이 그룹의 최정상은 정일권 참모총장이었던 것이다. 정 총장이 특히 강문봉 장군과 친 혈육보다도 가까운 사이임은 세상이 다 아는 사실이었다. 조사 결과가 이승만 대통령에게 보고되었다.

시해 사건이 나기 몇 개월 전, 정일권 총장을 비롯한 강문봉 장군, 허태영 대령 등 '알라스카'로 불리는 함경도 출신 장군과 대령급들이 남산 아래에 있는 화식집 '신성'에 모여 저녁을 같이 했다. 정종이 몇 순배 돌자 이 얘기 저 얘기 끝에 특무대장 김창룡 장군이 화제에 올랐다.

술자리에 모인 참석자들이 너나없이 열을 올렸다.

"그런 놈은 없애야 한다. 이승만 대통령에게 자기 라이벌은 무조건 모략하고 자신에게 아첨하는 자만 두둔해서 보고하는 놈이다. 우리 군을 분열시키고 있다. 이대로 놔두면 나라를 망칠 놈이다."

"함경도 출신 장군들만 모함한다."

"그런 놈은 함경도가 아니다."

이런 거친 말들이 오갔다. 김창룡 장군도 고향이 함경도였다. 이들은 지역색이 짙은 군 내부에서 함경도 출신인 김창룡 장군이 유독 동향 출신 장성들의 비리를 들추어 이승만 대통령의 신임을 얻고 있다고 생각했다.

강문봉 중장도 언성을 높이며 그 같은 주장에 힘을 실어주었다. 침묵을 지키고 있던 정일권 총장은 마지막으로 한마디 했다.

"김창룡 장군이 그런 짓을 한다면 우리가 나서서 그렇게 못 하도록 타이르고, 앞으로 손잡고 잘해나가도록 서로 노력을 해야 하지 않겠느냐."

이승만 대통령은 이 보고서를 본 뒤 경무대로 정 총장을 불렀다.

"술자리에서 다른 장군들이 다 김창룡이를 죽이겠다고 하는데 정 총장만 그래서는 안 된다고 타일렀다면서? 그러나 정 총장을 의심하는 사람들이 많고 또 부하들이 그런 일을 저질렀으니 군에서 예편을 하고 잠시 외국에 대사로 나가 있게."

후일 그 장면을 회상하던 정 의장은 당시 이 대통령의 정감 어린

말에 눈물이 흘러내렸다고 술회했다.

그 일이 있은 뒤 합참의장으로 잠시 옮겼던 정 총장은 젊음을 바친 군을 떠나 터키 대사로 나갔다.

당시 우리나라와 대사급 외교관계를 맺고 있던 나라는 미국, 자유중국, 터키 세 나라뿐이었다. 그 외의 나라들은 대사관이 아닌 대표부만 있었다.

허태영 대령은 사형이 집행되었다. 강문봉 장군은 사형이 선고되었으나 6·25 전쟁 당시 용문산 전투 등 뛰어난 전공이 인정되어 대통령 특명으로 무기징역으로 감형되어 수감생활을 하다가 4·19 이후 석방되었다.

주미 대사 시절

정일권 대사는 1961년 5·16 후에 주미 대사로 부임했다.

케네디 대통령은 정 대사를 종종 백악관 집무실로 불러 한국의 군정에 관해 의견을 들었다. 케네디 대통령은 맥아더 원수의 인천 상륙작전에 대해 큰 관심을 보였다.

박정희 최고회의 의장이 군정을 장기화시킬 조짐이 보이자 미 국무부는 정일권 대사에게 "조속히 군정을 종식시키라."고 노골적으로 압력을 가했다.

민간 원조를 삭감하겠다고 했다. 나중에는 군원까지 대폭 줄이겠다고 협박했다. 정 대사는 그러한 미국 측 주장을 수시로 본국에

백악관에서 케네디 대통령과 환담을 나누고 있는 정일권 대사.

보고했다.

1963년 2월 27일, 드디어 박정희 의장은 민간인들에게 정권을 이양하고 군인들은 원대 복귀하겠다는 2·27선언을 발표했다. 최고회의에서는 선언 내용을 케네디 대통령에게 설명하라는 훈령과 함께 성명 전문을 대사관으로 보냈다. 정 대사는 백악관으로 갔다.

케네디 대통령은 흔들의자에 앉아 있다가 정 대사가 들어서자 "제네럴 정, 수고 많았다."면서 반갑게 손을 잡았다. 케네디 대통령은 국무부 보고를 통해 벌써 내용을 알고 있었다.

정 대사는 본국에서 보내온 2·27선언 내용을 자세히 설명하고 "이제 군정이 종식되고 다시 민주주의가 뿌리를 내리게 되었으니 앞으로 계속 잘 도와달라."고 말했다.

케네디 대통령은 "6·25 전쟁 속에서 일어난 한국은 민주주의를 정착시키려 하는 신생국 중에 가장 모범이 되는 나라"라고 치켜세우면서 군정 종식을 기뻐했다. 정 대사는 그날 백악관에서 있었던 일을 최고회의 의장 앞으로 상세히 보고했다.

그리고 20여 일이 지난 3월 16일, 본국에서 긴급 전문이 다시 왔다. 2·27선언을 취소하고 군정을 계속 연장하겠다는 군정 연장 발표 전문이었다.

케네디 대통령에게 그 사실을 설명해야 할 입장이었다. 혁명주체들의 군 복귀를 기뻐하며 손을 잡고 흔들던 케네디 대통령 얼굴이 눈앞에 어른거렸다. 그날 밤 정 대사는 박정희 최고회의 의장 앞으로 전문을 보냈다.

케네디 대통령에게 본인의 입으로 전달한 민정 이양을 다시 번복하게 되면 한국에 대한 불신이 커지고 결과적으로 국익에 손해가 될 것이니 대사를 새로 임명해 신임 대사가 해명토록 하는 것이 좋겠다는 내용이었다.

그리고 사의를 표했다. 사표가 수리되고 김정열 전 국방부장관이 후임으로 부임했다.

이병철 회장의 후원으로 옥스퍼드로

대학에 다니지 못했던 것이 늘 마음에 걸렸던 정일권은 이 기회에 공부를 해야겠다고 몇 대학에 신청서를 냈다.

그 무렵 삼성그룹 이병철 회장이 워싱턴에 들렀다. 정일권 대사에게 점심이나 같이 하자고 연락이 왔다. 이병철 회장과는 전시에 육군본부가 대구에 있을 때부터 서로 알고 지내는 사이였다.

이 회장이 앞으로의 진로를 물었다. 정 의장은 공부를 더 하고 싶다는 얘기를 했고 이 회장은 아주 잘하는 일이라고 격려했다. 수일 후 영국 옥스퍼드 대학에서 등록하라는 통지가 왔다. 이 회장이 영국행 여비와 학교 등록금, 기숙사비 등을 해결해주었다.

부정선거 시비로 야당 등원 거부

기자단도 계보 따라 모였다

　1967년 5월 3일, 제5대 대통령 선거가 끝나자 신문사마다 출입처 변동이 있었다. 나는 견습기자 때부터 5년간 출입했던 중앙청을 떠나 국회 기자실로 출입처를 옮기고 야당인 신민당을 담당했다.
　정일권 총리는 공관으로 불러 아침을 하는 자리에서 나에게 야당 출입은 어려움이 많을 것이라며 걱정해주었다. 아닌 게 아니라 국회 기자실은 분위기가 중앙청과는 달랐다.
　중앙청은 기자단 중심으로 1진과 2진의 서열이 분명했고 취재도 근무시간에 맞추어 진행되었다. 그러나 국회 기자실은 상하 관계없이 각자 능력에 따라 정치인들과 개인적으로 얼마나 깊은 관계를 맺느냐에 따라 취재의 우열이 드러났다.

기자단은 있지만 기자들은 각자 능력껏 개인 플레이를 했고, 특정 정치인을 두고 몇 사람이 담합해 그를 전담제로 취재하는 풍토였다. 그 축에 들지 못하면 그 정치인의 기사는 심도 있게 쓸 수가 없었다. 신문사에서도 출입기자들에게 특정 정치인 전담을 권장하고 집중 취재하도록 유도했다.

그 당시 신민당은 유진오 총재에 유진산, 이재형, 정일형 의원 세 분이 부총재를 맡고 그 아래 당 3역은 사무총장에 고흥문 의원, 원내총무에 김영삼 의원, 정책위 의장은 김재광 의원이 맡고 있었다. 김대중 의원은 당시 특정 당직 없이 차기 원내총무를 목표로 암암리에 운동을 벌였다.

중앙청만 출입했던 나는 국회에 제대로 아는 정치인이 있을 리 없었다. 그랜드호텔에 있었던 고흥문 사무총장의 개인 사무실에 가면 담당 기자, 소위 곳도(고흥문 총장의 애칭)계가 진을 치고 있어 들어가보아야 낯설기만 했다.

이 무렵 대선이 끝나고 각 신문사가 출입처 변동을 같은 시기에 단행했는데 내가 국회 기자실로 옮길 때를 전후해서 중앙청 출입 기자들이 대거 국회로 옮겼다.

동아일보에서 강인섭(2선 국회의원 역임) 기자, 중앙일보에서 이태교(부동산학 박사, 건국대 교수 역임) 기자, 서울신문에서 정구호(KBS사장 역임) 기자, 경향신문에서 정남(2선 국회의원 역임) 기자 등이 같은 시기에

국회 본회의장에서 신민당 의원들과 함께. 왼쪽부터 김수한 의원 박한상 의원, 필자, 송원영 의원.

옮겨 갔다.

우리는 따로 만나서 기존 출입기자들의 장벽을 뚫자고 다짐하고 행동 통일을 하기로 했다.

그때는 신문마다 가십란이 있었다. 매일 한두 꼭지씩 데스크에 올려야 했다. 우리는 수시로 정보를 교환하고 가십기사도 비슷하게 썼다. 어느 정치인이 잘못했다든지 잘했다든지를 꼬집어내는 가십 기사가 신문마다 엇비슷하게 실리는 것을 본 정치인들이 바로 알아차렸다. 불과 얼마 지나지 않아 중앙청에서 온 우리 패도 제대로 대우를 받게 되었다.

출입처가 바뀐 지 10여 일 후 신민당 출입기자단이 간사를 선출

국회의원과 언론인 축구시합에서 신경식 기자(오른쪽)가 찬 볼을 중앙일보 조남조 기자(왼쪽 앞)가 받으려고 달려가고 있다.

하게 되었다. 중앙청에서 온 우리 그룹은 내가 중앙청에서 오랫동안 간사를 했다 하여 신참 기자 대표로 나를 출마시켰다.

중앙청에서 간사를 오래했다는 소문이 국회 기자실에까지 퍼져 있었다. 3명이 출마했다. 선거 결과 31명 투표에 내가 24표를 얻어 압도적으로 간사에 선출되었다. 방송 대표로 강용식(3선 국회의원 역임) 기자, 통신사 대표로 조성천(해외공보관장 역임) 기자, 이렇게 셋이 기자단 간사로 선출되었다.

곧 추석이 닥쳤다. 간사가 해야 할 일이 있었다. 나는 송원영 대변인을 만나 부탁을 했다. "추석을 맞아 기자들에게 성의 표시를 할 때 개인적으로 하지 말고 대변인이 종합해 기자단에 보내 달라."고 공식 요청을 했다.

그 결과 전에는 기자들 개인 능력에 따라 천차만별이었던 명절 성금이 거의 평준화되었고 또 소수를 제외한 대다수 기자들에게는 액수가 많아졌다. 이래저래 또 수년간 간사 역을 도맡게 되었다.

중앙청에서 온 기자들이 힘을 얻은 데는 경향신문 정남 기자의 피를 본 희생이 있었다.

출입처를 바꾼 지 얼마 되지 않아 계파 보스 격인 고참 기자 몇 명과 중앙청에서 새로 온 기자 몇이 시청 옆 화식집 '이학'에서 술을 마셨다. 술이 얼큰히 취할 무렵, 정남 기자가 맥주잔에 정종을 가득 부어 단숨에 마시고는 "야, 너희들 국회 출입 좀 일찍 했다고 유세하지 마! 우리 중앙청 패들 우습게 보지 마라."고 하면서 비운 맥주잔을 양 손바닥에 쥐고 힘을 주었다. 순간 잔이 으스러지면서 손에서 붉은 피가 뚝뚝 떨어졌다.

이 끔찍한 사건 이후 중앙청에서 온 우리 패들에 대한 기성 부대들의 시선이 확 달라졌다.

유진오 당수 일기장으로 특종

대선이 끝나고 3개월 뒤 제7대 국회의원 선거를 실시했다.

여당 수뇌부가 3선 개헌을 의중에 두고 있을 때였다. 개헌에 필요한 의석을 확보하기 위해 무리한 선거가 치러졌다. 131개 지역구에서 공화당 102석, 신민당 28석, 대중당은 1석을 확보했다. 여당은 개헌선인 원내 3분의 2가 넘는 의석을 차지했다.

부정선거 시비로 국회가 반년이 넘도록 개원을 하지 못했다. 경기도의 어떤 지역에서는 바꾸어치기 한 투표용지가 며칠 뒤 화장실에서 무더기로 발견되기도 했다.

유진오 당수가 등원 거부의 선두에 나섰다. 국회가 원 구성을 하지 못했다. 모든 당무는 지금은 도시계획으로 헐려버린 관훈동에서 인사동으로 들어가는 입구의 당사 건물에서 이루어졌다.

당수가 선두에 서긴 했지만 실질적으로는 김영삼, 김대중, 김재광 의원 등 소장파 의원들이 강경 투쟁을 주도했고 유 당수는 상징적 의미의 선두 역할을 하고 있었을 뿐이었다.

내가 군에서 학보병으로 제대하고 1963년 2월에 고려대학교를 졸업할 때 당시 졸업장을 준 분이 바로 유진오 총장이었다. 여동생 문자가 결혼할 때 바쁜 당수 일정에도 불구하고 주례를 서주셨고 식장에서 할아버지, 아버지, 나, 우리 3대와 이야기를 나누며 기념사진을 찍기도 했다.

1967년은 가뭄이 심했다. 등원은 하지 않았지만 그해 여름 신민당 지도부는 반으로 나뉘어 삼남지방 한해지역을 돌아보며 농민들을 위로했다. 유진오 당수가 호남지방을 순회할 때 많은 기자들이 수행했다.

영암, 강진 지역의 가뭄을 돌아보고 열차 편으로 상경하는데 내

유진오 신민당 당수가 여동생 문자 결혼식에 주례를 서고 있다.

옆자리에는 대학 후배인 유 당수 비서가 앉았다. 이 기차 속에서 나는 하루도 빠짐없이 일기를 쓰고 있는 유진오 당수의 일기장을 우연히 보게 되었다.

기차가 대전쯤 왔을 때 비서가 유 당수 가방을 앉았던 자리에 둔 채 다른 자리에 가서 기자들과 잡담을 했다. 반쯤 열린 가방 속에서 책이 한 권 보였다. 내가 현민 선생이 어떤 책을 읽나 궁금해 슬쩍 빼 보았더니 그분의 일기장이었다.

중간쯤을 폈더니 '○월 ○일 저녁 성북동에 있는 해석 정해영(국회 부의장 역임, 정재문 의원 선친) 의원 댁에서 이후락 청와대 비서실장과 야당 등원 문제를 논의했다'는 깜짝 놀랄 내용이 적혀 있었다. 신민당 측 제안을 청와대가 받아들이지 않아 등원문제는 수포화되었다는 내용이 소상하게 기록되어 있었다. 정해영 의원의 고향은 이후락 실장과 같은 울산이었다. 중요한 기삿감이었다. 나는 눈이 번쩍 띄었다.

당시 신민당 측은 부정이 뚜렷하게 드러난 10여 개 지역의 공화당 당선자들에 대해 당선을 무효화하고 재선거를 해야 한다고 강력하게 주장하고 있었다.

『유 당수·이 실장 비밀회동, 여 야 등원 협상 결렬』

다음 날 나는 비밀협상 내용을 상세하게 기사로 내보냈다. 등원협상이 뉴스의 초점일 때 유진오 당수와 이후락 청와대 비서실장의 비밀회동은 대단한 특종이었다. 가방 속 일기장이 특종 기사의 진원지였음은 물론이다. 후에 여·야 대표단은 한두 지역 재선거를 실시하는 것으로 협상을 매듭짓고 국회에 등원했다.

이제라도 수십 년간 빠짐없이 써 온 현민 선생의 일기를 세상에 출간하면 재미난 일화가 많을 것이다.

현민 선생은 서울대학교의 전신인 경성제국대학 예과를 다녔는데 당시 각별히 친하게 지낸 동기생으로 자유당 때 국회 부의장을 역임한 강원도 홍천 출신인 이재학 씨와 해방 후 월북한 이강국을 꼽았다.

이강국은 해방 후 군정 시절 사형당한 여간첩 김수임의 애인으로 화제를 모았던 사람이다. 월북한 뒤 6·25 후에 김일성이 남로

당 숙청 작업을 벌일 때 북한에서 미군 간첩으로 몰려 사형당한 것으로 확인되었다. 이강국에 대해 현민은 "영어를 나보다 더 잘했다."고 말했다.

이재학 씨에 대해서는 "대학 졸업 못 할 뻔했는데 나 때문에 졸업했어." 하면서 그 사연을 얘기해준 적이 있다.

경성제대 졸업을 앞두고 졸업 논문을 쓰는데 논문을 몇 월 며칠까지 학교 당국에 제출하라는 통보가 사전에 고시되었단다. 고향인 강원도 홍천에 내려가 졸업 논문을 쓰던 이재학 씨가 그날 시간에 맞추어 열차 편으로 상경하는데 도중 기차가 30분 이상 연착되었다고 한다.

택시를 잡아타고 바로 학교 교무처에 논문을 접수시켰는데 학교 측에서 시간이 지났다고 논문 접수를 거부했다는 것이다. 당황한 이재학 씨가 현민에게 연락을 취했고 현민은 학교로 쫓아가 사무처 간부와 담당 교수를 만나 '만일 열차가 연착한 것이 사실이면 논문을 접수시켜주고 열차가 정시에 도착한 것이 확인되면 논문 접수를 거부하기로' 합의했단다.

그 길로 청량리역으로 달려가서 열차가 늦었다는 확인서를 받고 이재학 씨 호주머니에 있던 열차 승차권을 첨부해 제출함으로써 가까스로 졸업 논문이 접수되었고 졸업을 하게 되었다는 것이다.

현민 선생은 순발력 있게 대처한 그때 상황을 기자들에게 자랑스럽게 얘기하면서 천진스럽게 웃었다.

당시 필동 현민 댁 응접실에는 현민이 어떤 사람과 어깨를 나란히 하고 찍은 인물사진 한 장이 걸려 있었다. 필동 댁을 방문하는 사람들은 누구나 궁금해서 "저분이 누구냐?"고 물었다.

현민 선생 대답인즉 "같은 유 씨라는데 사진 좀 같이 찍자고 하더니 저렇게 액자까지 해 가지고 와서 벽에 걸어놓고 갔다."고 설명하면서 "그분의 성의를 보아서라도 그대로 걸어두고 있다."고 했다.

십수 년이 지난 뒤 사진 속의 그 유 씨가 어느 공직 선거에서 당선되었다는 이야기를 들었다. 보통 사람 같으면 이름 없는 사람과 찍은 사진을 붙여놓겠는가.

유산 없이 떠난 유진산 당수

현민 유진오 박사가 당 총재로 선출된 1967년 신민당 전당대회에서 1위 유진산, 2위 이재형, 3위 정일형 의원 순으로 부총재가 선출되었다. 득표수에 따라 유진산 의원은 수석 부총재가 되었다.

당시 정객들은 '진산'이라면 꼭 뒤에 무슨 술수를 쓰는 분으로 인식하는 사람들이 많았다. 후에 당수가 되었을 때까지도 당내에서 사꾸라 논쟁이 벌어질 때면 먼저 진산 쪽을 넘겨짚었다.

그러나 진산이 돌아가신 뒤 상도동의 초라한 집과, 생활비로 고생하는 유족들을 직접 보고 들은 많은 정치인들은 그제서야 진산의 진면목을 되새기게 되었고 그분의 화합과 조정의 큰 정치를 존경하지 않을 수 없었다.

조치원역 광장에서 유세 중인 유진산 당수.

사후 어려운 형편을 전해 들은 박정희 대통령이 유족에게 금일봉을 전했을 정도였다. 정치판에서는 사실과 다른 루머로 이름이 흐려지는 인사들을 종종 보았다.

당시에는 계보정치가 활발할 때라 부총재들도 각자 자기 사단을 거느리고 있었다.
노 정객들은 뼈 있는 유머를 잘 구사했다. 한번은 계파간 분열이 당 내분으로 번지고 있을 때 태평로 국회 의사당 3층에서 이 문제로 총재단 회의를 열었다.

단합을 강조하던 유진산 부총재가 정일형 부총재에게 "당나귀는 버드나무에 꼭 매어 놓아야지 풀어놓으면 안 돼."라고 했다. 정 씨를 당나귀라고 흔히들 말하는 데 빗대어 정 박사는 버드나무 유 씨인 자신에게 매어 있어야 한다는 뜻을 우회적으로 표현한 말이다.

정 박사는 이 말을 듣고 즉석에서 "당나귀는 파릇파릇한 버드나무 이파리를 제일 잘 먹지."하고 받아쳤다. 진산계 세력을 자기 것으로 만들겠다는 뜻을 넌지시 비친 것이다.

손꼽히는 젠틀맨 정일형 박사

정일형 박사는 옷차림이나 매너가 당시에 손꼽히는 젠틀맨이었다. 감색 정장에 은은한 색깔의 넥타이를 매고 안경 너머로 항시 인자한 웃음을 띤 모습이 극한투쟁을 불사하는 야당에서는 찾기 어려운 모습이었다.

정 박사와 부인 이태영 여사는 종종 가까운 기자들을 봉원동 자택으로 불러 저녁을 같이 하기도 하고 연말에는 멋있는 송년회를 열곤 했다. 중앙일보 조남조(2선 국회의원 역임) 기자 내외, 동양방송 이희준(제일기획 사장 역임) 기자 내외, 경향신문 정남(2선 국회의원 역임) 기자 내외, 대한일보 김성배(KBS 제주 총국장 역임) 기자 내외, 그리고 우리 내외가 참석해 노래자랑도 하며 흥겨운 시간을 보냈다.

분위기를 돋우는 손님이 가수 조영남이었다. 정 박사 가족들과 가까이 지낸 조영남 씨는 그 당시 이태영 여사를 꼭 어머니라고 불렀다. 초대받은 기자들 부부가 응접실에 둘러앉아 시원한 조영남 노래를 즐겁게 듣곤 했다.

부친의 지역구를 이어받아 5선 의원이 된 장남 정대철 의원은 그 당시 서울대학교 법대에 재학 중이었다.

정대철 의원이 13대 국회에서 문화교육위원회 상임위원장으로 있을 때 공·사석을 가리지 않고 같은 위원회에 있는 나를 꼭 형님이라고 불러 행정부에서 나온 공무원들이나 사무처 직원들은 내가 정 위원장의 집안 형님인 줄 알았다고 한다.

평민당 출신 3선 의원으로 자칭 '등소평'이라며 호기당당했던 조홍규(성균관 이사장 역임) 의원이 정일형 부총재 비서관으로 있었다. 조 비서관은 글재주가 뛰어나 제목만 정해지면 연설문이건 기고문이건 막힘없이 잘 썼다.

내가 국회의장 비서실장으로 있을 때 국회의장 연설문을 거의 내 손으로 썼지만 몇 번 조홍규 비서관 신세를 지기도 했다.

왕손의 자부심, 이재형 부총재

운경 이재형 부총재는 전주 이씨 왕손으로 자부심이 강했고 몸가짐이 엄격했다.

사직동 댁에 취재차 들러 식사를 함께 하고 집으로 돌아갈 때면 비서가 3천 원 정도 넣은 흰 봉투를 꼭 상에 받쳐 들고 마루에 서 있을 정도로 매사에 격식을 중시했다.

어느 해 정초에 세배를 갔는데 철기 이범석 장군이 와 있었다. 두 분은 각별한 사이였다. 철기 장군의 화색이 그날따라 복숭아꽃처럼 환해서 "신수가 좋으시다."고 덕담을 드렸더니 "만주서 독립운동 할 때 사슴사냥을 하며 녹용을 많이 먹어서 그렇다."고 했다.

이범석 장군이 이야기를 나누다가 아랫목에 눕자 운경이 얼른 일어나 베개를 꺼내어 철기 장군 머리에 받쳐드렸다.

윗목에 앉았던 운경 선생의 동생 이재준(대림산업) 회장이 다가가 철기 선생의 다리를 주물러드렸다. 깊은 존경심으로 정을 나누는 두 형제와 철기 장군의 모습이 참으로 인상적이었다.

'히카리' 부대의 의리

중앙청 출입기자서 국회 출입기자로 옮긴 뒤 제일 먼저 사귄 분이 서강 김재광 의원이었다.

당시 김 의원은 신민당 당 3역 중의 하나인 정책위 의장을 맡고 있었다. 그때 상황으로 야당에서 신문 기사가 될 만한 정책을 제시하는 일은 별로 없었지만 당 3역이라는 '타이틀' 이 기자들을 끌었다.

김재광 의원은 고향이 나와 같은 충북 청원군으로 14개 면 중에 인구가 제일 많은 오창면(현재 오창읍) 출신이다.

김재광 의원(가운데)과 불국사 석굴암에서. 왼쪽이
필자, 오른쪽은 경향신문 정남 기자.

 댁이 종로구 평동 적십자병원 뒤에 있어서 홍제동에 살고 있던 나는 수시로 출근길에 들러 당내 움직임을 취재했다.
 서강은 의협심이 강하고 완력이 세기로도 이름이 났었다.
 평동 댁에는 아침마다 어깨가 떡 벌어진 청년 당원들이 한방 가득히 앉아 있었다. 원외 당원으로 있던 노승환(국회 부의장 역임), 김영배(국회 부의장 역임), 임명산(당 간부) 씨 등 많은 당 관계자들이 아침마다 평동에 들러 하루 일과를 협의했다.

나도 거의 아침마다 들르다보니 이 그룹과 가까워져서 세칭 '히카리' 부대의 일원으로 대우 받았다. 김재광의 광(光)자가 일본말로 히카리여서 김의원 계보를 '히카리' 부대라고 불렀다. 이들은 남달리 의리가 강했다.

당시 고흥문 사무총장이나 김영삼 원내총무 쪽에는 전담 기자들이 많았으나 김재광 정책위 의장 쪽은 별로 기자들이 없어서 자칭 타칭 내가 히카리 부대 장학생 역할을 했다.

20여 년 후에 내가 국회의원에 당선되어 인사차 들렀더니 사모님이 나를 붙잡고 "우리집 양반 당선된 다음으로 신 기자 당선이 기뻤다."고 말하며 박수를 쳐주었다.

김 의원 밑의 동생이 주택은행장을 역임한 김재기 씨다. 김재기 씨는 청주중학교 나의 한 해 선배다. 당시 주택은행 대리로 근무하고 있었는데 어느 날 김재기 씨와 동창으로 나의 중학교 한 해 선배 되는 분이 신문사로 나를 찾아왔다.

그분 얘기가 국회 관계 부탁이 있어 김재광 의원에게 말해달라고 동생을 찾아갔더니 동생 되는 김재기 씨 말이 "우리 형은 세상에서 신경식 기자 얘기 이외에는 절대로 듣지 않는다."고 하여 나를 찾아왔다는 것이다.

서강 선생과의 깊은 정은 그분이 돌아가신 뒤에도 같은 계보였던 노승환, 김영배 부의장과 이어져 지금도 그분들과 깊은 교감을 나누고 있다.

구세대 막내, 신세대 맏이 이철승

소석 이철승 당수를 처음 본 것은 1960년 4월 18일 태평로 국회 의사당 정문 앞 길거리에서였다. 수건을 머리에 두르고 안암동 고려대학교 교정에서부터 달려 나와 3·15 부정선거를 규탄하는 데모 현장에서였다.

그 후 1965년 가을 내가 신문기자로 동남아 취재를 갔다가 돌아오는 도중 도쿄 하네다 공항 로비에서 만났다. 군사혁명으로 미국에서 망명생활을 하던 소석이 4년여 만에 귀국하는 길이었다. 소석은 귀국 후 성북동 댁에서 원외 정치를 펴기 시작하면서 언론과 잦은 접촉을 가졌다. 정진길(국회의원 역임) 씨가 새벽부터 밤늦게까지 비서실장 일을 열심히 했다.

나는 대학 후배라는 인연에다가 그분이 망명생활을 청산하고 귀국하는 길에 도쿄에서 만났던 인연까지 겹쳐 각별히 가까워졌다.

그 무렵 소석은 원외에 있으면서 테니스를 시작했다. 원래 대학 시절 역도선수였던 그는 운동이라면 못 하는 게 없을 정도로 운동을 좋아했다.

당시에는 서울에 테니스 코트가 몇 개 없었다. 나도 고등학교 때 소프트볼을 치던 경험으로 같이 테니스를 시작했다. 주로 안암동에 있는 산업은행 전용 코트를 이용했다.

소석과 가까운 친구 중에 6·25 당시 군납업으로 재산을 모은 김일수 사장이 있었는데 이분은 일제시대 때 전 조선 학생 대표로 일본 천황 앞에서 테니스를 쳤던 선수 출신이다.

국회 부의장 이철승배 친선 테니스대회에서 단·복식을 우승한 필자 내외와 이철승 부의장(오른쪽).

김일수 사장이 수시로 찾아와서 파트너도 해주고 코치하면서 함께 테니스를 즐겼다. 김 사장은 후에 한국 데이비스컵 감독으로 김무일, 김성배, 최부길, 정영호 선수 등을 길러내기도 했다.

소석은 적재적소에 꼭 맞는 말을 잘 썼다. 테니스를 치다가 자신이 멋있게 볼을 쳐서 상대방이 못 받으면 "봤지~미조리 사시미 칼은 저리 가라다."라고 자화자찬을 했다. 상대방이 제대로 한 대 갈겨 자신이 볼을 못 받고 한 점 먹으면 "야! 황소 뒷걸음치다가 쥐

잡았구나." 하기도 했다.

인촌 김성수 선생 댁에서 기식을 하며 일제시대 학병 반대 투쟁을 했던 소석 이철승 당수는 현역에서 떠난 뒤에도 자칭 구시대의 막내이고 새 시대의 맏이라고 자처하면서 보수 우익 세력의 간판역을 도맡아 하고 있다.

박정희 대통령 시절 그는 야당 당수로 있으면서 '중도통합' 이라는 온건노선을 내세워 당내 강경파들로부터 심한 공격을 받기도 했다.

유신 선포

1972년 초여름, 대한일보 정치부장으로 승진했다.

운이 좋았다. 정치부 차장으로 있으면서 부장으로 모시고 있던 박현태(국회의원, KBS사장 역임) 씨가 정일권 공화당 의장 보좌역으로 가면서 나를 후임 부장으로 추천했다.

이해 10월 17일 오후 5시, 박정희 대통령은 전국에 비상계엄령을 선포하고 이 날짜로 7개월 된 제8대 국회를 해산해버렸다. 10월 유신 원년이다.

국회가 국정감사로 한창 분주할 때였다.

이날 밤 늦게 홍제동 집으로 김한수 의원이 등산모를 눌러쓰고 찾아왔다. 부산에서 국정감사를 중단하고 상경했다고 한다. 집에 전화를 걸었더니 부인 얘기가 보안사 군인들이 들이닥쳐 온 집 안을 수색

김한수 의원(왼쪽)과 함께.

하고 있으니, 멀리 피하라고 해서 우리집을 찾아왔다고 했다.

수일 후 김 의원은 안면 있는 보안사 직원을 통해 자진 출두했다.

정의감이 강했던 김 의원은 7월 임시국회 때 김지하의 시 '오적'을 본회의에서 혈기 넘치게 낭독했다. 반공법이 엄했던 때였다. 여권에서 여러 사람들이 사태를 예측하고 오적 시 낭독을 말렸지만 그는 뜻을 굽히지 않았다. 박정희 대통령이 무척 화를 냈다고 한다.

김한수 의원은 보안사 출두 후 그길로 구속되어 3년이 넘도록 안양교도소에서 수감 생활을 했다. 테니스 파트너로 각별히 가까웠던 조연하, 조윤형, 김상현 의원도 유신체제 속에서 3년 넘게 복역했다.

　김한수 의원이 감옥에서 풀려난 뒤 내게 이런 말을 했다. "감옥에서 네 사람이 모여 잡역을 할 때 신 선배 얘기만 나오면 모두들 자신이 제일 가까운 사이라고 장담해서 나는 친하다는 소리도 못 했어요."

　가깝게 지낸 그분들이 정치적인 소신 때문에 3년씩이나 감옥살이를 했던 우울한 시절의 이야기다.

기자실에서 본 정치인들

민기식, 그는 기인이었다

3선 의원(7.8.9대)을 역임한 민기식 전 육군대장은 기인으로 불렸다.

처음 대하는 사람은 "뭐 저런 사람이 있어." 하고 그분이 전쟁을 치른 4성 장군이고 3선 의원이라는 것을 의아해하는 사람들이 많았다.

그러나 몇 번 자리를 같이한 사람들은 "뭔가 좀 다르긴 다르군." 하고 그 분의 별난 점을 수긍했다.

오랫동안 깊게 사귄 사람들은 마침내 "그분은 기인이야." 하는 소리를 했다.

내가 민 장군을 처음 대한 것은 청주중학교 2학년 때인 1952년 가을 무렵이었다. 당시 전황은 중공군의 인해전술로 치열한 전투가 연일 계속되어 중요한 전선 고지들이 낮에는 아군에, 밤에는 적군에 점령되는 격전의 시기였다.

청주중학교 출신인 민 장군은 어느 날 모교를 방문해 강당에서 자신이 학생 시절에 겪었던 일과 중공군과 싸우고 있는 전시상황을 자세하게 설명했다. 나는 뒷자리에 앉아 먼빛으로 번쩍이는 어깨의 별을 보며 대단한 분이라고 생각했었다.

그 후 신문기자가 된 뒤 1964년 초 여름 6·3 비상 계엄령이 선포되었을 때 민 장군을 다시 만났다.

계엄 선포 후 중앙청 대회의실에서 정일권 국무총리가 전 각료들을 배석시킨 가운데 계엄사태에 관한 기자회견을 열었다. 그 자리에 계엄사령관인 민기식 육군참모총장도 참석했다.

정 총리의 회견문 낭독이 끝난 뒤 조선일보 송기오 기자가 첫 질문에 나섰다.

"전방의 군부대가 계엄군으로 서울에 나와 있는데 휴전선을 비워놓아도 되느냐?"고 물었다.

김성은 국방부장관이 답변을 하려고 하는데 옆에 앉았던 민기식 계엄사령관이 먼저 마이크를 끌어당겼다.

수많은 사진기자들의 플래시가 일시에 작열했다. 총리 이하 전 장관들도 긴장된 표정으로 민 사령관에게 시선을 모았다.

양쪽 어깨에 별을 4개씩 달고 전권을 잡은 계엄사령관이 무슨

민기식 장군의 안성목장에서. 뒷줄 왼쪽에서 두 번째 필자, 세 번째 민 장군과 부인, 오른쪽 끝이 조경희 여사.

말을 할 것인지 장내가 쥐 죽은 듯 조용했다.

마이크를 끌어당긴 민 장군은

"여보, 당신 군대 갔다 왔어?"

하고는 마이크를 옆으로 밀어 놓고 태연히 팔짱을 낀 채 의자에 등을 기대었다. 기자들은 어이가 없어 벙벙했고 정 총리나 전 각료들은 웃음을 참느라고 고개를 옆으로 돌리고 손으로 입을 막았다. 기자회견 분위기는 완전히 깨어졌고 회견은 흐지부지 끝났다.

그 뒤 장관들 사이에 이날 회견이 큰 화제가 되었는데 결론은

'회견장에서 심각한 질문이 나오지 못하도록 민 사령관이 선수를 쳤다' 는 것이다.

충청도 말로 '엉뚱하다' 는 단어가 제일 격에 맞는 분이 바로 민 장군이라고 나는 생각했다.

그 후 향우회, 동창회 등의 모임을 통해 민 장군과 각별히 가깝게 지냈다.

3당 합당 후 김영삼 대통령이 민자당 대표최고위원으로 있을 때 여의도 한 중식당에서 의원들 20여 명과 오찬을 했다. 민기식 장군이 화제에 올랐다.

"그 사람 기인이제, 내 참 그런 사람 처음 봤다. 계엄사령관 때 나를 잡으라고 계엄사령부가 발표했는데 저녁에 전화해서 술이나 한잔 하자고 하잖아." YS가 박장대소를 하며 지난 얘기를 했다.

그러자 옆에 앉아 있던 남재희 의원이 나를 가리키며 "저기 신경식 의원이 민 장군 얘기라면 책을 한 권 쓰고도 남을 것입니다." 라고 했다.

5·16 성공비화

민 장군은 대단한 애주가였다. 젊은 날 술을 좋아했던 나를 심심하면 불러 앉혀 놓고 밤늦게까지 대작을 했다.

술 못 하는 사람과는 친하려고도 하지 않을 정도로 술을 좋아했는데 조선일보 주돈식 기자(문체부장관 역임)만은 예외였다.

늘 우리 둘을 불러 놓고 이야기를 했다. 술이 거나해지면 몇 가지 레퍼토리가 나온다. 여러 번 들어도 재미있고 흥미진진한 것들이었다.

1961년 5월 15일, 1군 창설 기념일을 맞아 원주 1군사령부 연병장에서 1군 산하 전 부대의 체육대회가 열렸다. 2군단장인 민기식 장군도 2군단 산하 운동선수들과 함께 행사에 참석했다.

입장식이 끝난 뒤 축구시합을 준비하는데 군단 참모장이 달려와 "군단장님 우리 선수들은 우리 군단 소속 현역들인데 군사령부는 서울에서 일류 축구 선수들을 데리고 왔습니다. 부정 선수들과 시합해서 되겠습니까?" 하고 난감해했다.

민 장군은 즉시 본부석에 있는 이한림 군사령관을 찾아가 "부정 선수 돌려보내시오." 했더니

이 사령관은 "그냥 하지 뭘 그러느냐."면서 그대로 시합을 하겠다는 것이었다.

"무슨 소리요. 군에서 이런 부정이 있을 수 있소? 만일 부정 선수를 빼버리지 않으면 2군단은 시합 안 해요."

민 장군이 강경하게 나가자 이한림 사령관은 물러섰다가는 주위에 앉은 많은 부하 장성들에게 위신이 말이 아니게 되어 "안 하려면 그만두라."고 더욱 강경하게 나갔다.

그 길로 민 장군은 2군단 선수단을 전부 트럭에 태워 춘천 2군단 사령부로 철수시켜버렸다. 그러고는 참모들을 데리고 원주 시내 중국집에 가서 자정이 넘도록 배갈을 마시고 대취해 원주 금성

여관에 들어가 쓰러져 잤다.

다음 날 아침 7시경, 민 장군은 참모가 급하게 깨워 일어났더니 '새벽에 서울에서 군사 쿠데타가 났다'고 보고했다. 이날 새벽에 바로 군부가 들고 일어난 5·16이 발발했다.

다른 사단장 군단장들은 새벽에 모두 부대로 돌아갔는데, 자신만 전날의 술 때문에 늦잠을 자 늦게야 춘천으로 떠났다.

군단에 도착해 제일 먼저 알아보라고 지시한 것이 주동자는 누구이며 이한림 군사령관은 어느 편이냐는 것이었다.

"주동자는 과거 군단장님 후임으로 부산 군수기지 사령관직을 인수인계한 박정희 소장입니다. 군사령관은 쿠데타군을 즉각 분쇄해야 한다는 주장입니다. 저희 군단도 속히 서울로 출동하라는 명령입니다."라고 참모들이 보고했다.

민 장군은 보고를 받고 침묵을 지켰다. 박정희 소장은 절대 부패한 장성이 아니라는 것을 전부터 잘 알고 있었다.

전날 부정선수 문제로 심기가 좋지 않았던 생각을 하니 이한림 사령관이 괘씸했다.

"내 명령 없이 우리 군단은 일체 움직이지 마라."는 명령을 내리고는 상황이 궁금해 군단 사령부에 모여든 군단 참모, 강원도 경찰국장, 법원장, 검사장 등 40여 명의 기관장들에게 평상시와 같이 기존 계획대로 경계와 교육훈련에 임하라고 지시하고 그들을 돌려보냈다.

2군단은 원래 서울에서 비상사태가 발생하면 즉각 출동하도록 미 군사고문단과도 협의가 되어 있었다.

예하 12사단이 출동 대기 사단이었다. 전 병력 1만 2천 명을 완전 무장시켜 트럭 500대로 출동하고 전차 1개 대대도 함께 출동해 두 시간 반이면 서울에 도착할 수 있도록 항시 준비가 되어 있었다.

그러나 이 병력이 출동하면 쿠데타군과 시가전이 불가피하고 시가전이 벌어지면 적어도 수천 명의 희생자가 발생할 것은 불을 보듯 뻔한 일이었다.

상황을 지켜보고 있는데, 서울에서 청와대 김준하, 김남 두 비서관이 군용기 편으로 춘천으로 내려왔다. 그들은 윤보선 대통령의 친서를 내놓았는데 내용인즉 '쿠데타군을 진압하라' 는 것이었다. 그러나 민 장군은 대통령의 친서도 무시해버렸다.

결과적으로 5·16을 적극적으로 지지하지는 않았으나 5·16이 성공하게 된 데에 절대적인 영향을 미친 것이다. 부정선수가 낀 축구 대항전이 역사를 바꾸어버린 셈이다.

"JP를 제거하라"

1964년 6월 3일. '한·일 굴욕 외교 반대' 데모가 서울 전역에서 불같이 일어나 정부는 이날 저녁 계엄령을 선포했다. 민 장군은 당시 육군참모총장으로서 계엄사령관을 맡았다.

오전에 청와대에서 박 대통령 주재로 김성은 국방부장관, 김종오 합참의장, 버거 주한 미대사, 하우스 유엔군사령관 등이 모여 병력 동원문제를 협의했다.

데모대가 서울역에서부터 광화문, 효자동, 청와대 입구까지 발들여 놓을 틈이 없을 정도로 들어차 회의에 참석할 요인들은 헬기를 타고 와야 했다.

동원 부대는 양평에 있는 15사단과 철원 부근에 있는 6사단으로 결정되었다.

군 배치가 모두 끝난 뒤 2, 3일 후 박 대통령이 청와대로 민 장군을 불렀다.

박 대통령의 표정이 여느 때와 달리 심각해 보였다. 박 대통령은 한참 침묵을 지키다가 입을 열었다.

"민 장군, 큰일 났소, 군부에서 김종필을 총살해야 시국이 해결된다고 하던데요."

뜻밖의 얘기였다. 민 장군은 대뜸 "아니 군부라면 누구를 말합니까, 군은 제가 총책임자 아닙니까?"라고 반문했다.

박 대통령은 누구라고 밝히기가 거북한 표정이었다. 한참 있다가 "김종오, 김계원, 김재규"라고 말했다.

김종오 대장은 합참의장, 김계원 중장은 참모총장인 민 장군의 바로 아래 육군참모차장, 김재규 준장은 박 대통령과 육사 동기이고 같은 고향으로 이번에 계엄군으로 출동한 6사단장 아닌가.

"그 사람들이 도대체 뭡니까, 그들이 군부입니까, 제가 군부이지요."

민 장군은 음성을 높였다. 민 장군은 속이 뒤틀렸다고 했다.

"그자들이 언제 왔었습니까?"
"어젯밤 10시에 왔다 갔어요."

이들 세 장군이 밤중에 박 대통령을 찾아와 '4대 의혹사건'을 비롯해 6·3비상사태를 책임져야 할 사람은 김종필 한 사람뿐이니 "그를 처치해야 민심이 풀리지 그렇지 않으면 각하가 큰일입니다."고 건의했다는 것이다.

"민 장군, 어떻게 처리하는 것이 좋겠소?" 박 대통령이 다시 물었다.

민 장군도 한참이나 생각을 하다가 "그들이 계엄사령관인 나의 허락도 없이 왜 청와대에 들어왔는지 이해가 되지 않습니다. 나의 생각은 김종필을 죽인다 해서 해결될 문제가 아니니 일시 해외로 내보내는 것이 좋겠습니다."라고 말했다.

민 장군은 퍼뜩 자유당 이기붕 의장 일가 생각이 났다고 했다. 4·19 학생의거 직후, 이기붕 의장만 죽이면 이승만 대통령은 산다는 논법과 다를 바 없는 것 같았으며, 그렇다면 이 씨 일가족도 자결한 것이 아니고 이 대통령의 측근에 있던 사람들이 살해한 것이 아닐까 하는 생각이 떠올랐다는 것이다.

당시 데모의 초점은 어디까지나 '한·일 굴욕외교 반대'에 있는 만큼 이런 중차대한 일은 박 대통령의 인지하에 할 수 있는 일이지 김종필 씨가 독단으로 할 수 있는 일이 아니었음을 누구나 알고 있었던 것이다.

어쨌든 세 장군은 김종필 씨만 없애면 박 대통령은 산다고 속단한 것 같았다고 한다. 김종필 씨는 그 후 당의장직을 내놓고 해외로 출국함으로써 이 문제는 일단락되었다.

이만섭 기자 구속될 뻔한 내막

1962년 2월 27일, 박정희 최고회의 의장은 민정에 불참하고 군에 복귀한다고 성명을 발표했다.

서울시민회관에서 이른바 '2·27 선서식'을 거행했다. 그 후 3월 5일 박 의장은 강원도 지역을 시찰하기 위해 비행기 편으로 춘천을 방문했다.

차편으로 미리 온 기자들은 춘천역 앞 미군 비행장에서 박 의장 일행을 기다리고 있었다. 그 자리에 1군사령관 민기식 장군도 나와 있었다.

"요즘 일선 분위기가 어떻습니까?" 동아일보 이만섭(국회의장 역임) 기자의 질문에 민 장군은 중요한 발언을 쏟아냈다.

"정치가 안정되어야 안보도 허점이 생기지 않는데 정치가 어지러우니 군도 안정이 되지 않고 안보도 극히 우려스럽습니다. 박 의장이 민정에 참여하는 것이 바람직합니다."

박 의장의 군 복귀를 반대하고 민정 참여를 강력히 시사했다.

"정부에 나갔던 군인들이 그대로 민정에 참여하는 것이 낫지 그들이 군에 복귀한다면 오히려 군의 지휘 체계에 복잡한 문제가 생

이만섭 기자가 민 장군의 원주 발언을 특종한 뒤 40여 년이 지나 국회의장으로서 본회의장에서 필자의 연설을 듣고 있다.

길 것입니다."

 이런 사이 박 의장 일행이 도착했다. 민정 불참을 선언한 뒤라 그런지 수행원들도 초라했고 영접 나온 사람들도 불과 몇 명밖에 되지 않았다. 한눈에도 권력 이양에 따른 무상함을 느낄 수 있는 장면이었다.

 이만섭 기자는 다른 기자들 몰래 여관으로 돌아와 본사로 기사를 송고했다.

『민기식 사령관 등 일선 장성들은 박 의장의 민정 참여를 희망한다』는 내용이었다. 그날 동아일보 석간에 그 기사는 큼지막하게 1면을 장식했다.

박 의장의 민정 불참과 군 복귀를 주장하던 김종오 육군참모총장과 박병권 국방부장관은 신문을 보고 즉시 민 사령관에게 전화를 걸어 발언 진위를 따졌다.

입장이 난처해진 민 사령관은 "나는 그런 발언을 한 것 같지 않은데 이만섭 기자가 그렇게 쓴 것 같다."고 말했다.

김종오 총장은 거기서 그치지 않고 군 수사기관에 "이만섭 기자를 구속해 진위를 가려라."고 지시했다. 동행한 기자들이 이후락 공보실장에게 알려 가까스로 구속을 면했다.

민 장군은 박 의장에게 "1군 산하 장교들을 내일 군사령부 연병장에 모을 테니 민정 참여를 선언하십시오." 하고 권유했다.

그 다음 날 정국을 다시 한 번 격동 속으로 몰아넣은 민정 참여를 시사하는 '원주 발언'이 나왔고 3월 16일 '군정 4년 연장'이 발표되었다.

박 대통령과 민 장군 사이는 이렇게 깊이 얽혀 있었다.

6·25는 확실한 남침

민기식 위원장은 국회 국방위원장을 역임해 동료의원들은 '민

위원장'이라고 호칭하는 사람이 많았다. 그러나 본인은 의원이나 위원장보다 장군이라는 호칭을 더 좋아했다.

한번은 신당동 자택에서 나와 단둘이 술을 마시는데 "전방에서 싸운 꿈, 막사에서 술 마신 꿈 등 군대생활 할 때의 꿈은 자주 꾸지만 12년 동안 국회의원을 했어도 국회의원 꿈은 한 번도 꾸지 않았다."고 말했다.

1946년 육군 소위로 임관해 1965년 육군 대장으로 예편하기까지 젊은 날을 주로 최전선의 전투 부대장으로 지내 온 그분의 군 경력은 너무나 많은 화제를 남겨놓았다.

1950년 6월 25일. 당시 보병학교 교장으로 있던 민기식 대령은 새벽 4시경 육군본부 작전참모부장 김백일 대령으로부터 "북한이 전면 남침했다. 빨리 육군본부로 나오라."는 전화를 받고 빗속을 뚫고 육본으로 나갔다.

달리는 차 속에서 '같은 민족끼리 전쟁을 하다니 설마 그럴 리가 있겠나'라고 생각했다.

작전부장실에 들어서자 김 대령은 "개성에도 적이 오고 동두천에도 적이 쳐들어왔다. 의정부 쪽에는 이용문 대령이 나갔으니 민 대령은 문산 쪽으로 나가라."면서 차량 적재용 무전기를 주었다.

김 부장은 "전황을 수시로 보고하라."고 거듭 말했다.

문산 방면을 맡고 있는 백선엽 제1사단장은 육군 참모학교에서 교육 중 전날 육군회관 연회에 참석했다가 이날 새벽부터 사단을

주월사 방문. 왼쪽부터 민기식 국회 국방위원장, 채명신 사령관, 김대중, 이철승 국방위원.

지휘하게 되었다.

통상 사단 방어전면은 15km로 되어 있는데 제 1사단의 방어지역은 청단에서 고랑포까지 무려 100km나 되었다. 이것이 바로 6·25 새벽의 중서부 전선 상황이었다.

훗날 민 장군은 술을 마시다가 종종 잔을 탁탁 놓으며 분개했다. 6·25가 남침 아닌 우리 측의 북침이라는 주장에 대해 생각만 해도 치가 떨린다고 했다.

그 실례로 민 장군은 6·25 당시 대부분의 전선 사단장 및 주요 간부들이 보병학교에서 교육을 받고 있었다는 점, 전쟁 발발 하루 전날 밤에 전·후방 고위 장교들을 육군회관에 모아 연회를 개최했다는 점, 남한에서 북침을 준비했다면 최소한의 탄약과 식량이라도 준비했어야 하고 유사시 한강 철수 작전쯤은 계획되어 있어야 했다는 점을 지적했다.

먼저 전쟁을 도발한 나라가 기습을 감행하는 것이 원칙이고 자고로 기습한 나라가 초반부터 패배한 전쟁은 세계 어느 전사에도 없다고 민 장군은 늘 말했다.

말만 들어도 가슴이 내려앉는 중앙정보부

1971년 4월 27일 실시된 제7대 대통령 선거는 '중단 없는 전진'을 내세운 박정희 대통령과 '민주 회복'을 내세운 신민당 김대중 후보와의 혈전이었다.

야당이 주장한 '40대 기수론'이 온 국민의 관심을 끌었다. 유진산 당수는 40대 기수론의 장본인인 김영삼 원내총무를 당내 주류측의 대통령 후보로 지명해 전당대회에 후보로 내세웠다. 김영삼 후보는 1차 투표에서 이겼으나 과반수 득표를 못해 2차 투표에 들어갔다가 비주류 측인 김대중 후보에게 역전패하고 말았다.

2차 투표에서 역전승한 김대중 후보는 호남지역의 적극적인 성원 아래 당초 예상보다 훨씬 큰 파장을 일으켰다. 선거일이 가까울수록 파장은 커졌고 반비례해 공화당은 초조했다.

특히 김대중 후보가 제시한 예비군 폐지는 전국적으로 큰 호응을 받았다. 군에서 제대한 뒤 수년간 한 달에 두세 번씩 예비군 훈련을 받아야 했던 젊은이들로서는 우선 나 자신부터도 예비군 훈련 폐지야말로 당장 한 표 던지고 싶은 공약이었다.

당초에 공화당은 "우리 현실로 예비군 폐지는 어렵다."는 해명으로 막아보려 했으나 역부족이었다. 정부 여당도 비상대책에 들어갔다.

그 무렵 공화당을 출입하던 나는 저녁 마감시간이 끝난 뒤, 국방위원장으로 있는 신당동 민기식 의원 댁으로 갔다. 일주일에 한두 번씩 민 위원장과 술을 마시며 대선 이야기를 나누곤 할 때였다.

신당동에서 민 위원장과 술을 마셔본 사람들은 지금도 그 장면이 눈에 선할 것이다. 육군 부대의 모든 마크가 자개로 새겨진 상위에 조니워커 레드나 블랙을 올려놓고 탄산수를 타서 별 안주도 없이 마시는데 얼음을 꼭 손으로 집어 잔에 넣었다.

민 장군이 신당동 집에서 술을 마실 때 보면 오른 손으로는 술잔을 잡고 왼 손으로는 계속 양말 신은 발바닥과 발가락을 누르고 밀고 했다. 가까운 사람과 마실 때는 양말을 벗고 마시는데 그럴 때는 맨발을 계속 만지작거렸다. 그러다가는 그 손으로 연신 얼음을 집어 자기 잔에도 넣고 상대방 잔에도 넣어주곤 했다.

처음 그 자리에 간 사람들은 술잔을 입에 댈 때 민 위원장의 발바닥 냄새를 맡는 기분이 들었다. 자주 술자리를 같이하다보니 나도 술 마실 때 발바닥 만지는 버릇이 붙어 집에서 여러 번 핀잔을 들었다.

술이 거나해지자 민 위원장이 "이봐, 오늘 나 청와대 갔다 온 거 모

필자의 대선 유세현장 취재 모습

르지? 정훈이(장남) 엄마도 몰라."라고 했다. 나는 정신이 번쩍 났다.

그 당시 대선을 며칠 앞두고 국회 국방위원장이 청와대에 가서 박 대통령을 만났다면 그것만으로도 뉴스감이 되었다.

나는 태연하게 "선거 앞두고 경호실장이 점심 한 그릇 냈구먼요." 했다.

민 위원장은 "이봐, 오늘 아주 중요한 회의를 했다고. 김대중이 이제 졌어."라고 말했다. 나는 가슴이 뛰었지만 태연한 척했다.

"향토예비군 폐지한다고 해서 젊은 사람들이 전부 김대중 후보를 찍겠다고 그래요." 나는 별 관심이 없는 것처럼 말했다.

"바로 그거야, 그 문제로 오늘 박 대통령이 직접 회의를 주재했는데 총리하고 나하고 국방장관, 내무장관, 법무장관, 정보부장, 비서실장, 경호실장 그렇게만 참석했어." 손가락을 꼽아가며 참석자 명단을 거명했다.

"그 사람들이라고 뭐 뾰족한 대책이 있나요?"

"박 대통령이 굉장히 화가 났어, 김대중이는 나라 생각은 안 하고 제 생각만 한다고."

민 위원장은 그날 낮 회의 내용을 술술 풀어놓았다.

회의 결론은 "정부 여당도 예비군법을 개정해 훈련을 대폭 완화한다. 한 달에 두 번씩 하던 훈련을 두 달에 한 번 정도로 한다. 완전 폐지는 북한의 노농적위대가 시퍼렇게 살아 있는 한 어렵다. 앞으로 점진적으로 더 완화하도록 한다." 대략 이런 내용이었다.

이것을 정부 여당의 막판 공약으로 내세우고 4, 5일 후에 장충단 공원에서 열리는 박정희 대통령의 마지막 유세에서 터뜨리기로 발표 스케줄까지 짰다는 것이다.

다음 날 아침 일찍 신문사에 나가 어제 저녁 들었던 내용을 부장에게 보고하고 기사를 써 넘겼다.

그날 낮 12시 반쯤 석간신문 가판들이 거리로 쏟아져 나왔는데 대한일보만 1면에 『정부 여당 예비군법 개정, 훈련 대폭 완화 최종 확정, 작일 청와대에서 박 대통령 주재로 극비 안보회의 개최』대개 이런 내용의 기사가 대서특필되었다. 그 당시 정부 여당이 예비군법을 개정한다는 것은 대선을 며칠 앞둔 시점에서 여간 민감한 사안이 아니었다.

조선호텔 맞은편에 있던 공화당 당사에서 특종 한 건 했다고 어깨를 으쓱이며 기자실을 나오려는데 본사 직통 전화가 요란하게 울렸다.

"빨리 정치부로 들어오라."는 홍성원 부장의 급한 목소리였다. 예감이 불길했다. 특종 축하한다는 말은 없고 음성이 몹시 초조한 것 같았다.

바로 신문사로 들어갔더니 데스크 옆에 덩치 좋은 젊은이들 두 사람이 눈을 부라리며 나를 훑어보았다.

"남산에서 왔는데 예비군 기사가 문제가 되었나봐, 잠시 다녀오라고." 홍 부장이 걱정스럽게 말했다.

중앙정보부 요원들과 신문사 정문을 나서니 까만 코로나가 대기하고 있었다. 한 사람이 뒷좌석에 먼저 타고 가운데 나를 태우고 또 한 사람이 오른쪽에 앉고 곧장 남산으로 달렸다.

그 당시 대선에서 김대중 후보가 워낙 뜨는 판이라 정부 여당에 불리한 기사가 나가면 중앙정보부에서 언론인들을 곧잘 불러 조사를 하곤 할 때였다.

연행되기 수일 전 대한일보사의 외무부 출입인 임한순 기자가 대일관계 기사로 정보부에 끌려갔다 심한 고문을 당하고 밤늦게 돌아왔다. 임 기자의 열 손가락 손톱 밑이 새파랗게 죽어 있었다. 기사 취재원을 밝히지 않는다고 펜촉 끝으로 손톱 밑을 찔러 피멍이 든 것이다.

남산 중턱에 있는 국방색 퀸셋 건물(지금 '문학의 집·서울' 자리)로 갔다. 대여섯 평 정도 되는 공간에 철제 책상이 놓였고 책상 앞에 접었다 폈다 하는 철제 의자 하나가 놓여 있었다.

수사관이 대기하고 있었다. 심문이 시작되었다.

대한일보를 펼쳐 놓으며 "이 기사 내용 누구한테 들었느냐? 취재원을 밝히라."는 것이었다.

기자가 취재원을 밝힌다는 것은 수치 정도가 아니라 기자 사회에서는 매장되는 것이 일제 때부터 내려오는 상식이었다. 순간 최대한으로 머리를 짜내었다.

"지금 야당 김대중 후보의 예비군 폐지가 큰 지지를 받고 있어 정부 여당도 대책을 세울 것으로 보고 대개 이런 정도의 대책이 아니겠는가 생각해 내가 작문을 한 것이다."라고 말했다.

수사관은 어이가 없다는 듯 나를 쳐다보더니 "여기가 어디인 줄 아느냐."고 소리를 버럭 지르며 주먹으로 철제 책상을 내려쳤다.

나는 "내가 작문한 것"이라고 초지일관으로 버티었다.

내가 끝내 입을 열지 않자 두어 시간 지나서 까만 양복에 까만 조끼를 입고 양옆으로 콧수염을 기른 50대 중년 신사가 들어왔다. 수사관이 벌떡 일어나 차렷 자세를 취했다.

그는 나의 조사 현장을 모니터로 위에서 감시하다가 내려온 것이다.

"이봐, 너 아직 정신 못 차리는구나, 여기는 간첩도 다 불게 되어 있어, 네가 간첩보다 더 독한 놈인가 한번 해볼래? 내가 일정

때 함흥경찰서 고등계 형사 출신이라는 거 몰라?" 그러면서 손으로 내 목덜미를 탁 쳤다. 간담이 서늘했지만 나는 아무 말도 하지 않고 눈을 내리깔고 있었다.

"빨리 알아내라고 또 위에서 연락이 왔어." 그 한마디를 수사관에게 내뱉고 밖으로 나갔다. 후에 알았는데 그는 당시 중앙정보부 수사단 부국장이었다.

나는 속으로 '낮에는 시간을 끌다가 밤에 두들겨 패겠구나' 하는 생각을 하며 이럴 줄 알았으면 내복이라도 좀 두껍게 입고 올 걸 하고 후회했다.

"소스가 어디냐?" "나다."를 되풀이하며 시간을 끌고 있는데 5시쯤 전화벨이 울렸다. 전화를 받은 수사관이 밖으로 나가 문을 걸고 어디론가 사라졌다. 한 10분 후에 문 따는 소리가 들리더니 수사관이 다시 들어왔다.

"야, 너 참 질긴 놈이구나, 그런데 운도 좋구먼, 너 오늘 밤 한 방 터지는 건데." 그러면서 돌아가라고 한다.

그 당시 남산 중앙정보부에 붙들려 가면 식사 때 라면을 끓여내었다. 나는 어떻게 된 것인지 모르지만 일이 잘 풀린 것 같아 "이왕 온 김에 라면이나 한 그릇 먹고 가지요." 했더니 수사관은 "하하하" 한바탕 웃고는 "너 늦게 가면 새로 잡아넣어."라고 해서 같이 웃었다.

연행되었던 사실을 외부에 누설하지 않는다는 각서를 쓰고 말만 들어도 떨린다는 정보부를 나왔다.

신문사에 돌아오니 정치부 전원이 편집국에서 나를 기다리고 있었다. 내가 풀려나오게 된 경위를 홍 부장이 설명했다. 어젯밤 민 위원장과 술을 마시며 취재했다는 것을 미리 부장에게 보고했기 때문에 홍 부장은 소스를 알고 있었다.

내가 남산 중정에 연행된 뒤 정치부 기자들을 모아 대책회의를 했는데 같이 공화당 출입을 하는 조창화(대한언론인회 회장) 기자가 민 위원장에게 전화를 했다. 조 기자도 민 위원장과 가깝게 지내는 사이였다.

"민 위원장이 제일 좋아하는 신경식 기자가 지금 중앙정보부에 잡혀갔다."고 알렸다.

경위를 설명 들은 민 위원장은 그 자리에서 이후락 정보부장에게 전화를 걸었다. "어이 이 부장, 신문에 난 예비군 관계 그거 내가 어제 신 기자와 술 마시다가 얘기했는데 잡아갔다면서?"

일은 너무 쉽게 풀렸다.

"알았어. 곧 내보낼게."

이후락 부장과 민 장군은 창군 초기의 군사영어학교 동기생이었다. 민 위원장과 박 대통령 사이의 특수한 관계를 잘 아는 이 부장은 그 자리에서 선선히 응했다.

후에 들은 이야기는 박 대통령이 댓새 후 열리는 장충단 유세에서 수십만 군중을 모아 김대중 후보의 예비군 폐지에 대한 무책임한 안보관을 비판하고, 이에 맞서 정부 여당도 법을 개정해 생업에 지장이 없을 정도로 훈련을 완화하겠다는 공약을 내세우려고 했다는 것이다. 그러나 그 내용이 미리 신문에 보도되는 바람에 박 대통령은 불같이 화를 내며 이후락 정보부장에게 철저히 조사하도록 직접 지시했다고 한다.

갓 쓰고 도포 입은 박병배 의원

내가 겪은 정치인들 중에 잊을 수 없는 분 중 한 분이 박병배(5선 국회의원) 의원이다.

7대 국회 때 야당인 신민당은 지역구에서 28명만이 당선되어 돌아왔다. 이때 박 의원은 대전에서 충·남북을 통틀어 유일하게 신민당으로 당선된 분이다. 그분의 발언은 늘 뉴스를 탔다. 깊은 뜻과 해학이 담겨져 있었기 때문이다.

그분은 술이 얼큰해지면 이승만 대통령의 통역 일화를 자랑스럽게 털어놓았다.

휴전협정이 이루어진 뒤 박병배 의원은 강원도 경찰국장으로 있었다. 당시에는 민간인에 대한 정보기관이 경찰뿐이어서 경찰의 힘이 막강할 때였다. 지금의 국정원 업무를 겸하고 있었다고 하겠다.

1955년 초가을, 이승만 대통령이 춘천을 방문했다. 밴플리트 미8군사령관이 수행했다. 강원도는 대규모 군중집회를 열어 이 대통령 환영행사를 열었다.

이승만 대통령 연설이 끝나고 밴플리트 8군사령관이 연단에 섰다. 수행한 통역이 앞으로 나가자 이 박사 뒤에 앉아 있던 박병배 경찰국장이 벌떡 일어났다. 통역을 제치고 밴플리트 장군 옆으로 갔다.

모자, 팔소매에 굵직한 금테까지 두른 경찰국장이 직접 통역을 자청하고 나오자 밴플리트 장군도 반기는 눈치였다.

밴플리트 장군은 북한을 규탄하고, 전쟁을 치르고 있는 국민들을 위로하고, 앞으로 북진통일을 이룩할 것이라는 결의를 다지며 연설을 마쳤다.

통역에 나선 박병배 국장은 마이크를 당겨 "도민 여러분, 여기 앉아 계신 이승만 대통령은 전 세계의 위대한 지도자이십니다. 이승만 대통령이 계시기 때문에 미국은 한국전쟁에 참가했고 북한 공산주의를 몰아냈습니다. 이승만 박사는 한국의 위대한 인물이 아니라 세계적으로 위대한 인물이십니다."라고 이승만 박사를 한껏 찬양하고 자리로 돌아갔다.

장내가 떠나갈 듯한 박수와 환호를 받았다. 밴플리트 장군은 자신의 연설에 청중들이 환호한다는 생각으로 흐뭇한 표정을 지으며 통역을 맡은 박병배 국장에게 목례를 했다.

통역을 끝내고 자리에 앉자 이 대통령은 "박 국장, 영어 잘하네." 뒤를 돌아보며 흡족한 표정으로 말했다.

7대 국회 때 내무위원회 회의석상에서 있었던 일이다. "이 장관, 오늘이 무슨 날인지 아는가?" 박 의원 질문에 이호 내무부장관이 머뭇거리고 답변을 못했다. 박 의원 성격을 잘 아는 내무부 간부들은 갑작스런 질문에 모두가 긴장했다. "오늘은 이 박병배가 태어난 박병배 생일날이오. 내무부장관이 그런 것도 모르나?" 회의장

국회 본회의장에서 박병배 의원(주머니에 손을 넣고 있는 사람)과 마주 보고 있는 필자. 중앙은 진의종 의원. 필자 오른쪽은 오유방, 민병기 의원, 오른쪽 끝에 이충환 의원이 보인다.

엔 한바탕 웃음판이 벌어졌다.

경성제국대학 출신인 박 의원은 대전의 갑부집 아들이었다. 대학교 다닐 때 백색 세비로 양복에 사각모를 쓰고, 백마를 타고 종로 바닥을 누볐다고 그때를 회상하곤 했다.

박 의원 때문에 몇몇 기자들이 곤욕을 치른 일이 있다. 1968년 7대 국회 중반쯤 내가 국회 출입기자로 내무위를 맡고 있을 때였다. 다음 날 국회 내무위가 열릴 예정이었는데 전날 저녁 박 의원으로부터 한국일보 옆에 있는 R요정에서 술 한잔하자고 연락이 왔다.

신문사 일을 끝내고 약속 장소로 가보니 조선일보 채영석, 동아일보 박순재 기자 등 내무위에 출입하는 동료 기자들이 서너 명 와 있었다.

당시에는 주로 정종을 마셨다. 양주는 구하기도 힘들었고 새마을 운동이 한창일 때라 요정에서 특별한 경우가 아니고는 양주를 팔지도 않았다.

술이 거나해졌을 때 채영석 기자가 옆에 앉아 서비스하고 있는 여자 종업원에게 물었다.

"너도 밤에 백차 타고 집에 가지?"

박 의원은 자신이 경찰 출신인지라 백차라는 말에 금방 반응을 보였다.

"아니, 왜 애들이 백차를 타고 가?"

경찰에 잡혀서 실려 가는 것으로 생각한 것이다.

"박 의원, 말도 마소. 지금 경찰이 어떤지 아시오? 애들 술좌석 늦게 끝나 통행금지시간 넘으면 백차가 와서 집에 모셔다주고 만 원씩 받는다고요."

채영석 기자 말에 박 의원은 의아해하며 "정말 그런 일이 있느냐?"고 물었다.

다음 날 지금 태평로 파이낸스 빌딩 자리에 있던 국회 제2별관 내무위원회에서 이호 내무부장관과 치안국장, 본부 간부들이 줄지어 앉은 가운데 내무위원회가 개최되었다.

장관의 현황 보고가 끝나고 의원들 질의가 시작되었다.

박 의원 차례가 되었다. 그는 마이크를 잡고 점잖게 입을 열었다.

"이건 중요한 이야기지만 사적인 이야기에 속하니까 속기를 하지 말아주시오."

실내가 조용해졌다.

"이 장관, 이 장관은 명문 대학 출신이고 점잖아서 내가 힘껏 도와주려 하는데 당신 밑의 부하들이 당신을 몰아내려고 음모를 꾸미고 있어. 알고 있나?" 이호 장관은 동경제국대학 출신이었다.

이호 장관은 박 의원 서두가 워낙 거창하게 나오니까 몹시 긴장된 표정이었다.

"이 장관을 쫓아내기 위한 음모가 뭐냐, 저 뒤에 서 있는 조선일보 채영석 기자가 현장을 직접 목격하고 나에게 말해준 사람이오. 지금 경찰에서 백차 동원해가지고 통행금지시간 넘으면 술집 여자들 실어 나른다고, 그러고는 돈 만 원씩 받아 챙겨, 이런 부정한 짓을 함으로써 장관에게 책임을 지워 귀하를 쫓아내려고 하는 거야, 이런 음모를 모르고 있었나?"

박 의원의 발언에 채영석 기자는 말할 것도 없고 지난밤 술좌석에 같이 앉았던 우리는 기겁을 했다. "술좌석 얘기를 국회에서 문제 삼다니……." 사실대로이니 할 말이 없었다.

그 얼마 후 존슨 미국 대통령이 한국을 방문했다. 마지막 일정으로 국회에서 연설을 했다. 이날 박병배 의원은 점잖게 한복에 도포를 입고 갓을 쓰고 본회의장에 나와 앉았다. 존슨 대통령 못지않게 뉴스를 탔다.

7대 국회가 한창인 1968년 무렵, 박 의원이 본회의 발언에 나섰다. 푸에블로호 사건, 김신조 청와대 습격 사건이 터지던 시기라 안보가 최우선이던 때였다.

박 의원은 '국가유지론'이라는 일관된 논리로 국가 안보의 중요성을 늘 강조해 온 분이다. 이날 본회의에서도 국가유지론을 펼치기 시작했다. 단상에 오른 박 의원은 큼지막한 보따리를 풀어헤쳤다. 높이가 50cm 정도 되는 원고 다발이 드러났다.

"존경하는 이효상 의장, 동료 의원 여러분, 그리고 국무총리를 비롯한 국무위원 여러분!"

이렇게 서두를 꺼낸 박 의원은 맨 윗줄에 놓인 원고 뭉텅이를 집어 들고 읽기 시작했다. 본회의장에 앉은 여·야 의원들은 난감했다. 발언에 시간제한이 없을 때였다. 발언대 위에 쌓아 놓은 원고 뭉치를 다 읽으려면 사흘은 걸릴 것 같았다.

5분 정도 듣고 있던 이효상 의장이 의장석에서 일어났다.

"박 의원, 다음 발언할 의원들이 많이 있습네다."

머리가 하얀 이효상 의장이 멈추라고는 못 하고 사정조로 말을 했다.

"아니, 국회의원의 발언을 의장이 막는단 말이오? 더구나 야당 의원의 발언을 막다니. 있을 수 있는 일이오? 그러나 다음 발언 순서 때문에 회의 진행에 문제가 있다면 내가 이 원고를 다 읽지 않고 그만 끝낼 테니 속기록에 이 내용을 전부 게재해주실 용의가 있습니까?"

박 의원의 제의에 이 의장이 미처 대답도 하기 전에 본회의장에 앉았던 여·야 의원들이 "좋소, 그렇게 합시다." 하는 소리가 사방에서 터졌다.

결국 박 의원은 속기록 형식으로 두툼한 책을 한 권 발행하게 되었다. 우리집 서재에는 방대한 속기록이 책으로 나온 박 의원의 《국가유지론》이 아직도 귀중한 자료로 보관되어 있다.

속기록 발언 후 20여 년이 지난 1988년 10월, 내가 모친상을 당했을 때 박 의원은 그 불편한 몸으로 지팡이를 짚고 시골까지 조문을 왔다.

경성제대 출신답게 머리가 좋았고, 기발했고, 뚝심과 의리 또한 강했던 분이었다.

뉴스 있는 곳에 김상현 있다

1960년대 중반 소공동 한진빌딩 자리에 국제호텔이 있었고 그 지하실에 '정글빠'라는 술집이 있었다. 조용하고 아늑한 분위기로 소문이 나 손님이 많았다. 내가 후농 김상현 의원을 처음 만난 곳이다.

6대 국회 때 한·일협정 비준에 반대하며 김재광 의원이 의원직을 사퇴했다. 후농이 공석이 된 서대문구를 이어받아 보궐선거로 국회의원이 되었다.

당시 정치부 기자였던 나는 보선 직후 몇몇 선배 기자들과 이 정

필자 후원회 행사에 참석한 김상현 의원.

글빠로 후농의 초청을 받았다. 술잔이 돌면서 선거얘기가 화제로 올랐고 보선 때 겪은 후농의 무용담이 끝없이 이어졌다.

후농은 말끝마다 옆에 앉은 사람을 툭툭 쳐가면서 자기주장을 펴는 습관이 있었는데 대화의 90% 이상을 혼자 주도했다. 달변이 철철 넘쳐났다. "저 사람은 천생 정치가로구나. 제대로 제 길에 들어섰구나."하는 느낌을 받았다. 말 잘하면 정치가라고 하던 시절이었다. 후농 나이 스물여덟 살, 내 나이 스물여섯 살 때였다.

군정이 종식되고 박정희 최고회의의장이 1963년 12월 대통령으로 취임한 뒤 정치권에도 활기가 돌기 시작했다.

민정으로 이양된 다음 해, 야당은 5·16 그날부터 봉해졌던 입이 한 번에 터지기라도 한 듯 정치판이 매일 들끓었다. 들끓는 속을 보면 후농이 늘 한몫을 차지하고 있었다.

어수선한 정치판 속에서 정치인들에게는 정치가 어떻고 지역구가 어떻고 하는 것도 중요했지만 신문에 사진 한 컷이 나고 이름 석 자가 오르느냐 못 오르느냐도 큰 관심사였다. 같은 의원들 사이에서도 지면에 이름이 자주 오르는 동료 의원을 부러워했다. 그 당시 중요 당직자도 아니면서 자주 오르내리는 의원으로는 후농이 단연 1위였다.

후농은 신문에 사진이 실릴 만한 뉴스가 있는 곳에는 꼭 끼어들어 기자들이 많을 때, 그날의 주역인 유진오 총재나 김영삼 총무 옆으로 다가가 귀에 대고 소곤거리는 모습을 보였다. 기자들은 큰 의미가 숨어 있는 듯한 귓속말에 카메라 플래시를 터뜨렸고 다음 날엔 그럴듯한 사진이 지면을 장식했다. 그 재치와 애교에 일부 당직자들은 아예 사전에 전화를 걸어 회의시간과 장소를 미리 알려주기도 했다.

"뉴스 있는 곳에 김상현이 있다." 패기 당당했던 투사 후농에게 붙여준 기자들의 선물이었다.

후농은 3선 개헌 반대투쟁에 누구보다 앞장섰다. 야당의 극한적인 투쟁에도 불구하고 개헌안은 1969년 9월 14일 새벽 2시 50분 본회의장 아닌 태평로 국회 제3별관에서, 소위 '날치기 통과'라는 오명을 남기며 공화당과 정우회 소속 의원 122명이 참석한 가운데 변칙 통과되었다.

워낙 극비로 진행되어 야당 의원들이나 야당 출입기자들은 전혀 낌새를 채지 못했다. 몇 명의 여당 출입기자들만 현장에 참석시켰는데 그들이 풀려난 뒤에야 개헌안이 통과된 것을 알았다. 날치기에도 증인이 필요했던 것이다.

P기자가 후농에게 제일 먼저 개헌안이 통과된 사실과 장소를 귀띔해주었다. 정치인과 기자 사이에도 인간관계가 중요했다.

당시 태평로 의사당은 1층이 본회의장이었고 2층 앞쪽이 기자석이었다. 1층과 2층은 앞이 트여 있었다. 아래층에서 밤새워 농성하는 야당의원들과 한담을 하고 있던 나는 후농이 메모지를 보고 심상찮은 표정으로 밖으로 나가기에 뒤따라 나갔다. 후농은 무슨 일을 낼 듯한 표정으로 국회 앞 대로를 건너뛰어 제3별관(현 서울신문 옆 파이낸스빌딩 자리)으로 내달렸다.

후농은 2층 회의실로 뛰어올라가 대성통곡을 하면서 개헌안 표결을 위해 단 앞에 놓아두었던 투표함을 번쩍 들어 콘크리트 바닥에 내팽개쳐버렸다.

일부 여당 의원들과 기자들 몇 사람은 아직 그 현장에 있었다.

후농이 투표함을 번쩍 쳐든 순간 카메라 플래시가 여기저기서 번쩍거렸고 역사적인 그 사진은 다음 날 신문에 전면을 차지하다시피 했다.

목 놓아 울면서 투표함을 집어던진 그 순간이야말로 후농의 투쟁사 중 가장 화려한 스포트라이트를 받았던 때였다. 회의장을 미처 빠져나가지 못한 공화당 의원들이 부끄러운 듯 얼굴을 가리고 층계로 도망가는 모습이 사진에 찍혀 효과는 더욱 컸다.

이 사건으로 후농의 투쟁 경력(?)은 중진 반열에 올라섰다. 이 사진은 그해 보도사진 부문에서 언론상을 휩쓸었다.

기자시절 후농을 만나면 난감했을 때가 한두 번이 아니었다. 후농은 반반한 물건이 손에 들어오면 제일 먼저 만나는 사람에게 그 물건을 주어버리곤 했다. 집 안에 남아나는 게 없었다.

1960년대 후반, 한번은 서대문 후농 집에 들렀더니 누가 레코드판을 가져왔다면서 가져가라고 주는 것이었다. 아주머니도 안방에 있고, 초등학교에 갓 입학한 아이들도 바라보고 있는데 레코드판을 받기도 안 받기도 민망했던 기억이 있다. 그 무렵 일본에 다녀온 후농은 테니스 라켓을 하나 내게 주었다.

그 라켓을 들고 나는 소석 이철승 선배, 일성 김수한 의장, 오세응 (7선 국회의원 역임) 부의장 등과 1960년대 중반부터 1970년대 중반까지 젊음을 거의 테니스에 바치다시피 했다.

내가 한국 테니스협회 이사까지 하고 입법부 테니스 대회에서 3연승 2연패(3년간 복식, 단식 모두 우승)로 최고급 소석배를 완전히 내 집으로 가져왔을 만큼 테니스를 잘 친 것도 바로 후농이 준 일제 테니스 라켓이 첫 인연이었다.

노무현 정권 초, 내가 백수로 지낼 때 여의도 관광호텔 커피숍

필자는 후농이 준 일제 라켓으로 테니스 대회를 휩쓸었다.

에서 우연히 후농을 만나 휴대전화 번호를 서로 적어주는데 만년필이 금촉으로 된 몽블랑 고급품이었다. 내가 웃는 소리로 "글씨 쓸 일도 없는 사람이 만년필은 이렇게 좋은 걸 가지고 다니느냐."고 했더니 당장 그 자리에서 "그래? 이거 가져." 하더니 내 양복 주머니에 꽂아 주었다. 지금 그 만년필로 이 글을 쓰면서 부인이 얼마나 속 썩으며 살아왔을까 하는 생각이 들었다.

김 의원이 감옥에 있을 때 어려워진 생계를 위해 부인이 가스 대리점을 운영하면서 가스를 직접 나르던 기억이 난다.

제7대 국회 후반, 그날도 역시 술을 마시고 2차로 우리집에 와서 또 한잔하고 갔는데 후농이 간 뒤 집사람 말이 "김 의원 구두 하나 사 드려요. 벗어 놓은 구두가 너무 헐었던데요." 했을 만큼 본인에게는 근검했다.

김상현 의원은 김대중 총재의 호(후광)를 따서 후농이라는 자기 호를 지었을 정도로 김대중 총재의 분신 같은 존재였다.

10월 유신이 나자 제일 먼저 보안사에 연행되어 극심한 고문을 당했다. 김대중 후보에게 전달한 정치자금을 대라는 것이었다. 후농은 "이후락 청와대 비서실장과 김형욱 중앙정보부장이 자금을 주었다."고 털어놓았다.

힘 있는 사람을 거명하면 고문을 피할 수 있을까 하고 사실이 아니지만 그들의 이름을 밝혔다고 한다. 막강한 지위에 있는 당사자들에게 직접 확인할 수 없는 수사관들은 그 후 정치 자금에 대해 더 이상 추궁하지 않았다고 한다.

3년 넘게 안양교도소에서 복역을 하고 출옥해서 병원에 입원했을 때 문병을 갔더니 눈이 보이지 않아 백내장 수술을 받았다고 했다. 의사 말이 "심한 고문으로 시력이 손상되었다."는 것이다.

후농은 재일동포들에 대해서 애정이 깊었다. 일본을 자주 드나들면서 그들의 부당한 대우와 인권침해에 대해서 연구 조사하고, 그 실상을 파헤친 《재일 한국인》이라는 책자도 펴내어 그 당시 당국이나 국민의 관심을 모았다.

그동안 조국의 무관심에 분개하고 있던 재일동포 사회에 큰 힘을 불어넣어 주었고 후농은 그들의 대변자가 되었다. 재일 거류민단장을 역임한 박병헌 회장은 "이 책이 발간된 뒤 정부나 사회에서 재일동포 문제에 관심을 기울이는 계기가 되었다."고 말했다.

정보부도 체념한 김수한 대변인

5·16과 공화당 정권을 거친 분들은 일성 김수한 국회의장을 지금도 야당시절의 명 대변인 이미지로 기억하고 있는 사람들이 많다. 김 의장은 자유당 시절 '공명선거추진위'(위원장 장이욱 박사) 대변인부터 신민당 대변인까지 각 정당, 정치단체 대변인만 7년 8개월간 역임했다.

그때 대변인의 인기는 영화배우 못지않았다. 거침없는 그의 독설을 듣는 서민들은 답답한 심금을 위로 받았다.

5·16 이후 중앙정보부의 권력이 서슬 시퍼럴 때 강경야당 정치인 해위 윤보선 전 대통령의 신한당 대변인을 맡은 김 의원은 매일 성명을 발표했는데 첫줄은 매번 똑 같았다.

"악랄한 군정의 무자비한 군홧발에 짓밟힌 민주주의를 살리기 위해……."

워낙 독한 말로 퍼부어대니 중앙정보부도 나중에는 아예 대항을

김수한 대변인은 6선 의원으로 후일 15대 국회 때 국회의장이 되어 필자의 본회의 발언을 경청하고 있다.

하지 않았다.

순발력과 입담이 뛰어나서 해위 선생이 지방유세 때는 꼭 김 대변인을 곁에 데리고 다녔다.

선거 때 광주나 부산, 마산 같은 지방으로 지원유세를 갈 때는 기차를 이용했는데 해위 바로 맞은편 좌석은 언제나 김수한 대변인의 전용석이었다. 한강철교를 건너면서 시작되는 김 대변인의 세상얘기는 부산역이나 광주역에 내릴 때까지 쉼 없이 계속되었다. 그럴 때면 해위 그 점잖은 분이 큰 소리로 웃었다. 김 대변인의 이야기를 듣기 위해 몇 시간을 열차 복도에 서서 가는 당원들도 많았다.

김 대변인은 창랑 장택상 선생하고 각별히 가까웠다. 고향도 같은 경북이었다. 기자들에게 장택상 선생의 숨은 얘기를 많이 들려주었다.

장택상 선생은 댁이 상도동이었는데 5·16 이후 당사에 나올 때 꼭 택시를 이용했다고 한다. 그리고 반드시 앞좌석에 앉는다. 상도동 로터리에서 교통정리를 하는 교통순경이 과거 수도경찰청장을 지낸 장택상 선생을 알아보고 경례를 붙였다. 그 경례 받는 맛으로 택시 앞자리에 앉는다고 했다.

6대 국회의원 선거가 치열할 때 신한당 윤보선 당수는 전국을 순회하며 당 소속 출마자들의 지원유세를 벌였다.

당 중진들이 수행했다. 창랑 선생도 합세했다. 논산역에 도착해 역 광장에서 해위가 신한당 후보 찬조연설을 했다.

김수한 대변인이 단 옆에 서 있는데 창랑 선생이 다가와 옆구리를 쿡쿡 찌르며 손짓을 했다. 따라갔더니 귓속말로 "나는 서울로 올라가네. 낙선할 후보 지원해서 뭐하나." 그러고는 역 안으로 들어갔다.

김 대변인은 황급히 쫓아가 창랑 선생을 잡고 "혼자 떠나시면 어떻게 하느냐."고 상경을 말렸다. 창랑이 삐친 이유를 알았다. 역

광장에 "해위 윤보선 당수 논산 방문 환영"이라는 플래카드는 걸어 놓았는데 창랑 장택상을 환영한다는 플래카드가 없어 속이 틀어진 것이다. "노 정객들이 어떤 때는 어린애 같이 순진할 때가 많았다."고 김수한 의장은 그 시절을 회상했다.

선거 때 있었던 김수한 의원의 순발력 한 토막.

1971년 5월 8대 국회의원 선거 때였다. 서울 영등포구 관내 초등학교 운동장에서 선거유세를 할 때, 김 후보가 단상에 올라가 마이크를 잡고 연설을 시작하자 갑자기 웬 여자가 단 앞으로 뛰어나왔다.

그 여자는 연설 중인 김 후보의 바지를 움켜잡고 "내 딸 책임져라!"라고 고함을 질렀다. 운동장을 가득 메운 청중들이 술렁대기 시작했다.

갑자기 기습을 당한 김수한 후보.

"여러분 보십시오. 악랄한 공화당의 이 비열한 수법을 여러분이 심판하셔야 합니다. 이 같은 허무맹랑한 공작정치가 바로 공화당 정권의 본질입니다."

번쩍이는 순간의 재치로 웅성거리던 유세 분위기는 180도로 바뀌었다. 그해 김수한 후보는 압도적인 지지로 당선되었다.

"이놈아, 마누라가 죽었는데"

조윤형 의원은 유석 조병옥 박사의 장남이고 조순형 의원의 형으로 6선 의원을 역임한 중진이었다. 좋은 집안 출신에 다선 의원

필자의 지구당 행사에서 축사를 하려고 연단에 오르는 조윤형 의원. 오른쪽이 필자.

이고 미국서 명문 대학을 졸업한 엘리트 중 엘리트 정치인이었다. 그는 옷차림이나 외모에 크게 신경 쓰지 않았다. 머리를 빗은 흔적이 보이지 않았고 옷은 항상 허술해 보였다. 술에서 덜 깬 것 같은 모습이었다.

국회에서 회의가 열려도 잘 나타나지 않았지만 중요한 사안에는 앞장서서 야당다운 기백과 소신을 보였던 분이다.

7대 국회 때, 정인숙 여인 살해사건이 터져 국회가 소란스러웠을 때였다. 정치인과 연계된 정 여인의 죽음이 정치 문제화된 큰 사건이었다. 그러나 중앙정보부의 힘이 하늘에서 나는 새도 떨어뜨릴 때라 야당에서 선뜻 이 문제를 본회의에서 발언하려는 의원이 없

조윤형 의원이 운영하는 테니스장에서. 왼쪽부터 김한수 의원, 필자, 조윤형 의원.

었다. 이때 조 의원이 단상에 올라가 "눈물의 씨앗"이라는 유행가 가사를 읊으며 정 여인 사건을 정치 문제화하는 데 불길을 댕겼다.

조 의원이 정가에 남긴 일화 한 가지.

국회부의장을 역임한 고흥문 의원은 젊어서 조병옥 박사의 재무 담당 비서를 지낸 분으로 조윤형 의원과는 친형제 같은 사이였다.

고흥문 의원이 부인상을 당했다. 조 의원은 저녁때 돈암동 언덕 배기에 있는 고 의원 댁으로 문상을 갔다. 영정에 향을 피우고 묵념을 한 뒤 상복을 입고 서 있는 고 의원에게 머리 숙여 조문을 하

는데 갑자기 할 말이 생각나지 않았던지 조 의원,

"형님! 요즈음 별일 없으시지요?" 했겠다.

그 말을 들은 고 의원이 하도 기가 막혀,

"야 이놈아! 마누라가 죽었는데 별일이 없냐?" 하며 서로 웃고 말았다.

길고 험난했던 이 나라의 민주화 투쟁 과정에서 조 의원은 유신 시절 3년 넘게 안양교도소에서 복역을 하며 선친 조병옥 박사의 피를 이어받아 이 나라 민주화에 앞장섰다. 출소 후에 중랑구에서 테니스 코트를 운영했는데 가까운 사람들에겐 사용료를 받지 않아 나는 단골로 다녔다.

유세장에서 655개 섬 이름 암기한 신순범 의원

4선 의원을 역임한 신순범 의원은 13대 국회 때 나와는 같은 상임위에 있으면서 각별히 지냈다.

성품이 순박하고 인정이 많았다. 끈질긴 노력으로 꼭 목표를 달성하는 그분의 열정적인 삶이 나에게도 큰 교훈을 주었다.

대학을 졸업하고 젊은 나이에 일찍이 국회의원에 출마한 그는 상대 후보인 이도선 의원에게 차점으로 패했다.

합동 유세장에서 유권자들 사이에 "이도선 후보는 우리나라에서 웅변을 제일 잘한다."는 말이 떠돌았다. 이도선 의원은 공화당 시절 대통령 선거 때가 되면 박정희 대통령이 옆자리에 앉히고 다

국회 내무위 국정감사에서 자료를 검토 중인 신순범 의원(가운데). 왼쪽 끝이 필자.

니는 명 웅변가였다.

낙선을 하고 차기 선거를 준비하던 신순범 의원은 기발한 아이디어를 냈다.

"내가 영어 웅변대회에 나가 우승을 하면 우리말 웅변대회에 우승한 이도선 의원보다 한 수 위로 봐주지 않겠나."

그길로 영자신문 코리아 헤럴드 부설 영어회화학원에 등록을 마치고는 미국인 강사 발음을 수백 번씩 따라 하며 암기했다.

마침내 코리아 헤럴드 주최 전국 영어웅변대회가 열렸다. 신 의원은 원고를 작성해 영어로 옮긴 뒤 미국인 강사에게 녹음을 부탁했다. 이 녹음 테이프를 틀어놓고 1200번이나 되풀이 연습을 해 그해 208명이 출전한 영어 웅변대회에서 영예의 최우수상을 탔다.

그의 암기력은 뛰어났다. 선거 때 합동 유세장에서 지역구인 전남 여천군 내에 있는 265개의 유인도, 무인도와 390개 자연부락 이름을 하나도 빠짐없이 열거하고 지지를 호소했다. 유권자들은 그의 연설을 듣고 "저렇게 지역을 훤히 아는 사람이 국회의원이 되어야 한다."면서 내리 네 번을 지지해 4선 의원을 만들어주었다.

기자실 주변의 이야깃거리들

덕수궁을 정원으로

　다른 직업에 비해 신문기자라는 직업은 활동이 비교적 자유스럽다. 샌님 같았던 사람들도 기자생활을 몇 년 하다보면 성격이 활달해진다. 창의력도 개발된다.
　기자실 주변에서 일어났던 특기할 이야기가 몇 가지 있다.

　L씨는 S일보를 사직하고 미국으로 건너가 지금은 미국에서 한인신문에 고정 칼럼을 쓰고 있는 언론계 선배다. 그분이 주일 특파원으로 있을 때 나는 자주 신세를 지며 격의 없이 지냈다.
　착상이 기발하고 임기응변에 능해서 언론계에서 그 능력을 인정

받았다. 1950년대, 이분이 외국으로 취재를 갔다. 당시 여권을 내기가 무척 힘들 때였다. 이런 시기에 해외 취재를 다닌다는 자체를 보통사람들은 생각지도 못했다.

이분이 홍콩을 중심으로 동남아 국가들의 경제 발전상을 취재하기 위해 출국했다. 출국 전날 미술관으로 쓰이던 덕수궁 석조 건물 돌계단에 서서 수건을 목에 걸고 잠옷 바람으로 양치질하는 사진을 찍었다.

이 사진은 외국의 정계 요인을 인터뷰할 때나 경제 단체장을 취재할 때 효과가 컸다. 사진을 내보이며 "우리집 현관 계단에서 찍은 사진이고 나는 이 왕실의 후손"이라고 자기소개를 하면 한결 취재가 수월해졌다는 것.

식탁 아래 숨어서 특종 노린 이웅희 기자

용인 출신으로 동아일보 정치부장과 문공부장관, 국회의원 등을 역임한 이웅희 씨는 젊어서부터 정치부의 민완 기자로 꼽혔다. 국회의원 시절, 같은 상임위에서 오랫동안 활동을 함께했다.

4·19 후, 당시 집권당이 된 민주당 신파와 비주류 구파 중진들이 외교구락부에서 선거법 협상을 위해 극비 모임을 가졌다.

회의 장소인 '외교구락부'는 서울에서 양식을 전문으로 하는 유일한 고급 레스토랑으로 해공 신익희 선생과 유석 조병옥 선생이 단골로 다니던 곳이었다.

양측 대표단 6명이 식탁보를 길게 덮어 내린 원탁 테이블에 둘러앉아 회의를 시작했다. 구파 대표로 나온 유진산 의원이 무심코 탁자 밑으로 발을 넣었는데 물컹하고 무엇이 걸렸다. 순간 신문기자일 것이라고 느낀 유진산 의원은 "여기서는 식사만 하고 협상 내용은 조용한 데 가서 논의하자."고 제의하고 다른 의원들에게 눈을 껌벅거렸다.

눈치를 챈 협상대표들은 간단히 식사를 마치고 서둘러 자리를 떴다. 취재를 위해 몇 시간을 테이블 밑에서 몸을 숨기고 있었던 이웅희 기자는 특종을 놓치고 말았다.

밀린 월급 해결한 정재호 의원

경향신문 정치부장을 역임한 정재호(2선 국회의원 역임) 의원은 원래 수완 좋고 배짱 좋기로 소문났다. 흰 구두를 애용해 일명 '백구두'라는 애칭으로 불리던 멋쟁이였다.

5·16 직후 서울신문의 최고회의 출입기자로 있었다. 당시 서울신문은 재정 형편이 좋지 않아 기자들 월급을 제때에 지급하지 못한 적이 있었다. 기자들은 생활이 고통스러웠다.

어느 날 그는 동료 기자들과 밀린 월급 얘기를 주고받다가 좋은 생각이 떠오른 듯 신문사 전무에게 전화를 걸었다.

"아, 서울신문 이 전무십네까? 내래 국가재건최고회의 문화사회

공보위원장 홍종철이외다. 우리 최고회의 위원들 모두 서울신문에 관심이 많습네다. 좀 어렵다는 보고를 받고 있습니다만 우리 보도 전사들 월급이 안 나왔다는데 그기 사실인가요? 모든 게 다 잘되 갔지요?"

그리고는 밑도 끝도 없이 전화를 끊어버렸다.

저녁나절 회사에 들어갔을 때 사장실에서 호출이 왔다. 김종필 중앙정보부장과 서울대 사대 동창인 해군 중령 출신인 양순직(3선 국회의원 역임) 사장은 이상조 전무와 마주 앉아 정 기자 오기를 기다리고 있었다.

"홍종철 위원장이 어떤 사람이오?"

사장이 심각한 표정으로 물었다. 시치미를 뚝 뗀 정 기자는

"평안도 출신으로 군단 작전참모였습니다. 육사 8기의 선두주자로서 5·16 때 혁명군을 이끌고 서울 진주하는 데 가장 공이 컸던 혁명주체 중의 주체입니다."

사장과 전무가 눈을 마주 보며 고개를 끄덕였다.

"최고위원들이 서울신문에는 기대가 큽니다."

정 기자는 마지막 점까지 확실하게 찍었다.

수일 후에 기자들의 밀린 월급이 모두 지급되었다. 정 의원의 수완 덕분이었음은 말할 것도 없었다. 박정희 대통령에게 각별히 신임을 받았던 그는 지금도 자칭 박정희교 신도 회장이다.

"아드님이 비행 중 산화했습니다"

5선 의원으로 국회 부의장을 역임한 김종하 의원이 한국일보 견습기자로 언론계에 첫발을 들여놓았을 때다.

머리가 명석한 김 부의장은 동래고등학교 2학년 때 검정고시로 서울대학교 정치학과에 입학했고 대학 3학년 때 한국일보 견습기자로 입사해 고등학교 입학 동기들보다 몇 년이나 사회진출이 빨랐다. 머리 좋은 김종하 기자가 본의 아니게 오보를 내어 언론계에 화제를 모았던 일 한 가지.

1957년 초여름, 김 기자가 막 견습이 떨어지고 출입처가 정해지지 않아 사회부 끝자리에 앉아 내근하고 있을 때였다. 국방부 출입기자에게서 연락이 왔다.

"좀 전에 공군 전투기가 훈련 중 추락해 조종사가 산화했다. 조종사는 이틀 전에 결혼을 했다. 오래전에 계획된 특수훈련이라 빠질 수 없었고, 신혼 이틀 만에 참변을 당했다. 신혼 이틀만이라는 것을 다른 신문은 모른다. 그러니 지금 곧 사진기자를 데리고 경기도 고양군 조종사가 사는 마을로 찾아가 신부 사진을 찍고 취재를 하라."는 급한 지시였다.

김 기자는 지프차에 신문사 깃발을 휘날리며 그곳으로 달려갔다. 아무것도 모르는 신랑 집에서는 마을 사람들이 모여 잔치 뒤풀이를 하고 있었다.

신문사 기자가 들이닥치고 카메라맨이 플래시를 터뜨리며 사진을 찍어대자 온 집안이 놀랐다. 안방에는 파일럿 복장을 한 조종사가 애기 앞에 서 있는 사진이 걸려 있었다.

"아드님이 비행훈련 중 산화했습니다."

김 기자가 숙연하게 입을 뗐을 때 부엌에 있던 신부가 "으악" 하고 쓰러졌다. 잽싸게 사진을 찍었다. 신부는 완전히 의식을 잃고 기절했다.

잔칫집이 초상집으로 변했다. 김 기자도 같이 눈물을 흘리면서 그 와중에 산화한 주인공의 학창시절, 가정사, 결혼 전후 이야기 등을 취재하고 돌아왔다.

다음 날 아침 실신한 조종사 부인의 사진이 사회면 톱으로 게재되었다. 수많은 독자들의 위로전화가 신문사에 빗발쳤다.

그날 아침 국방부에서 김종하 기자를 급히 찾는 전화가 왔다. 어제 산화한 조종사는 갓 결혼한 김 모 대위가 아니고 동명이인인 다른 김 모 대위라면서 신혼의 주인공은 훈련비행에 참가하고 있지만 무사하다고 정훈 장교가 설명했다.

국방부 출입기자가 어저께 결혼식을 올린 김 모 대위가 오늘 산화했다는 정보를 입수하고, 동명이인임을 알지 못한 채 신혼 조종사의 주소를 확인해, 바로 내근하던 김 기자에게 취재 지시를 했던 것이다. 동료 군인들도 사고가 난 조종사와 전날 결혼한 장본인을 혼동했던 것이다.

그 전날 땅을 치며 울부짖던 조종사 아버지가 이날 오후 햇콩, 옥수수, 참깨 등을 싸 들고 한복차림으로 점잖게 신문사 편집국을 찾아왔다.

정일권 의장에게 국회 일정을 설명하고 있는 필자(오른쪽). 왼쪽이 김종하 의원.

"사람이 죽었다고 소문나면 오래 산다는데 우리 아들이 죽었다고 신문에 크게 내주어서 틀림없이 오래 살 것"이라면서 김종하 기자를 찾아 햇곡식을 전달하고 감사 인사까지 하고 갔다.

모든 정보는 청와대로

언론계 떠나 입법부로

1973년 2월, 유신체제 속에서 제9대 국회가 개원되었다. 개원 첫날 의장선거에서 정일권 의원은 90% 가까운 득표로 국회의장에 선출되었다.

개원식 3, 4일 전, 정 의장으로부터 아침을 같이 하자는 전화가 왔다. 약속 장소인 용산 8군 골프클럽 구내식당으로 갔다. 정 의장은 식사를 하면서 박 대통령으로부터 제9대 국회의장으로 내정되었다는 통보를 받았다고 했다.

정 의장은 자신이 "군이나 행정부에서는 오랜 세월 경험을 쌓았으나 입법부 경험은 8대 국회 전국구 의원 몇 달이 전부라 정치 현

정일권 국회의장으로부터 비서실장 임명장을 받는 필자.

황을 잘 아는 신 부장이 의장비서실로 와 도와달라."고 했다.

뜻밖이었다. 3년 넘게 야당 출입을 하다가 정치부장으로 승진해서 막 자리가 잡혀가고 있을 때였다. 선뜻 대답을 할 수가 없었다. 신문기자를 천직으로 알고 다른 직장은 꿈에도 생각해보지 않았을 때였다. 정 의장은 비서실에 내가 꼭 필요한 이유를 설명했다.

정 의장은 박 대통령으로부터 의장직을 통보받고 군과 행정부에서 가까이 지내던 전직 의원들을 개별적으로 만났다.
"어떻게 하면 국회의장직을 제대로 수행할 수 있겠느냐?"는 질문에 여러 의원들은 "국회의장은 첫째 야당과 관계가 좋아야 하고 둘째로는 언론과 원만해야 한다. 야당과 언론만 잘되면 다른 것은 신경 쓸 것 없다."고 했다.

"어떻게 하면 그렇게 할 수 있겠느냐?"고 묻자 "야당과 언론에 잘 통하는 사람을 비서실에 쓰면 도움이 된다."고 했다.

10여 년 전 중앙청 출입을 시작할 때부터 각별하게 지내온 정 의장의 진지한 요청에 고민하지 않을 수 없었다. 며칠간 깊이 생각한 끝에 신문사에 사표를 내고 개원과 동시에 입법부 1급 공무원으로 자리를 옮겼다. 10년간의 언론계 생활을 청산하고 정계로 발을 돌리는 계기가 되었다.

국회의장 수석비서관으로서 주로 언론과 야당을 담당했다. 김종하 의원이 비서실장으로, 백영철(관동대학교 총장 역임) 씨가 의전비서관으로 임명되었다. 나는 후에 김 의원의 뒤를 이어 비서실장으로 승진해 임기가 끝날 때까지 정일권 국회의장을 보필했다.

대한일보 폐간

의장실로 옮기고 20여 일 후, 사회에 첫발을 들여놓았고 10년 동안 몸담았던 대한일보가 폐간당했다. 친정이 없어진 것 같아 허전했다. 당시 대한일보사 폐간은 정치적 파워 게임의 유탄이라는 설이 적지 않았다.

박정희 대통령이 유신을 선포하고 집권체제를 강화하고 있었을

대한일보 시절. 왼쪽부터 김연준 사장, 박남규 경제부장, 신경식 정치부장, 박용래 편집국장.

때였다. 정권을 장기적으로 끌고 갈 조짐이 보이자 집권층 내부에서도 비판적인 움직임이 있었다. 당시 군부의 실력자로 꼽히던 Y장군의 설화(舌禍)사건이 터졌다. 어느 술좌석에서 Y장군이 L모 씨에게 "박 대통령이 연로하니 앞으로 형님이 맡아야 하지 않느냐."고 했다는 말이 발단이었다.

박 대통령의 오른팔 같은 Y장군이 하루아침에 구속되었다. 이어서 Y장군 주변 인사들을 은밀하게 조사했다.

그 당시 Y장군은 부대에 배구팀을 양성하고 있었다. Y장군과 가까이 지내던 한양대학교 김연준 총장은 배구팀 운영 경비를 매달 지원했다고 한다.

국회의장실에서 여야 중진회담을 주재하고 있는 정일권 의장. 왼쪽부터 이민우 신민당 총무, 민병권 유정회 총무, 김진만 국회부의장, 필자, 정 의장, 이철승 국회부의장, 김용태 공화당 총무, 양정규 무소속 총무.

이 사실을 확인한 정보기관에서는 김연준 씨의 뒤를 캐기 시작했다.

김 총장이 사주로 있던 대한일보사가 수재의연금을 모금해서 유용했다는 것이었다.

당시 언론기관에서 걷는 각종 의연금은 접수마감이 끝난 뒤에 재해대책본부에 일괄적으로 전달했다. 마감 전에 접수된 의연금을 급한 다른 곳에 활용하는 일들이 더러 있었다. 이를 알고 정부가 의연금 모금현황을 불시 검문함으로써 대한일보사가 꼼짝없이 수재의연금 유용으로 낙인찍혔다.

정부로서는 도덕적인 명분도 좋았다. 이 사건으로 김 총장은 수재의연금 유용이라는 오명을 쓰고 반년 넘게 옥고를 치르다가 대한일보를 자진 폐간한 뒤 출감했다. 당초에는 한양대학교를 폐교하려고 했으나 사회에 미칠 영향을 고려해 신문사 문을 닫게 했다는 후문이다.

폐간 바로 직전에 신문사를 떠난 나를 두고 일부 동료 기자들은 "미리 알고 국회로 간 것 아니냐."는 농담을 하기도 했다. 오비이락이라고나 할까.

대한일보 폐간 이후 30여 년이 지나 당시 편집국 기자들이 '대한편우회' 라는 친목단체를 만들었다. 강승훈(평민당 제주도 지부위원장 역임) 씨가 초대 회장으로 사무실까지 마련해 운영해 오다가 내가 넘겨받아 2대 회장을 맡고 있다.

박현태 전 의원, 김성배, 조재린(우성건설 사장 역임), 장두원(KBS전주 총국장 역임), 민정기(청와대 공보비서관 역임) 씨 등이 자주 사무실에 들른다. 오건환(KBS 파리총국장 역임) 씨가 총무로 수고하고 있다.

의장 공관 수색

1973년 12월 하순이었다. 의원외교 차원에서 정일권 의장과 여·야 중진의원 5, 6명이 터키와 인도를 방문했다.

의장이 해외에 나가 있는 동안 내가 사무실을 책임지고 있는데 싸락눈이 내리는 연말의 한밤중에 한남동 정 의장 공관에 수 명의 경찰이 들이닥쳐 운전기사를 연행했다. 새벽녘에는 현직 국회의장 공관을 지하실에서 이층 다락방까지 샅샅이 가택 수색을 했다.

당시는 국회의장 공관이 따로 없었기 때문에 한남동 정 의장 사택을 공관으로 쓰고 있었다.

찬바람이 돌던 유신 초기였다. 도대체 무슨 이유인지 알 수 없었다.

다음 날 늦게 운전기사가 돌아왔다. 조사가 얼마나 심했는지 두 눈이 충혈되고 얼이 빠진 것 같았다. 기사의 이야기인즉 며칠 전 밤중에 대전에서 옥천으로 가는 산간마을 어귀에 승용차가 와서 헤드라이트를 켜고 사냥을 했단다. 갑자기 총소리가 나서 마을사람들이 뛰어나와 보니 밖에 매어 놓은 염소를 산짐승인줄 알고 쏘아 죽였는데 기르는 염소인 것을 확인하고는 차를 타고 어둠 속으로 달아났다는 것이다.

마을 이장이 흐릿한 백라이트 사이로 승용차 번호를 보았더니 서울 35xx번이었다는 것. 마을 이장이 경찰에 신고했고 별도로 염소 값을 보상해달라고 청와대에 진정서를 냈다. 경찰이 염소 몸에 박힌 탄환을 분석했더니 고정밀 살상용 총탄이었다는 것이다.

이 탄환을 쏜 총은 요인 암살용에 쓰이는 특수무기로 미 FBI가 전 세계 총의 소재를 확인하고 있을 정도라는 것이다.

보고를 받은 청와대 경호실은 즉각 대책반을 구성하고 총의 소재 파악에 나섰다.

첫번째 덮친 곳이 이장이 알려준 자동차 넘버였다. 그런데 이 번호가 공교롭게도 정 의장 댁에서 쓰는 승용차 번호와 같았다.

제일 먼저 기사가 연행되었고 다음에 알리바이 확인을 위해 공관에 근무하는 직원들이 조사를 받았다. 그 번호의 차를 끄는 기사

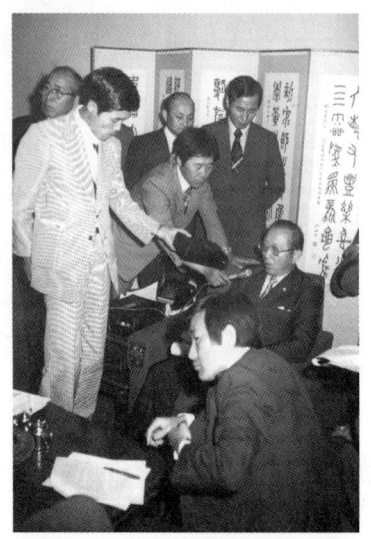

정일권 의장이 김포공항에서 귀국 기자회
견을 하고 있다. 정 의장 왼쪽 뒤가 필자.

는 그날 밤의 알리바이를 확실하게 제시했다. 조사는 계속되었다.

각 방면으로 파고들었지만 나오는 것이 없었다.

며칠 후 정 의장이 귀국했다. 나는 그간의 경위를 소상하게 보고했다.

정 의장은 가택 수색을 당했다는 보고에 얼굴이 굳어졌다. 즉시 기사를 불러 확인했지만 전혀 그런 사실이 없다고 말했다. 정 의장은 조사받은 당사자들에게 일체 입을 다물고 있으라는 지시를 내리고 그날 이후 티끌만큼도 다른 기색을 보이지 않았다. 얼마 지나지 않아 그날 밤 염소를 죽인 밀렵꾼이 잡혔다. 염소를 죽인 인근

지역에서 다시 밤중에 헤드라이트를 켜고 사냥을 하다가 주민 신고로 체포된 것이다.

그 차의 '넘버'는 조사받은 공관 승용차와 가운데 숫자 하나만 틀렸다. 밤중에 이장이 급히 도망가는 자동차의 뒷 '넘버'를 한 자리 잘못 보고 신고를 했던 것이다. 문제된 자동차 기사의 알리바이가 확실히 드러났는데도 업무차 해외출장 중인 국회의장의 공관을 샅샅이 뒤지는 것이 어찌 치안국장이나 장관 명령으로 이루어질 수 있었겠는가.

그 사건 이후 정 의장은 유신체제 속에서 자신의 처신이 얼마나 어렵다는 것을 뼈저리게 느꼈다. 겉으로는 항상 웃음을 띠고 지냈지만 속으로는 얼음판을 걷는 심정으로 매사를 조심했다.

젊은 여자와 동침 보도

국회의장 비서실에서 눈코 뜰 새 없이 2년이 흘러갔다.

1975년 4월 30일, 정일권 국회의장은 여·야 중진의원 6명과 6, 7명의 국회 출입기자들을 대동하고 미국과 독일 의회를 공식 방문했다. 수행의원은 장경순(공화), 정운갑(신민), 양정규(무소속), 김유탁(공화), 갈봉근(유정회), 황호동(신민) 의원 등이었다. 수행기자는 안병훈(조선일보 부사장 역임), 이민섭(서울신문, 4선 국회의원, 문체부장관 역임), 박실(한국일보, 3선 국회의원 역임), 조남조(중앙일보, 2선 국회의원 역임), 은종일(합동통신, 두산그룹 사장 역임), 고명철(MBC) 기자 등이었다.

정일권 의장을 수행한 기자들이 샌프란시스코의 명물 피셔맨스워프를 돌아보고 있다. 왼쪽부터 고명철(MBC), 필자, 이민섭(서울신문), 박실(한국일보), 은종일(합동통신) 기자.

　월남전이 치열할 때라 정 의장은 주월 한국군에 대한 폭넓은 지원 방안을 미 의회 지도자들과 협의하기 위해 먼저 미국으로 떠났다.
　출발 당일 도쿄에서 비공식으로 하루를 묵었다. 일행이 시내 음식점에 모여 저녁식사를 하고 있을 때였다.
　"오늘 오후 월맹군에 의해 사이공이 함락되었다."고 주일대사관 직원이 급히 보고했다. 무엇으로 머리를 얻어맞은 듯한 큰 충격을 받았다. 그렇게 쉽게 월남이 패망할 줄은 아무도 짐작하지 못했던 일이었다.

허망한 심정으로 다음 날 일찍 태평양을 건너 첫 기착지인 샌프란시스코로 출발했다. 이곳에서 실로 어이없는 사건이 터졌다. 그 사건을 보고 받은 것은 우리가 그곳을 떠나 다음 날 워싱턴에 머물러 있을 때였다.

정일권 의장은 워싱턴에서 포드 대통령을 예방하고 월남 패망에 대한 한국 측 입장과 앞으로의 수습책 등을 협의했다. 정상과의 면담이 성공적으로 끝났다.

육군참모총장으로 6·25 전쟁을 총지휘했고 그 후 주미 대사와 외무부장관, 국무총리 등을 역임한 경력으로 정 의장은 백악관에서 각별한 대우를 받았다. 한국의 국회의장이 백악관에서 미국 대통령과 단독으로 면담하는 일은 그때나 지금이나 쉽지 않은 일이었다.

백악관 방문 일정을 마치고 호텔로 돌아와 대사관에서 보내온 신문을 펴 들었을 때 날벼락 같은 기사가 눈에 띄었다.

『정 의장, 샌프란시스코 호텔에서 젊은 여자와 동침』, 『정 의장이 호텔에서 현금 5천 달러를 잃어버렸다』

샌프란시스코에서 발행되는 교포 신문들에 실린 기사 내용이었다. 당시 미국 주요 도시에서는 반정부 신문들이 숱하게 발간되었고, 이들은 유신체제를 맹렬히 비난하고 있었다.

기사를 읽은 정 의장의 얼굴에 핏기가 싹 가셨다.

정 의장은 나를 불러 당장 샌프란시스코 윤찬 총영사를 찾으라고 지시했다. 윤 총영사는 정 의장이 외무부장관으로 있을 때 대변인으로 있었고, 개인적으로도 정 의장이 아끼는 후배였다.

미국 뉴욕 월도프 아스토리아호텔
에서 정 의장과 함께.

 "윤 총영사, 신문 잘 봤소. 나 때문에 심려가 많겠구먼. 그런데 사실대로 밝히고 대책을 세우라고. 내 방에서 같이 잔 여자는 윤 총영사도 그날 봤지만 내 막내딸 지혜야. 아버지가 왔다고 그날 오후 샌디에이고에서 찾아와 같이 저녁을 먹고, 돈 들여 다른 방 구해 잘 것 없이 내 방이 스위트룸으로 방이 2개라 옆방에서 자도록 했어. 다음 날 아침까지 먹고 학교 때문에 샌디에이고로 일찍 돌아간 것 보았잖아? 그리고 돈 5천 달러라는 것도 전혀 모르는 사실이야. 두 신문사 다 내 이름으로 '수(sue 고소 고발)'를 하라고. 변호사 비용은 내가 댈 테니 철저하게 가려내라고."
 정 의장은 전화를 끊고 상기된 얼굴로 나를 쳐다보았다.

국회의장 비서실장으로 국회 운영에 관한 의장 지침을 발표하고 있는 필자.

 "잘하셨습니다. 만일 여기서 우물쭈물 넘어가면 국내 신문들이 가만히 안 있을 겁니다. 먼저 수행기자들에게 사실을 사실대로 알리는 것이 좋지 않을까요?" 나는 조심스럽게 입을 떼었다.
 "일단 '수'를 하고 알리자고." 정 의장도 흥분했다.
 초조한 가운데 2, 3일이 지나고 연락이 왔다. 정 의장의 방에서 딸 지혜 양이 잤다는 것이 확인되어 신문에서 정정기사를 내기로 했다고. 또 5천 달러 분실 사건은 윤 총영사가 직접 호텔 경비책임자를 만났는데 분실한 당사자가 분실계를 내고 서명까지 했다는 사실을 확인했다. 여행 가방에 넣어둔 돈 봉투가 외출에서 돌아와 보니 없어졌다고 신고한 당사자는 수행 중이었던 국회 사무처 간

2장 · 내가 만난 사람들 217

부였다. 호텔 측에 분실 사실을 극비로 해달라는 부탁까지 했다는 것이 밝혀졌다.

1970년대 중반에 5천 달러면 큰돈이었다. 정 의장은 몹시 언짢아하면서 서울 돌아가면 당장 인사 조치를 하자고 했다. 귀국 후 사실이 드러난 것을 안 그 간부는 정 의장을 찾아와 무릎을 꿇고 백배사죄했고 인사 조치 없이 그 사건은 그대로 넘어갔다.

김형욱과의 마지막 만남

워싱턴 방문을 마치고 뉴욕으로 왔다. 월도프 아스토리아 호텔에 짐을 풀었다. 다음 방문국인 서독으로 떠나기 전날 밤 김형욱 전 중앙정보부장이 호텔로 정 의장을 찾아왔다. 그는 당시 미국에서 박 대통령을 비판하면서 망명생활을 하고 있었다.

남방셔츠에 콤비차림을 한 김형욱은 서울에서보다 몸이 많이 빠져 있었다. 이 무렵 김형욱은 자서전을 쓴다는 소문으로 세상 사람들의 관심을 모았다. 시중에는 그의 자서전 속에 박 정권의 온갖 비리와 지도층의 추문이 상세히 들어 있다는 등 갖가지 추측이 떠돌았다.

정 의장과 김형욱은 가까운 사이였다. 김형욱은 정보부장으로 있으면서 정 총리를 각별하게 존경했고 외풍을 많이 막아주었다.

정 의장은 김형욱에게 "자서전 출간을 그만두고 가능하면 다시 서울로 들어와서 박 대통령에게 사죄하고 함께 지내자."고 말했

국회 개원 문제를 협의하고 있는 정일권 의장과 이철승 국회부의장(왼쪽). 오른쪽은 필자.

다. 김형욱은 "이미 늦었다."는 말로 서울로 돌아갈 뜻이 없음을 밝혔다.

 김형욱은 공화당 김유탁 의원이 동행해 왔다는 말을 듣자 "김 의원이 중학교 때 일본 애들 제치고 우리 반 반장을 했었다."면서 만나지는 않고 돌아갔다. 김 의원과 김형욱은 같은 황해도 신천 출신으로 중학교 때 클래스메이트였다.

 그날 밤이 김형욱과는 마지막이었다.

대통령 자리 넘본다고 정 의장 측근들 조사

정일권 국회의장으로 인해 중앙정보부에 연행되어 곤욕을 치른 인사들이 많았다.

일부 측근들이 함경도 세력들과 손잡고 정 의장을 대통령으로 내세울 공모를 한다는 근거 없는 루머로 현역의원인 지종걸(국회 농림위원장 역임), 양정규(전 정일권 총리 정보비서관, 6선 국회의원 역임), 오정근(전 국세청장, 국회의원 역임) 씨 등이 남산에 불려 가서 심한 조사를 받았다.

1970년대 중반 차지철 경호실장은 청와대 근처에 안가를 차리고 보안사에서 예편한 수사정보 전문가들을 불러들여 사설 정보팀을 운영했다. 이 팀에서 올린 정보 중에 박 대통령을 축출하고 새로운 정권을 세우자는 음모가 진행 중이라는 보고서가 있었다.

새 정권의 수장이 정일권이라 했다. 정일권 아래 자금은 이 아무개, 조직은 지 아무개로 도표를 작성해 구체적으로 정계, 경제계 인사들의 명단을 적어놓았다.

도표에 이름이 오른 몇몇 저명인사들이 중앙정보부에 붙들려 가 호되게 조사를 받았다. 결국 사설 정보팀이 근거 없는 풍문을 확대했다는 것이 밝혀졌다. 이와 관련되었던 인사들은 박 대통령에게 신임을 받고 있는 정일권 의장을 견제하기 위해 차지철이 의도적으로 기획했던 것이 아닌가 생각하는 사람들이 많았다.

국민투표 앞두고 정보부 연행

1975년 1월 15일,

새벽 1시경 서대문구 홍제동 산비탈에 있는 우리집 대문을 누가 세차게 두드렸다. 잠옷 바람으로 문을 열었다. 건장한 사나이 2명이 구두를 신은 채 마루로 성큼성큼 올라와 "중앙정보부에서 왔다."면서 남산으로 같이 가자고 했다. 영문도 모른 채 초등학교 다니는 아이들이 잠을 깰까봐 조심스럽게 옷을 입고 따라나섰다.

남산 중턱에 있는 중앙정보부 수사실인 국방색 퀀셋으로 갔다. 과거 신문기자 시절 몇 번 불려 갔던 곳이다. 조사 내용인즉 '2월 중순경에 긴급조치 법령의 폐지 여부를 국민투표에 부치겠다'는 정부의 비밀계획을 국회의장실에서 유출했다는 것이다. 의장실에서는 그런 정부 계획을 누구도 몰랐다.

그 당시 유신체제를 위한 긴급조치법은 "긴급조치가 나쁘다." "그만 풀어야 한다." 이런 말만 해도 긴급조치법 위반으로 몰려 벌을 받게 되어 있었다. 이에 대한 학계, 종교계의 비판이 커지자 정부는 현 상황에서 긴급조치가 필요하냐, 필요하지 않느냐는 가부를 국민투표에 부쳐 더 이상 비판이나 불평이 나오지 못하도록 계획했다는 것을 사건 뒤에야 알았다.

연행되기 며칠 전 노신영(후에 안기부장, 국무총리 역임) 외무부차관이 신년 인사차 정 의장을 방문했다. 노 차관은 정 의장이 주미 대사로 워싱턴에 있을 때 총영사로 근무하면서 친형제처럼 지내던 분이었다.

정일권 의장 10주년 추도식에서 노신영 전 국무총리가 분향하고 있다.

그날 정 의장이 2월 중에 의원외교로 외국을 나갈 예정이라고 말하자 노 차관은 "2, 3월에는 국내에 일들이 많을 때이니 좀 늦추어 나가면 어떻겠느냐?"고 개인 의견을 말했다. 정 의장도 "그것이 좋겠다."면서 노 차관이 돌아간 뒤에 사무처에 외유 계획을 보류하라고 지시했다.

이것이 크게 번져 정일권 국회의장이 2월 중 실시할 국민투표에 대비해 외국방문 계획을 중단했다고 '2월 국민투표 설'을 일부 방송이 보도했다.

언론들은 정 의장이 예정되었던 외국 방문 계획을 갑자기 보류

정 의장 내외분이 한남동 공관에서 필자의 생일을 축하해주고 있다.

하자 무슨 중대한 국내 문제가 있을 것으로 미루어 생각했다. 항간에 나돌던 긴급조치법 개폐 문제와 연결시켜 볼 수 있는 시기이기도 했다.

정보부 조사관은 노 차관이 국민투표 얘기를 했고 나도 옆에서 들었다는 사실을 자백하라는 것이었다. 나는 노 차관이 정 의장과 신년 인사를 나누는 것을 보았고 함께 차를 마셨지만 국민투표 이야기는 듣지 못했다고 분명하게 말했다.

그러자 옆방으로 데리고 갔다. 그곳에는 노신영 차관이 불려와 있었다. 이른바 대질심문이었다. 밤새워 조사를 받았는지 얼굴이

부스스했다.

"국민투표 얘기가 무슨 말입니까?"

나는 노 차관에게 따지듯이 큰 소리로 물었다. 노 차관도 어이없다는 표정으로 천장만 쳐다보았다.

청와대에서 뉴스 진원지를 조사하라고 지시하자 정보부는 국회의장실에 다녀간 행정부 고위층 명단을 조사하고 노 차관을 불러들인 것이다. 노 차관과 나는 밤새 조사를 받고 다음 날 새벽 6시경에야 풀려났다.

그 일이 있은 뒤 노 차관은 제네바 대사로 외국에 나가 있다가 후에 외무부장관으로 승진했다. 전두환 대통령 시절에 안기부장으로 취임했다. 취임 축하전화를 드렸더니 얼굴 좀 보자고 했다.

박 대통령 시해 사건이 일어난 궁정동 안가(문민정부 때 철거했음)에서 차를 나누며, 옛날 남산 중정에서 알지도 못하는 내용을 닦달받던 일을 잠시 회상했다.

"그때 우리 취조하던 수사관들 아직도 있나?" 그는 그 당시의 황당한 일을 잊지 않고 있었다.

안기부장 재임 시 노 부장은 자신을 수사했던 담당수사관을 승진시켰다. 또 수사과정에서 육체적 고통을 가하지 못하게 엄명해 그 후로 안기부의 강압수사는 많이 줄어들었고 안기부의 어두운 이미지를 개선하는 데 크게 이바지했다.

박 대통령에게 보고된 포커판

정일권 의장은 술을 들지 않았다. 젊어서는 술이 센 분이었다. 폭음을 한 장군들이 중년 이후 술 때문에 고생하는 것을 보고 금주를 단행했다고 한다.

정 의장은 군대 시절 장군들끼리 모이면 독한 양주를 철모에 따라 마셨다고 했다. 전쟁 중에 끼니는 굶어도 술병만큼은 꼭 챙긴 장군으로 민기식 장군을 꼽았고, 철모에 가득 따른 위스키를 쉬지 않고 마신 장군은 송요찬 장군이라고 했다.

술 대신 정 의장은 포커를 좋아했다. 시간이 나면 포커 게임을 즐겼다. 1970년대 후반 중국의 덩샤오핑(鄧小平)이 손자들과 브리지 게임을 자주한다는 신문기사를 본 뒤 "읽어보았느냐?"면서 "우리도 오늘 저녁 게임 한판 하자."고 했다. 그날 밤늦게까지 포커를 했다.

정 의장은 총리 시절 포커판에서 있었던 이야기를 들려주기도 했다. 지금 신문로 성곡미술관 자리가 바로 공화당 재정위원장이었던 성곡 김성곤 의원 자택이다.

이 집에서 포커를 자주 했는데 하루는 정 의장, 김성곤 위원장, 이후락 청와대 비서실장, 허정구(남서울C.C) 회장, 민병도(전 한은총재) 회장, 장상태(동국제강) 회장 등이 모였다.

그 당시에는 높은 끝수만 보는 '세븐 오디'를 할 때였다. 김성곤 위원장이 '킹 오버 투 페어'를 펴 놓고 세게 베팅을 하는데 장상태 회장이 조그만 '원 페어'를 까 놓고 따라오면서 베팅하면 거기다가 몇 배씩 킥백을 해댔다.

정 의장(왼쪽)과 담소를 나누던 민병도 전 한은총재(가운데)가 필자에게 포커할 때 베팅을 너무 과도하게 한다고 나무라고 있다.

 마지막 카드를 다 돌린 뒤에 김성곤 위원장이 조심스럽게 베팅을 하자 장상태 회장이 킥백을 하면서 있는 돈을 다 털어넣었다. 김 위원장이 '킹 투 페어'를 펴 놓고 고민고민하다가 카드를 접고 들어가면서 엎어 놓은 장 회장 히든 카드를 잽싸게 펴 보니 겉에 나와 있는 '세븐 페어' 뿐이더라는 것이다.
 분노가 치민 김성곤 위원장은 "야, 이놈아, 너는 부모도 없냐?" 소리를 버럭 지르면서 장 회장 따귀를 올려붙였다고 한다. 그때 두 분의 연령은 15년 차이였다.
 국회가 폐회 중일 때 여의도 의장 공관에서는 저녁에 가끔 포커판이 벌어졌다. 한번은 정 의장이 청와대에 들어갔는데 박대통령이

국회 일정을 발표하는 필자(국회의장 비서실장 시절).

"포커라는 게 그렇게 재미있는 겁니까? 아무개, 아무개 등이 의장 공관에 모여 밤늦게까지 그걸 한다면서요?" 했다. 놀라운 일이었다.

당황한 정 의장이 "시간 보내기 위해서 가끔 모인다."고 대수롭지 않게 말했지만 속으로는 진땀이 나더라고 했다. 며칠 뒤 정 의장은 "우리가 포커 하는 것을 박 대통령이 어떻게 알고, 더구나 참석자 명단까지 정확하게 알고 있느냐?"고 내게 물었다.

그 말을 들은 뒤 주변을 수소문해보니 경찰에서 파견 나온 의장 공관 경비대가 치안본부에 매일 보고서를 올린다는 것을 알았다. 당일 공관 출입자 명단이 보고 1순위라는 것이다.

경비실은 외부 인사들이 들어오는 시간과 나가는 시간을 정확하게 기록해서 상부에 보고했다. 밤늦게까지 공관에 머물다 돌아가는 인사들이 무엇을 하는지 그것도 체크했고 이 사실을 차지철 경호실장이 박 대통령에게 보고했던 것이다.

육영수 여사 시해 후 청와대 경호실장직을 내놓고 한가하게 지내던 박종규 전 실장도 단골손님으로 포커판에 자주 참석했었는데 박 실장 이름은 참석자 명단에서 빠져 있었다. 박 실장과 차 실장은 각별히 밀착된 사이였다.

갑자기 바뀐 국회의장 후보

제9대 국회가 끝날 무렵인 1978년 10월 하순이었다. 청와대에 다녀온 정일권 의장이 나를 공관으로 불렀다. 당시 의장 공관은 현 여의도 국회의사당 정문 우측 도서관 뒤에 있었다. 정 의장은 상기된 표정으로 입을 열었다.

"청와대에서 불러 갔더니 각하 말씀이 '그동안 여야 간에 격돌이 많았는데 정 의장이 잘 조정해주어 무사히 9대 국회를 마쳤다. 앞으로 10대 국회가 새로 구성되더라도 계속 의장직을 수행해달라'고 하시더구먼. 그러니 신 실장이 앞장서서 우선 내 선거부터 잘 좀 치르자고."

앞서 한솔 이효상 의장도 6, 7대 두 번에 걸쳐 국회의장직을 역임한 바가 있었다.

나는 수일 후, 정 의장의 선거구인 속초, 양양, 고성, 인제로 내

국회의장 비서실장 시절 집무실에서. 벽에 고상돈 군이 걸어 놓은 에베레스트 정상에 오른 자신의 사진이 보인다. 고상돈은 청주서 초등학교 다닐 때 이웃에 살았다.

려가 선거 운동을 시작했다.

9대 국회 때 정일권 의장이 지역구를 속초로 정하게 된 이면에는 이곳 출신 정재철(4선 국회의원, 정무장관 역임) 의원과 김재순(국회의장 역임) 공화당 원내총무 두 분의 역할이 컸다. 이들은 함경도 피난민들이 많은 속초에 함경도 출신 정 의장의 출마를 추천했고, 청와대와 공화당도 이의 없이 받아들였다.

유신 때이고 현직 국회의장 지역구인지라 득표활동이 쉬웠다. 현지에 상주하면서 고성을 중심으로, 자연부락을 한 동네도 빼놓지 않고 돌아다녔다. 말로만 듣던 너와집을 설악산 뒤 골짜기 외딴 마을에서 구경하기도 했다.

속초지구당에서 지역활동 중인 정일권 의장. 중앙에 봉투를 든 사람이 필자.

선거구를 돌다가 고성 진부령 아래 어느 마을에 들렀을 때 주민들 열댓 명이 모여 계를 하고 있었다. 점심식사까지 대접받고 빈손으로 나갈 수가 없어 "약주나 사서 드시라."면서 3만 원을 놓고 돌아왔다. 그 후 참석자 중의 한 사람이 이것을 경찰에 고발해 선거결과는 대승이었지만 나는 선거가 끝난 뒤에까지 시달렸다.

10대 국회가 구성될 무렵 청와대 기류가 심상치 않았다. 국회의장이 정일권 아닌 백두진으로 바뀐다는 소문이 들려왔다.
소문은 사실로 드러나 10대 국회의장으로 내정 통보까지 받았던 정 의장 대신 백두진 의장이 선출되었다.

설악산 입구에서 정 의장이 기자들과 환담하고 있다. 왼쪽부터 필자, 이재원(서울신문), 주우춘(한국일보), 정 의장, 송진혁(중앙일보) 기자.

백 의장 선출에 야당인 신민당은 단호하게 반대했다. 대통령이 일방적으로 지명한 지역구 출신이 아닌, 유정회 의원을 국회의장 자리에 앉힐 수 없다는 주장이었다. 야당은 송원영 원내총무 한 사람만 본회의장에 참석시키고, 모든 의원들이 퇴장한 가운데 여당 의원들만으로 백두진 의장을 선출했다.

정 의장의 연임이 불발된 뒷이야기가 곧 들어왔다. 박 대통령이 새로 구성되는 10대 국회에 정일권 의장을 연임시키겠다고 하자 차지철 경호실장이 즉각 이견을 내놓았다는 것이다.

"각하, 지금 항간에서는 각하께서 연세가 높으시다는 여론이 높습니다. 정 의장은 각하와 동갑이신데 각하보다 연세가 많은 분을 입법부 수장으로 내세워야 각하가 연세 많으시다는 얘기가 명분이 없어집니다." 나이가 박 대통령보다 많다는 이유로 백두진 의장을 추천했다는 것이다. 결국 박 대통령은 차 실장이 천거한 백 의장에게 낙점을 찍었다. 4선 의원 출신인 차 실장이 청와대에서 실질적으로 정치문제를 전담하다시피 하고 있을 때였다. 나는 평의원이 된 정 의장의 의원회관 사무실에 계속 나가서 일을 보아드렸다.

평의원이 된 정 의장을 위로하기 위해 박쌍용(외무부차관 역임), 김봉균(치안본부 차장 역임)씨 등 평소 정 의장을 각별히 모시던 측근들이 자주 방문했다.

대화와 타협을 신조로

정 의장은 의장 임기 6년 동안 중용(中庸)이라고 쓴 붓글씨 액자를 사무실에 걸어놓고 있었다.

그분의 화려한 경력에 대해서 많은 사람들은 "관운이 억세게 좋은 사람"이라는 말을 한다. 오랫동안 옆에서 지켜본 나는 그분의 관운은 운이 아니라 끝없는 인내와 노력의 결과라고 생각되었다.

대화와 타협을 생활신조로 무리 없이 중용의 입장을 취하려는 노력이 관운의 길을 틔워준다는 사실을 알게 되었다.

1970년대만 해도 정치인들이 신문 가십란에 자주 오르내렸다. 대개는 정치인들의 잘잘못을 꼬집고 잘한 일보다는 잘못한 일을

정 의장 내외분과 우리 내외(제주도에서). 오른쪽은 배규한 비서관.

찾아 활자화함으로써 독자들의 흥미를 돋우던 난이었다.

정 의장은 임기 6년 동안 언짢은 이야깃거리가 가십란에 별로 오르내리지 않았다. 매사에 신중했다. 그분인들 가십에 오를 일들이 어찌 없었겠는가. 항상 중용을 지키면서 몸가짐을 단정하게 하려는 부단한 노력과 원만한 인간관계가 언론의 비방을 빗겨갈 수 있었다고 본다.

특히 내가 그분으로부터 감명을 받은 것은 주변 인사들과의 대인관계였다. 그분은 대화 중에 그 자리에 없는 제삼자의 얘기가 나올 때면 그 사람의 훌륭하고 좋은 점만 찾아 칭찬을 아끼지 않았다.

정 의장의 칭찬은 당사자 귀에 들어가게 마련이었다. 없는 자리에서 칭찬을 받은 사람들은 정 의장에게 더욱 호감을 가졌고 사이가 더욱 돈독해졌다. 그분의 그런 점을 본받아보려고 노력했지만 쉽지 않았다.

제 3 장
정치에 뛰어들다

여의도의 길은 멀고

김대중 형님 사주

　10대 국회 개원 7개월 만에 박정희 대통령 시해사건(10·26 사건)이 터졌다.
　1979년 10월 27일 새벽 5시쯤, 집 전화벨이 요란히 울렸다. 잠결에 전화를 받았다. 한국일보 정치부 이성춘(한국일보 이사 논설위원 역임) 기자였다.
　"신 실장, 지금이 어느 때인데 자고 있는 거요? 빨리 한남동으로 가봐요."
　간밤에 박 대통령이 시해되었다는 것이다. 즉시 한남동 정 의장 댁으로 전화를 걸었다. 정 의장은 새벽 1시경 청와대로 들어갔다고 비서가 전했다.

　세상은 급변하기 시작했다. 12·12 사태가 벌어지고, 10대 국회가 해산되고, 정치활동 규제가 선포되고, 전두환 장군의 국보위가 창설되었다. 이 나라 정치가 어디로 가고 있는지 가늠할 수가 없었던 때였다.

　불안한 한 해가 지나고 다음 해인 1980년 초 김영삼, 김대중, 김종필 세 김 씨의 '서울의 봄'과 광주 5·18 민주항쟁이 지나간 뒤 소용돌이치던 정국이 가닥을 잡기 시작했다. 국보위 전두환 위원장은 새 정당을 만들어 다음 해부터 정치활동을 재개한다고 공표했다.

　정세를 관망하던 나는 새 정당이 생기면 남을 돕던 정치판에서 내 정치를 펴볼까 하는 생각을 했다.

　진로가 미로 같았던 시기였다.

　어느 날 이용희(5선 국회의원, 국회 부의장 역임) 선배가 전화를 했다.

　"이봐, 동생 오늘 무슨 일 있어?"

　"요즘 일 있으면 이상하지요. 별일 없어요."

　"그러면 2시에 롯데호텔 로비에서 좀 만나."

　이 의원은 지역구가 내 고향 청원군과 접해 있는 옥천, 보은, 영동이었는데 그분도 당시 국회가 해산되어 쉬고 있었다. 성격이 원만하고 붙임성이 있어서 웬만하면 상대방을 형님 아니면 동생이라고 부르는 분이다.

　우리는 택시를 타고 면목동 쪽으로 갔다. 대추나무가 있는 개울가 조그만 한옥이었는데 마루가 있고 마루 안쪽 방에 도사라는 분이 앉아 있는 점술가 집이었다. 사주를 보러 간 것이다.

이 선배가 먼저 적어온 사주를 내밀었다. 수판까지 들고 무엇인가를 한참 계산하던 도사는 점괘를 우리 앞에 펴놓았다.

"이 사주의 주인공은 지금 새장 속에 갇혀 있어요. 앞으로 상당 시간이 지나면 새장에서 나와 세상을 들었다 놓을 사주요. 아주 대단한 사람입니다."

도사의 설명을 들으며 나는 그것이 이 의원의 사주인 줄 알고 "앞으로 나 좀 잘 봐줘요." 했더니 이 의원은 심각한 표정으로 적어온 사주를 고이 접어서 안주머니에 넣고 일언반구 말이 없었다.

다음은 내 사주를 말하라고 했다. "무인생 팔월 스무하루 자시." 라고 하자 도사는 또 한참 수판을 놓더니, "이제까지는 좋은 승용차로 고속도로를 달려왔는데 갑자기 다리가 끊겨 낭떠러지로 떨어졌습니다. 그 위에 바위가 여러 개 얹혀서 숨 쉬기도 어려운 형편이오. 이제까지 뱀띠가 지팡이 노릇을 했군요. 앞으로 머지않아 바위가 걷히고 제대로 숨을 쉬게 될 겁니다."

도사의 점괘는 내 가슴속에 들어갔다 나온 것 같았다. 30대 중반 나이에 차관급인 국회의장 비서실장으로 크라운 6기통 관 30번을 타고 기세 좋게 나가다가 하루아침에 세상이 바뀌어 아침 먹고 나갈 데가 없어진 몸이니 도사의 표현 그대로 다리가 끊긴 낭떠러지가 아닌가.

더구나 뱀띠가 지팡이 노릇을 했다니 정일권 국회의장이 바로 뱀띠였잖나. 충격을 받으며 도사 집을 나왔다.

주돈식 기자 내외와 설악산 등반.

차 속에서 이 의원은 "동생 어디 가서 절대로 말하지 말게. 사실은 아까 그 사주가 우리 김대중 형님 사주일세."라고 했다. 이 의원은 정치를 시작할 때부터 동교동계였다.

당시 김대중 의원은 반정부 음모 혐의로 청주교도소에서 복역 중일 때였다.

생각할수록 신기해 다음 날 아침 조선일보 정치부 주돈식(문화체육부장관 역임) 기자에게 전화를 걸어 어제 점 본 이야기를 했다. 국회가 해산되어 특별히 나갈 곳이 없던 주 기자와 나는 거의 매일 만나 세상 돌아가는 얘기를 나누며 시간을 보낼 때였다.

그날 오후 주 기자가 급히 만나자는 연락이 왔다. 약속 장소인 서린호텔 2층 다방으로 나가니 이미 와서 기다리고 있었다.

"신 형, 빨리 갑시다. 4시까지는 신문사로 돌아와야 돼요."

다짜고짜 면목동 도사 집으로 안내하라고 했다.

가보니 손님이 방 안 가득 차 있었다. 들어갈 자리가 없어서 마루에 걸터앉아 안방 손님들 끝나기를 기다리고 있는데 4시가 가까워도 차례가 오지 않았다.

주 기자가 그냥 돌아가겠다고 하여 내가 안방에 대고 "이 선생, 시간이 없어 갑니다." 그러자 도사가 뛰어나왔다. 손님이 밀려 미안하다면서 주 기자를 잠시 뚫어지게 쳐다보더니 "아버지가 일찍 돌아가시고 편모슬하에서 자라셨군." 했다.

그러고는 방안으로 들어가버렸다.

차를 타고 돌아오면서 주 기자는 안절부절못했다. 초등학교 때 아버지가 돌아가시고 어머니가 혼자서 갖은 고생을 겪으며 주 기자 형제를 키웠던 것이다.

그 다음 날 아침 일찍 주 기자에게서 전화가 왔다.

"신 형, 이 도사 정말 도사인가봐. 지내온 일을 거의 다 맞히던데."

어젯밤 그냥 집으로 갈 수가 없어서 퇴근길에 혼자 면목동 점집을 들렀다고 했다.

"그런데 서너 달 안으로 죽을 고비가 있다는데 그건 안 맞는 것 같아. 정화작업도 끝났는데."

도사가 알려준 점괘를 내게 말했다.

"혹시 모르니 앞으로 차 조심하라고."

한마디 하고 나는 전화를 끊었다.

정화작업이란 당시 국보위가 언론계 정화라는 명분으로 일선 기자들을 대폭 직장에서 몰아낸, 해직기자 사태를 말하는 것이었다.

언론계에서 유례가 없었던 대 숙청작업이었다. 정부에 비판적인 기자, 특정 정치인과 밀착된 기자, 언론노조에 관련된 기자, 비리에 관련이 있었던 기자 등을 정치기자, 부패기자라는 낙인을 찍어 해직시켰던 사건이다.

이 사태로 37개 언론사에서 717명이 쫓겨났다. 분류 작업은 보안사에서 현역 군인들이 직접 주도했는데 12·12 사태 이후의 국보위 활동에 다소나마 비판적이었던 기자들이 대다수 해직되었다.

주 기자도 특정 정치인과 가깝다는 혐의로 숙청대상에 올랐으나 요행히 신문사에 남을 수 있었다. 이 무렵은 정화작업(숙청)이 거의 끝난 뒤였다.

그로부터 서너 달 후 새벽에 전화가 왔다. 주 기자 부인이었다. 주 기자가 뇌혈관이 끊겨 어젯저녁 고려병원에 입원했다는 것이다. 순간 이 도사의 점괘가 퍼뜩 떠올랐다. 바로 고려병원으로 뛰어갔다. 의식이 없었다.

부인의 이야기인즉 전날 오후 기사 마감시간이 끝난 뒤 안병훈 정치부장이 주 기자에게 "국민학교 학생들이 신문사 견학을 왔는데 별일 없으면 애들한테 신문 제작 과정을 설명해주라."고 했다고 한다.

어린 학생들과 공장과 편집국 등을 돌며 설명을 하는데 갑자기 현기증이 나서 복도에 주저앉았다는 것이다. 증상이 심상치 않아 가까운 병원으로 실려 갔다.

뇌의 실핏줄 하나가 끊겼다고 했다. 수술을 위해 서울대학병원으로 옮겼다.

수술은 여섯 시간이나 걸렸다. 머리를 가르고 끊어진 실핏줄을 찾아 연결시키는 대수술이었다. 담당 의사는 소변통을 바지 속에 차고, 간호사가 입에 대주는 음식물을 빨대로 빨아 먹으면서 수술을 했다. 단 1초도 한눈을 팔 수 없는 세밀하고 위험한 수술이었다.

수술이 끝나고 2, 3일 뒤에 주 기자는 완전히 의식을 회복했다.

"신 형, 이 도사 말이 이렇게 맞을 수 있소? 죽을 고비를 넘길 것이라고 말해 우습게 생각했는데, 정말 신기해."

주 기자는 내 손을 잡고 심정을 털어놓았다. 주위 사람들은 무슨 말인지 몰랐겠지만 우리 둘만 통하는 점괘 사연이었다.

도사가 맞힌 유세 번호

면목동 점집이 잘 맞힌다는 소문이 나자 황낙주 의원(국회의장 역임)이 그 집을 자주 드나들었다. 내가 이 도사 단골 원조로 소문이 나서인지 1992년 14대 국회가 새로 구성된 직후 황 의원이 나를

면목동 이 도사집 단골이 된 황낙주 의장(오른쪽)과 필자.

보더니 선거 과정에서 있었던 이야기를 털어놓았다.

합동연설에서 연설 순위 결정은 현장에서 심지를 뽑아 정하도록 되어 있다. 합동연설을 할 때 1번은 불리하다. 상대 후보의 연설 내용을 알지 못하면서 무조건 상대방을 비판할 수도 없기 때문이다.

황 의원은 이번 선거에서 유세때마다 첫번째로 뽑혀서 여간 불리하지 않았다고 한다. 자기 얘기만 하고 내려오면 다음에 올라간 후보들이 황 의원을 무차별 공격해 해명할 길이 없었다는 것이다.

그래서 마지막 합동유세가 있는 날 새벽에 이 도사에게 전화를 걸어 고충을 말했더니 "오늘은 연설 순서가 마지막 번일 테니 그렇게 알고 준비하라."고 하더라는 것이다.

그동안 공격당했던 내용을 빠짐없이 점검 정리하고 유세장에 나갔다. 이 도사 말대로 그날 순번은 마지막 번호였다. 마지막 유세 한 방으로 그간 당했던 공격을 갚고도 남았다고 한다.

이런 일이 있은 뒤 황 의장은 아침마다 그날 운세를 도사에게 물었다는 후문이 있다.

알았으면 뛰어들지 못했을 선거판

재기할 것이라는 이 도사의 말에 나는 힘이 솟았다. 점괘는 앞길이 안개 속같이 아리송할 때 심리적으로 힘을 실어주는 효과가 컸다.

1980년, 전두환 국보위 위원장이 최규하 대통령의 뒤를 이어 제11대 대통령에 선출되었다. 전 대통령은 장충체육관에서 통일주체국민회의 대의원들로 치러진 대선에서 98% 넘는 득표율을 올렸다.

구 정치인들에 대한 정치 규제가 풀리지 않은 가운데 제11대 국회의원 선거에 대비해 신당이 만들어진 시기였다.

초여름 어느 날 가까이 지내는 고재청(국회 부의장 역임) 의원의 딸 결혼식이 천도교 예식장에서 있었다. 예식장에 들어서는데 문 앞에서 신상우(국회 부의장 역임) 의원을 만났다. 신상우 의원은 국회에 진출하기 전 부산일보의 국회 출입기자로 있을 때부터 가까이 지낸 사이였다. 종친이고 대학도 동문이었다.

필자의 지구당 단합대회에 참석한 유치송 총재(왼쪽)와 함께.

당시 신상우 의원이 새로 만들어지는 야당의 실세라고 소문이 나돌았을 때였다.

"신당 만든다는데 나도 한자리 끼워줘요."

신상우 의원은 내 말을 듣고 반색을 하면서 "정말이야? 좋지, 잘 됐군. 예식 끝나고 롯데호텔 커피숍에서 보자고." 했다.

예식이 끝난 뒤 단둘이 커피숍에서 만났다. 신상우 의원의 이야기인즉 신당을 같이할 사람들을 찾고 있는 중인데 잘되었다는 것이다. 유치송(민한당 총재 역임) 의원이 대표를 맡게 되는데 자신이 연락을 해놓을 테니 찾아가 인사를 드리라고 했다.

내가 신민당 출입기자로 있을 때 유 의원은 신민당 사무총장직을 맡고 있었다. 유 의원은 이목구비가 뚜렷하고 문자 그대로 미남이었다.

"유 총장은 영화배우 해야 할 분이 어떻게 정치를 하게 되었습니까?"

그때 유 총장은 내 말에 겸연쩍게 웃었었다.

다음 날 상도동 유치송 의원 댁으로 갔다. 유 의원은 나를 반갑게 맞이해 가족들에게 일일이 인사 시키고 신당에서 같이 일하게 되어 정말 기쁘다고 진심으로 반가워했다.

"지역구를 어디로 하겠느냐?"고 물었다. "고향인 충북 청원에서 출마하겠습니다."라고 하니 "왜 힘든 시골로 가. 서울에서 하지." 진심 어린 걱정을 해주었다.

야당은 대도시가 절대적으로 유리한 때였다. 정치부 기자 생활을 10년 넘게 한 나는 그 사실을 누구보다 잘 알았다. 그러나 국회의원은 자기 고향을 위해서 일하는 것이 보람 있는 일이라고 생각했다.

"국회의원이야 고향에서 해야지요."

나는 서울 출마 권유를 끝내 사양했다.

마침내 당이 간판을 걸게 되었다. '민한당' 이었다. 제1야당인 셈이었다. 정치 규제에 묶이지 않은 구 야당의원들이 주축이었다. 야당성이 강한 의원들은 모두 정치규제법이라는 울타리 속에 묶여 있었다.

구 여당의원들은 '민정당' 을 창당했다. 한 선거구에서 두 사람

백두산 가는 길에서. 왼쪽부터 최문휴 국회도서관장, 필자, 함종한 의원, 김윤환 대표.

을 선출할 때였으므로 국민이나 언론들은 여당인 민정당과 제1야당인 민한당이 전 지역을 휩쓸 것으로 보고 있었다.

민한당으로부터 지구당 위원장 위촉장을 받아 들고 지역에 내려가려는데 여의도 당사 앞에서 김덕규(국회 부의장 역임) 후배와 의장실에서 같이 근무하던 최문휴(국회 도서관장 역임) 씨를 만났다.

김 위원은 대학 후배로 내가 국회의장 비서실장으로 있을 때 송원영 의원 비서관을 지냈고, 후에는 신민당 국회 전문위원으로 한 건물 안에 있으면서 절친하게 지내던 사이였다. 김 위원은 고향인 무주, 진안, 장수에 공천 신청을 했는데 다른 사람에게 넘어가버렸다.

최문휴 씨는 내가 국회의장 비서실장으로 있을 때 공보비서관으로서 언론 분야를 담당했었다. 국회가 해산되자 그도 고향 고흥에서 출마할 뜻을 품고 민한당 당사를 자주 드나들고 있을 때였다.

할 일 없이 당사 주변에서 시간을 보내던 두 사람은 나를 보더니 손을 잡아끌며 "유명한 점쟁이가 있다는데 거기 한번 가보자."고 했다.

면목동 이 도사 얘기인줄 알았는데 적선동 김 아무개란다. 우리 셋은 해가 뉘엿뉘엿한 저녁나절 그곳을 찾아갔다.

내가 먼저 사주 관상을 보았다. 한참 뜯어보고 풀이를 하더니 "이번 국회의원 선거에 나가면 떨어집니다."라고 했다. 2등만 해도 당선이고 제1야당 후보인데 떨어지다니 말 같지 않게 들렸다.

다음에는 김덕규 위원의 관상을 보더니 "이번에 국회의원이 될 것입니다."라고 했다. 김 위원이 먼저 폭소를 터뜨렸다.

나는 지구당 위원장에, 당무위원에, 공천 심사위원에, 도지부 위원장까지 감투가 무거워 처질 지경이었다. 반면 김 위원은 지구당 공천도 탈락되어 어디 한곳 기댈 곳이 없는 처지인데 나는 낙선하고 김 위원은 국회의원이 된다니 이런 난센스가 있겠는가. 김 위원이 생각해도 기가 차서 폭소가 터진 것이다.

김 위원이 당선될 것이라는 점괘를 보고 최 비서관은 아예 보지도 않겠다고 물러났다. 그때 상황으로 볼 때 점괘는 잘못 짚어도 한참 잘못 짚었던 것이다.

옥인동 김 도사 말이 적중해 국회의원이 된 김덕규 의원(가운데)과 국회 특위 일정을 협의 중인 필자. 오른쪽은 신기하 의원.

그 후 내가 지구당에 내려가 선거운동을 하고 있는데 김 위원에게서 전화가 왔다.

"형님, 이번에 전국구 뒷번호 하나 받아서 등록 마쳤어요. 제가 안 내려가봐도 당선에 아무 지장 없겠지요?"

선거운동이 본궤도에 오르자 우리 지역에는 기업가 Y 씨가 제3당 후보로 나와 사투를 벌였다. 당시 동아일보 정치부 박기정(전남일보 사장) 기자가 쓴 현지 르포를 보면 "청주, 청원은 강아지도 5천 원짜리를 물고 다닌다."고 썼을 정도로 금전이 난무했다.

첫 출마에서 낙선의 쓰라림을 맛보면서 무너진 나는 하룻강아지

3장 · 정치에 뛰어들다 249

범 무서운 줄 모른다는 격언이 생각났다. 알고는 뛰어들지 못할 곳이 선거판이었다.

선거가 끝나고 당선자 명단을 보니 김덕규 위원이 민한당 전국구 끝번으로 국회의원에 당선되어 있었다. 27년 전 일인데 지금도 김덕규 부의장은 나를 만나면 "형님, 제가 그 김 도사 하고 저녁 한번 낼게요." 하며 놀려댄다.

낙선 그 절망, 체험하지 않고는 아무도 모른다

11대 국회에 출마해 낙선한 뒤 고재청 의원으로부터 연락이 왔다.

"국회 안에 있는 정당 전문위원으로 일해달라."고 했다. 당시 고 의원은 원내총무였다.

전문위원이 하는 일은 의원들 발언이나 법안 심의에 필요한 자료를 챙겨주는 일이었다.

내가 국회의장 비서실장으로 있을 때 내 방에 함부로 들어오지도 못하던 당원들이 금배지를 달고 내 앞에 나타났다. 착잡한 심정으로 얼마 후 전문위원 자리를 그만두었다.

낙선 후 나를 대하는 남들의 시선이 전과자를 대하는 것 같다고 느껴졌다. 낙선, 심연으로 가라앉는 것 같은 절망은 겪어보지 않고는 아무도 상상할 수 없다. 우주에 혼자 내버려진 듯 고독했다.

힘들 때 도와준 대학 동기생

 몇 달 쉬고 있는데 대학 영문과 동기생인 배인홍 사장이 찾아왔다. 배 사장은 인천에서 큰 하역회사를 경영하고 있었다. 대외 업무가 늘어나고 있으니 회장직을 맡아 서울 사무실로 출근해달라는 것이다. 절망하고 있었던 나를 배려함이었을 게다.

 배 사장과 나는 대학 3학년 때 같이 설악산으로 무전여행도 다녔고, 내가 그 조카딸 가정교사도 했을 정도로 각별하게 지내는 사이였다. 배 사장의 배려로 나는 우련통운 회장이라는 직분을 갖고 생소한 기업 업무를 보게 되었다. 당시 최고급인 그라나다 6기통 세단까지 보내 주어서 낙선 후 초라했던 내 체면을 세워주었다.

 우련통운은 수출품을 부두에서 배에 선적해주고 수입품을 배에서 부두로 내려주는 하역을 하는 회사였다. 중동지역으로 나가는 건설 자재, 철근, 석탄, 사료, 곡물, 펄프 등이 주요 품목이었다.

 내가 하는 일은 낯익은 대회사 간부들을 통해 수출입품 하역업무를 우련통운에 맡기도록 하는 것이었다. 신문기자 시절 또는 국회의장 비서실장 시절에 알고 지내던 동국제강 장상태 회장, 현대그룹 정주영 회장, 동부그룹 김준기 회장, 황대봉 경북일보 회장 등 많은 분들의 신세를 지며 어느 정도 맡은 일을 수행할 수 있어서 그나마 친구인 회사 오너에게 체면을 유지할 수 있었다.

 내가 힘들 때마다 본인 일같이 힘을 실어준 배인홍 사장과의 특별한 인연은 더욱 깊어지고 있다. 그의 둘째 아들 배준영 군이 인천에서 내가 떠난 정치 무대를 향해 큰 걸음을 디딘 것이다.

우련통운 배인흥 사장(왼쪽)과 부인 조애진(유아방송 이사장) 여사가 필자의 막내 지선이 결혼식에서 신랑 신부와 반갑게 인사를 나누고 있다.

　지난해 대통령 선거 때 한나라당 중앙당 부대변인으로 정계에 뛰어든 배준영 군은 2008년 국회의원 선거에서 끝까지 공천경합을 하는 등 정치경험을 쌓고 있다. 진실하고 침착한 이미지와 흠잡을 데 없는 학력과 경력으로 꿈을 향해 노력하고 있다.

의정 단상에 서다

12:1의 공천 벽을 뚫고

1987년 6월 29일, 노태우 민정당 대표가 전격적으로 '6·29 선언'을 발표했다. 향후 대통령 선거는 통일주체대의원들이 체육관에서 뽑는 간접선거가 아닌 국민들이 직접 뽑는 직선제 개헌을 단행하겠다는 선언이었다. 7년간 군정 아닌 군정체제 속에서 불만과 불편을 겪던 국민들은 크게 환영했다.

이해 연말 12월 16일 실시된 제13대 대통령 선거에서 민정당 노태우 후보가 대통령으로 당선되었다. 야당에서는 김영삼 민주당 총재와 김대중 평민당 총재 간의 후보 단일화가 깨어지는 바람에 야당 표가 분산되었고 결과적으로 노 대통령을 탄생시킨 셈이다.

대선 결과는 노태우 후보 36.6%, 김영삼 후보 28%, 김대중 후보 27%였다. 야당인 두 김 씨 표를 합치면 노 대통령 표보다 18.4%나 앞섰다.

대선 4개월이 지나고 제13대 국회의원 선거가 실시되었다. 선거법 개정으로 이제까지 한 지역구에서 국회의원을 두 사람 선출하던 중선거구 제도가 한 사람을 뽑는 소선거구 제도로 바뀌었다.

출마 여부로 고민하고 있을 때 1988년 연초, 통일민주당 권오태(3선 국회의원 역임) 의원으로부터 만나자는 연락이 왔다. 권 의원은 당시 통일민주당 김영삼 총재의 측근이었다.

신라호텔에서 차를 나누면서 권 의원은 개정된 선거법으로 분구가 된 청주나 청원에서 민주당 후보로 출마해보라고 내게 권유했다. 확실한 언질 없이 헤어졌다.

수일 후에는 고향 후배가 찾아와 김홍일(3선 국회의원 역임) 씨의 제의라면서 평민당 후보로 청주 지역에서 출마해달라는 부탁을 했다. 김홍일 씨와는 기자 시절 내가 신민당 출입을 하며 동교동 댁을 드나들 때부터 잘 아는 사이였다. 아버지 김대중 전 대통령이 청주교도소에서 옥고를 치르고 있을 때 그는 내가 사는 연희동에서 가까운 신촌역 앞에서 '백제 갈비집'이라는 식당을 경영하고 있었다. 나는 틈틈이 그 식당에 드나들면서 그를 위로하곤 했었다.

수일 후 이번에는 안전기획부(현 국정원) 차장으로 있는 이상연(안기부장 역임) 씨로부터 연락이 왔다. 여당인 민정당으로 청원에서 출마해보라는 권유였다. 이상연 차장과도 인연이 깊었다. 1970년대

윤길중 당대표로부터 당직 임명장을 받는 필자.

초에 내가 대한일보 정치부장으로 있을 때, 그는 현역 소령으로 보안사 서울분실의 언론 담당관이었다.

일주일에 한두 번씩 신문사에 들러 세상 돌아가는 이야기를 나누던 사이었다. 일을 꼼꼼하게 처리하고 또 사람이 성실해 윗사람들의 신임이 두터웠다. 10·26 박 대통령 시해사건 전에는 중령으로 강원도 어느 사단 보안부대장으로 있었다. 12·12 사태 이후 대령으로 전두환 보안사령관 정치담당 보좌관으로 있다가 예편 후 노 대통령 당선과 함께 안기부 차장으로 갔다.

1987년 말 대선부터 1988년 초까지는 대통령 직선제 개헌작업으로 정치의 틀을 다시 짜는 시기였다.

3당으로부터 공천을 받으라는 제의를 받고 진로를 고민하던 중, 관훈클럽 총무로 대선 후보 관훈 토론회 진행을 맡아 인기가 있었던 동아일보 강인섭 기자를 만났다. 오랜 술친구인 강 기자는 나의 고민을 듣고 사실은 자신도 나와 같이 3당에서 출마 제의를 받았는데 고민 중이라고 했다.

강 기자는 화신백화점 뒤쪽 골목에 있는 점집이 유명하다는데 그곳을 찾아가보자고 했다.

우리 둘은 터벅터벅 걸어서 그 집을 찾아갔다. 좁은 계단을 올라 2층 다다미방으로 갔다. 도자기, 동양화 등이 어지럽게 널려 있었다. 먼저 강 기자가 도사에게 사주를 내놓았다.

도사는 단호한 표정으로 말했다.

"큰일을 앞두고 고민하는데 노선을 바꾸면 틀림없이 성공한다."

는 것이다. 신문사를 내놓고 정당으로 가서 출마하면 성공한다는 뜻인 것 같았다.

다음은 나를 보았다.

"열심히 하면 성공할 수 있다."고 도사는 다소 어두운 표정으로 말했다. 강 기자는 가벼운 발걸음으로, 나는 무거운 발걸음으로 점집을 나왔다.

다음 날 나는 청주로 내려가서 선거 치를 준비를 했다. 정당은 민정당을 선택했다. 강인섭 기자는 출마를 포기했다. 점괘가 그렇게 좋은데 왜 포기하냐고 내가 묻자 그는 집사람이 완강히 반대해서 그만두었다고 한다.

공천 신청을 마감하고 보니 우리 청원군에서는 민정당에만 12명이 후보 등록을 했다. 그중에는 충북 출신으로 중앙에서 재력가로 소문난 I 씨도 들어 있었다.

공천 발표 하루 전 문화방송이 밤 9시 뉴스에서 "민정당 공천 후보가 확정되었고 그 명단을 단독 입수했다."면서 명단을 보도했다. 충북 청원은 재력가 I 씨가 공천 확정자로 보도되었다. 나보다도 나를 밀던 운동원들이 모두 사색이 되어 있었다.

"이 보도가 100% 확실하다고 할 수 없으니 하룻밤 기다려보자."고 운동원들을 위로하고 소주병을 까서 위로주를 돌렸다.

피가 마르는 하루가 지나고 다음 날 아침 10시에 민정당 사무총장이 공천자 명단을 발표했다. 방송사가 생중계를 했다.

충북 청원에 '신경식'.

실낱같은 희망을 갖고 내 주위에 모여 있던 동지들은 환호성을 질렀다. 눈물을 글썽이는 동지도 있었다. 드디어 한 장의 유리한 카드를 골라 뽑았다.

부총무는 부반장

13대 총선에서 나의 선거를 총책임 진 선거대책위원장은 후에 민선 청원군수를 연임한 변종석 씨였다. 지역에서 새마을회장으로 반공연맹 간부로 지역 활동을 오래도록 해온 분이다. 공천 경쟁을 하다가 내가 확정되자 사무실로 나를 찾아왔다.
"신 형, 나는 벌써부터 당신이 공천될 줄 알고 있었어."
"형이 무슨 점쟁이요? 어떻게 알고 있었단 말이오?"
그는 허허 웃으면서 경위를 털어놓았다.

공천 신청이 마감된 뒤 그는 단양 구인사엘 갔다고 했다. 당시 구인사에는 천태종 2대 종정 남대충(작고) 큰스님이 계셨는데 그분은 도사 뺨칠 정도로 앞일을 내다보는 분이라고 소문이 나 있었다. 남종정스님 앞에 큰절을 하고 공천이 될지 안 될지 좀 보아달라고 청했다.
종정스님은 한참 내려다보더니 "공천 안 되겠어." 하고 딱 잘라 말했다. 더 할 말이 없어 일어서며 "그럼 누가 되겠느냐?"고 물었다.
"누구누구 나왔느냐?"
종정스님의 물음에 그는 신문에 난 공천 신청자 명단을 꺼내 보여주었다. 12명의 명단을 한참 훑어보더니 "신경식이가 되겠군." 하더란다.
남 종정스님의 예언이 맞을 것으로 생각하고 있었는데 발표를 보니 그대로 되었다는 것이다.
나는 변 회장의 손을 잡고 "형, 공천을 맞혔으니 당선도 틀림없을 거요. 내 선거대책위원장을 책임져주시오." 하고 간청했다.

13대 총선 공천장을 받고 노태우 대통령과 함께.

고등학교 때 이름난 축구선수였던 변 회장은 당장 그 자리에서 "내가 책임지지, 한 방에 넣어버릴게." 하고 수락했다.

총선은 압승으로 끝났다. 나와 차점자의 표 차이는 1만 표가 훨씬 넘었다. 드디어 금배지를 달게 되었다.
이제부터 남의 정치 아닌 내 정치를 한다고 생각하니 감회가 깊었다.

선거 후 당선자 등록을 마친 뒤 아직 새 국회가 개원하기 전에 변 회장과 나는 구인사를 찾아갔다. 구인사는 충청권에 있는 큰 사찰이었고 선거 중에 음으로 양으로 득표에 도움을 받았다.

남 종정스님은 아무 말 없이 나를 내려다보았다. 별다른 표정이 없었다. 미륵 같다는 생각이 들었다.

내가 먼저 입을 열었다.

"이번 총선에서 당선된 청원군 신경식입니다. 제가 공천 받을 것이라고 말씀하셨다는 얘기를 듣고 늦게나마 인사를 드리러 왔습니다."

내 말에 아무 대꾸도 하지 않던 종정스님은 한참 후에 "앞으로도 잘될 거야." 그 한마디만 했다.

그 후 청주에서 선거 뒤처리를 하고 서울에 올라와 등록을 마쳤다. 당선자 대회가 끝나고 허주 김윤환 총무가 나를 따로 불렀다.

"자네 부총무 맡길 테니 잘해보게."

초선 의원이 처음 국회 들어가면 제일 좋은 보직이 부총무다. 먼저 신문이나 TV에 얼굴을 비칠 기회가 많고 학급 부반장 같아서 의원들도 한 수 접어주는 자리인 것이다.

3선의 정창화 의원, 재선의 김진재, 함종한, 장경우 의원, 초선으로는 박희태 의원과 신경식이 부총무로 임명되었다. 남대충 종정스님의 말씀이 스치고 지나갔다.

비문까지 쓰게 된 고 김윤환 의원과의 인연

13대 국회가 여소야대로 구성되어 정국 운영에 큰 차질을 빚자 노태우 대통령은 1990년 1월 22일, 통일민주당(민주당) 김영삼 총재, 신민주공화당(공화당) 김종필 총재와 3당을 합당해 원내 안정 의석을 확보했다.

이 합당 작업의 실무를 맡은 것은 당시 각 당의 원내총무들이었다.

민정당의 김윤환(정무장관 역임) 총무, 민주당의 김동영(정무장관 역임) 총무, 공화당의 김용환(재무부장관 역임) 총무였다.

노태우 대통령과 경북고등학교 동기생인 허주 김윤환 총무는 아호인 빈 배처럼 욕심이 없고 소탈해서 따르는 사람이 많았다.

정일권 의장과 비슷한 점이 많았다. 무리하지 않고 앞서기보다는 중용을 택했고 지도자보다 참모 역에 능했다. 자신은 킹 아닌 킹 메이커라고 했다.

3당이 합당했다지만 신문 지면에는 원내 각 계보들의 세력 분포도가 심심치 않게 보도되곤 했다. 의원 수를 제일 많이 거느린 계보가 허주 김윤환계였다. 그 김윤환계의 도표에는 내 이름이 항상 첫줄에 올라 나는 허주계 골수로 알려졌다.

허주와는 특별한 인연이 있었다. 내가 초등학교 6학년 때 6·25가 일어났다. 중학교 입학시험 준비에 열중하고 있을 때 인민군이 쳐들어와 고향인 청원군 문의면에서 면장으로 계시던 할아버지는 남쪽으로 피난을 갔다. 아버지도 뒤따라 남으로 갔다.

국회 운영위원회를 주재하고 있는 김윤환 총무와 의견을 나누고 있는 필자.

할머니와 어머니, 어린 우리 4남매는 집에 남아 있었는데 공무원 가족은 모두 죽인다는 소문에 30여 리 떨어진 현도면 중삼리 외가로 피난을 갔다. 그곳에서 숨어 지내다가 유엔군이 인천상륙작전에 성공하고 낙동강까지 밀렸던 국군이 전세를 회복해 우리 가족은 문의 고향으로 돌아왔다.

그리고 불과 몇 달 후 중공군의 개입으로 다시 피난 보따리를 쌌다. 이번에는 온 가족이 피난을 떠났다. 1·4 후퇴를 전후한 그해 겨울은 요즘의 1월과는 비교할 수 없을 정도로 추웠다. 현인의 유행가 〈굳세어라 금순아〉에 나오는 "눈보라가 휘날리는 바람 찬 흥

6·25 전의 가족사진. 아버지 어머니와 어린 4남매(오른쪽 끝이 필자).

남부두"가 바로 그해 겨울의 풍경이었다.

엿새 만에 경북 선산군에 닿았다. 낙동리에서 쪽배를 타고 강을 건너 대구를 목표로 걸어가다가 어느 마을을 지날 때 해가 저물었다. 길 옆집에 들어가 하룻밤 신세를 지자고 하니 길 건너 큰 기와집을 가리키며 "저 집이 비어 있으니 거기서 묵으라."고 일러주었다. 그 집엔 웬만한 가구가 그대로 남아 있고 주인은 없었다. 짐을 풀고 그 집에서 온 가족이 하룻밤을 잤다.

다음 날 아침 할아버지 말씀이 "대구 가야 어디 묵을 데도 없는데 당분간 이곳에서 지내자."고 하셨다. 당시 전선은 가평, 청평선까지 중공군이 내려와 있을 때였다. 한강이 교두보였다. 우리는 그 빈집에 주저앉았다.

낮에는 그 집 사랑방에 동네 노인들이 모여들었다. 집주인은 바로 담 너머에 있는 학교의 재단 이사장인데 일찍이 대구로 온 가족이 피난을 갔다고 했다.

뒷문을 열면 바로 중학교 건물이었다. 학교 건물은 폭격으로 지붕이 날아간 채 붉은 벽체만 남아 있었다. 몇 달 전, 밀고 밀리는 낙동강 전투에서 가장 치열했던 다부동이 이곳에서 불과 15km 내외의 거리였다.

한번은 마을 건너편 산에 올라갔는데 허연 다리뼈가 끼어 있는 낡은 군화가 뒹굴었고, 누렇게 바랜 군복 속에 전사자의 해골이 반쯤 드러나 있었다.

우리가 머물고 있는 동안에 미군 공병부대가 낙동교의 부교 설치를 위해 이 학교에 주둔했다. 밤이면 우리가 묵고 있는 집 건넌방에 부대장이 드나들었다. 젊은 한국 여인과 동거를 하고 있었다. 그 여인은 어머니에게 "피난 오다가 이런 신세가 되었다."면서 미군부대에서 나오는 달걀가루, 감자, 설탕 등을 먹을 게 신통치 않았던 우리에게 나누어 주었다.

20여 년이 지나고 내가 신문기자일 때 조선일보 김윤환 기자를 만났다. 그 자리에서 피난살이 얘기가 나왔는데 내가 오상중고등학교 재단 이사장 집에서 1·4 후퇴 때 피난살이를 했다는 말을 하자 허주가 깜짝 놀라며 "이눔아, 그거 우리 집 아니가." 하며 내 등

필자의 지구당 단합대회에서 축사를 하고 있는 김윤환 대표.

을 쳤다.

우리가 묵고 있었던 그 집이 바로 김윤환 의원의 생가였고 옆에 있던 학교는 허주 김윤환 의원의 선친이 설립한 선산군 장천면에 있는 오상중고등학교였다.

그 학교 재단 이사장이 허주의 선친이신 김동석 선생이셨다. 국회의원을 두 번 지낸 분으로 경북 재계와 정계의 좌장 격이었다. 그때 허주는 학병으로 입대해 전방에서 전투를 하고 있었다고 한다.

허주의 막내 동생이 선산 출신 한나라당 국회의원인 김태환 의원이다. 형이 작고한 뒤 지역구를 맡아 의원 생활을 하고 있다.

내가 김영삼 민자당 대표최고위원 비서실장으로 임명되자 허주가 하루는 자기 집에서 단둘이 저녁이나 하자고 했다.

허주는 보신탕을 좋아했다. 그날도 사모님이 끓여준 보신탕을 안주로 소주를 마시면서 정가에 있었던 이런저런 이야기를 나누었다. 권력의 속성을 뚫어본 허주의 이야기 몇 가지가 아직도 기억에 생생하다.

1988년 12월 초, 민정당 원내총무였던 허주는 5공청산 청문회 문제와 예산국회 운영 등을 보고하기 위해 청와대로 노태우 대통령을 방문했다. 노 대통령에게 보고할 서류를 꺼내고 있을 때 "아직도 연락 안 되었나?" 노 대통령이 인터폰을 통해 비서실에 무엇인가를 확인했다.

허주가 자료를 들고 노 대통령을 쳐다보자 "이번에 국무총리를 바꾸기로 했어, 후임에 최경록 장군을 임명하려고 연락 중인데 어디 가셨는지 연락이 안 되고 있네."라고 노 대통령이 말했다.

허주는 잠시 묵묵히 있다가 "최 장군도 좋지만 강영훈 장군은 어떻습니까?" 하고 자기 생각을 말했다.

윗사람의 의견과 다른 의견을 제시할 때는 'A가 좋으나 B가 좀 더 낫다'는 식으로 자기 뜻을 비쳐야 한다고 했다. 단정적으로 A보다 B가 더 좋다고 하면 윗사람은 자존심이 상해 불쾌하게 생각한다는 것이다.

김재순 국회의장(왼쪽), 필자, 오른쪽 강영훈 총리.

당시 강영훈 장군은 전국구 국회의원으로 국회 외무위원이었고 인품이 반듯한 분으로 정평이 나 있었다. 강 장군은 육사 교장도 역임했다.

"강영훈 장군? 음 그분도 좋지."

잠시 후 노 대통령은 다시 인터폰으로 "최경록 장군 찾지 마라. 됐어." 라고 했다.

그 자리에서 노태우 정부의 제2기 국무총리는 강영훈 총리로 결정되었다고 한다.

직위나 재력이나 친소관계를 떠나 어떤 중대 결심을 할 때 바로 그

순간 권력자의 곁에 있는 측근이 가장 막강한 영향을 미친다는 경험
담을 내게 들려준 것이다. 나는 이 얘기를 의미 깊게 새겨들었다.

그 후 곱이곱이 그 말이 맞아떨어지는 경험을 했다. 3당 합당 후
민자당 때의 일이었다.

김영삼 대표최고위원이 당직 개편을 하는데 정세분석실장을 정
하지 못하고 있었다. 비서실장인 나를 보고 "적당한 사람이 없느
냐?"고 물었다.

나는 당사자를 자세히는 몰랐지만 경력만 생각하고 "김영수 의
원이 어떻습니까?" 하고 답했다. 검찰 출신이고 안기부 차장을 역
임한 김 의원이 그 자리에 적격일 것 같았다. 김 대표는 즉석에서
"그 사람이 좋겠군." 하더니 곧 발령을 내라고 했다.

김 의원은 매주 열리는 당직자 회의에서 예리하게 정세 보고를
하여 김 대표의 신임을 받았다.

노태우 대통령 시절 청와대 민정 사정 수석비서관을 지낸 법조
출신 김영일 (3선 국회의원, 한나라당 사무총장 역임) 의원의 말이 생각났다.

"첫째, IQ는 지위다. 머리가 명석하고 아는 것이 많다는 것은 개
인의 실력이기보다 높은 지위에 있게 되면 자연히 정보가 몰려와
서 남들이 볼 때 IQ가 높은 사람으로 인식된다는 것이다.

둘째, 능력은 찬스다. 아무리 뛰어난 능력을 지니고 있어도 기회
가 없으면 쓸모가 없다. 중령, 대령급들이 청와대 수석비서관으로
일할 기회를 갖게 되면 경우에 따라 중장, 대장보다 더 영향력을 발

중국 방문 중 베이징 인민위원회에서. 왼쪽부터 필자. 김수한 의장, 김윤환 대표, 이세기 위원장.

휘할 수 있는데 그 같은 능력 발휘는 바로 대통령과 대화를 할 수 있는 찬스를 갖기 때문이다.

셋째, 파워는 공간이다. 베개 밑 송사라는 말이 있듯이 공간적으로 권력자와 가장 가까운 거리에 있는 사람이 실질적으로 힘을 쓴다는 것이다."

허주는 말년이 고통스러웠다. 16대 총선을 앞두고 기업인 K씨에게서 받은 후원금이 문제가 되었다. 기업인 K씨는 공천을 원했으나 뜻대로 되지 않았다. 선거가 끝난 뒤 허주는 후원금이 정치자금이냐, 대가성이냐로 재판에 불려 다니며 고통을 받다가 암으로 세상을 떠났다. 운명하기 4, 5일 전 최병렬, 유흥수 의원과 병실을 찾아갔을 때 우리를 알아보지 못했다.

조선일보 주일특파원, 정무장관, 대통령 비서실장, 원내총무, 사무총장, 당 대표 등 막강하고 화려한 이력을 남기고, 킹 메이커라는 닉 네임과 빈 배라는 문학적인 아호로 당대를 풍미하던 호남이며 덕인이던 허주는 빈 배처럼 쓸쓸히 사라졌다.

지난 2003년 12월 세상을 떠난 허주는 그의 부친이 설립한 고향의 오상고등학교 뒷산의 가족묘지에 안장되었다. 그의 생애는 비석에 몇 줄의 문장으로 남았다. 1주기인 다음 해 기일에 묘소에 비석을 세웠다.

허주와의 기이한 인연은 이승을 떠나서도 이어졌다. 그분의 비문을 내 손으로 쓰게 될 줄이야. 인생 무상했다. 비석 끝에 적힌 '비문 신경식 짓다' 라는 글이 그와 함께 영원하리라.

간첩을 민주 투사로 둔갑시킨 청문회

여소야대로 출범한 민정당은 여당이었지만 꼼짝 못하고 야3당에 끌려 다니는 꼴이었다. 국회를 장악한 통일민주당, 평민당, 신민주공화당 3당은 직선제로 선출된 노태우 대통령과의 대립을 피하고 그동안 정치규제법, 광주민주화 탄압 등으로 자신들을 짓눌러 온 전두환 정권을 바닥부터 뒤집어엎기 시작했다.

첫 화살이 전두환 정권을 향한 5공 청산에 꽂혔다. 국회에서 청문회를 열기로 했다. 청문회를 열어 비리 사건의 진상을 파헤친다는 외신기사는 종종 보았지만 우리 국회에서 청문회를 개최한다는 것은 생각지도 못했던 일이었다.

이승만 대통령의 자유당 정권, 박정희 대통령의 18년 장기집권, 전두환 대통령의 7년 통치 동안에는 청문회를 열어 진상을 파헤친다는 것은 상상할 수도 없었다. 민주화 시대로 흘러가고 있음을 피부로 느낄 수 있었다.

1988년 10월, 여·야는 청문회를 열기로 합의했다. 전두환 정권의 부정부패를 다룰 일해재단 청문회, 광주사태의 진상을 파헤칠 광주민주화운동 청문회, 해직기자 사태를 밝혀낼 언론 청문회로 나누었다. 청문회를 위해 3개의 특별위원회가 국회에 구성되었다.

나는 광주특위에 배정되었다. 위원장은 평민당의 문동환 의원이 맡았고, 10여 년간 중앙청 기자실과 국회 기자실에서 같이 뒹굴던 이민섭 의원이 그때 이미 3선 의원이 되어 민정당 간사를 맡았다.

문화방송에서 청문회 전망에 대한 토론회가 열렸다. 각 당에서 토론자가 두 사람씩 나갔다. 민정당에서는 장경우 의원과 내가 나갔다. 화산이 터지듯 기염을 토하는 야당의원들에게 여당의원들은 받아칠 말이 궁했다. 꿀 먹은 벙어리 꼴이었다. 앞으로 힘들겠다는 생각으로 진땀이 났다.

야당은 광주에서 벌어진 일련의 5·18 상황을 민주화운동으로 단정 짓고 시작했다. 민주화운동을 탄압하고 총격을 가해 수많은

광주특위에서 질의를 준비중인 필자(왼쪽). 오른쪽으로 정창화, 이민섭, 이해찬, 신기하 의원이 보인다.

생명을 살상한 군부 책임자는 마땅히 의법 처단되어야 한다고 불을 뿜었다. '김대중 내란 음모 사건'도 군부가 계획적으로 조작한 것이라고 밀어붙이며 이참에 김 총재에 대한 국민의 인식을 바꾸는 데 총력을 다했다.

여당은 당시 분위기로 이를 반박할 적절한 논거가 부족했다. 많은 희생자가 났고 그 유가족들이 오열하고 있는 상황에서 5·18을 민주화운동으로 규정하는 데 반대할 명분이 없었다.

여당 의원 중에는 광주사태 당시 군 수뇌부에 있었거나 국회의원이었던 사람들이 많았다. 야당 주장에 동조하자니 자기모순이고, 반대하자니 여론에 매장될 처지라 많은 의원들이 전전긍긍했다.

그때 몇 가지 돌발적인 사건이 일어났다. 특위가 밤늦게까지 계속될 때였다. 평민당 소속인 이해찬(국무총리 역임) 의원이 사진을 한 장 들고 나와 공격을 시작했다. 공수부대 장병들이 쓰러져 있는 3구의 시체 앞에 사격자세로 서 있는 사진이었다.

이 의원은 사진을 흔들며 민주화를 부르짖는 선량한 광주시민을 특전사 군인들이 이렇게 무참하게 총칼로 사살하고 뻔뻔하게 그 앞에서 사진을 찍었다고 매섭게 몰아붙였다.

특위의 발언은 현장에서 그대로 TV에 생중계되고 있었다. 이 사진을 본 전국의 수많은 시청자들이 전화통에 불이 나도록 국회로, 민정당으로 욕설과 비난과 저주를 퍼부었다.

여당은 유구무언이었다. 침통한 마음으로 야당의 질타를 듣고만 있었다. 이 의원의 발언이 끝나고 20여 분 뒤 민정당 정창화(당시 3선) 의원이 정회를 요청했다. 정 의원은 여당 의원들을 1층 총무실에 긴급히 모이도록 했다.

총무실에는 체격이 우람한 젊은이 대여섯 명이 흥분한 얼굴로 의원들을 기다리고 있었다.

"의원님들, 집에서 TV를 보다가 너무 놀라서 이렇게 쫓아왔습니다. 아까 어느 의원이 들고 나왔던 사진 속의 특전사 군인이 바로 저희들입니다. 그 사진은 완도 앞바다에서 우리 군이 간첩선을 격침하고 육지로 도주하는 간첩들을 사살하고 찍은 사진입니다. 어떻게 간첩 잡은 우리를 광주시민을 죽인 살인자로 몰고, 육지로 도주하는 간첩을 민주 투사라고 전 국민 앞에서 소리쳐댑니까?"

그러면서 당시 신문에 났던 기사와 사진을 증거물로 펴 놓았다.

상황이 뒤바뀌었다. 회의가 속개되고 정창화 의원의 송곳 같은 신상 발언이 회의장을 뒤집어놓았다. 이해찬 의원이 제시한 사진은 "광주시민 학살 현장 사진이 아니고 특전사 용사들이 도주하는 간첩을 사살한 것"이라는 사실을 밝히고 그 당시의 사진과 기사가 실렸던 신문을 증거물로 제시했다.

반전의 기회를 만난 듯 여당 의원들은 거짓 사실로 군의 명예를 욕되게 한 이 의원은 즉각 사퇴하라고 일제히 반격에 나섰다.

정창화 의원은 민정당 훈련원에서 당원들을 교육시켰던 분으로 당대의 웅변가였다. 정 의원의 조리 있고 예리한 반박으로 숨도 쉬지 못하던 여당 의원들은 가슴을 쓸어내렸고 회의 분위기는 완전히 역전되었다. 이해찬 의원이 미처 확인을 못한 점에 대해 유감이라고 사과함으로써 간첩사진 사건은 그 선에서 끝났다.

다음 날 새벽 우리 집 전화벨이 요란하게 울렸다.

"신 의원, 나요. 어젯밤 수고했어요. 계속 수고하십시오."

노태우 대통령의 전화였다. 야당의 무차별 공격을 비판한 조간신문을 보면서 노 대통령은 전날 몰리고 주눅 들었던 청문회 분위기를 역전시킨 특위 위원들의 노고를 고맙게 생각했던 것 같았다.

청문회가 끝나갈 무렵 김대중 평민당 총재를 출석시켜 증인으로

광주청문회 당시 국방부 문서보관소를 찾아 서류를 검증하는 3당 광주특위 대표들. 왼쪽부터 평민당 정웅, 이해찬, 민정당 신경식 의원.

심문하게 되었다.

질문 순서가 내게로 돌아왔다. 나는 감회가 깊었다. 착잡한 심정이었다. 신민당 출입기자로 뛰던 1960년대 중반 김대중(당시 2선 의원) 총재는 정치인 중에 가장 기자들에게 공을 들이는 분이었다. 나에게도 각별히 정성을 쏟았다. 수시로 나를 불러내어 식사도 하고, 술자리도 같이 하면서 두터운 정을 쌓았다. 때로는 새벽에 전화를 걸어서 "신 형, 이번에 내가 《분노의 메아리》라는 책을 한 권 냈소. 오늘 신문에 꼭 한 줄 써주소."라며 정치면 가십란에 기사를 부탁하기도 했다.

한번은 통금시간이 임박한 12시경에 술이 취해 함께 우리집으로 왔다. 잠든 아이들을 윗목으로 밀어 놓고 김 총재는 집사람에게 자신이 목포에서 선거에 낙선해 고생한 이야기, 그 바람에 부인과 사별하게 된 이야기, 앞으로의 정치소신 등을 취중이면서도 정확하게 펼쳐놓았다.

김 총재와 얽힌 이런저런 생각들이 주마등처럼 스치고 지나갔다. 차분하게 마이크를 잡았다.

"제가 평소 존경하는 김 총재님과 이런 자리에서 만나게 되니 감회가 깊습니다."

가라앉은 내 목소리에 모두들 의아한 표정이었다. 그 당시 상황으로 여당 의원으로서는 어울리지 않는 태도였던 것이다. 김 총재는 나를 똑바로 바라보면서 고개를 끄덕였다. 내 말뜻을 잘 이해하고 있다는 표정이었다. 나는 준비된 질문에 들어갔다.

"감옥에서 풀려나면 일체의 정치활동을 하지 않고 미국으로 가서 신병치료나 하겠다고 각서를 쓰셨습니다. 그런데 출감해 미국에 가시자마자 공항에서 기자들에게 정권을 비난하고, 투쟁을 계속하겠다고 정치적인 발언을 하셨는데 약속을 그렇게 헌신짝같이 버려도 됩니까?"

준비했던 김 총재 친필 서명이 들어 있는 정치 포기 각서 사본을 펼쳐 보였다. 김 총재는 속이 탔는지 물을 한 잔 마셨다. 사진기자들이 순간을 놓치지 않고 셔터를 눌렀다. 물 마시는 장면이 다음 날 신문에 크게 실렸다.

"상황이 그렇게 되었다."

김 총재는 더 할 말이 없다는 듯 짤막하게 답변했다.

청문회에서 김 총재를 심문했던 그 일로 후에 나는 뜻밖의 장소에서 후한 대접을 받았다. 2002년 16대 대통령 선거를 치르고 2년이 지난 뒤 검찰 중수부가 대선자금을 수사할 때의 일이었다. 한나라당 대선기획단장으로 선거를 주관했던 나도 검찰에 불려 갔다.

서초동 대검찰청 건물 11층에 있는 중수부는 삼엄했다. 외부 출입을 막기 위해 복도 중간에 비밀번호를 눌러야 통행할 수 있는 철문이 설치되어 있었다. 이곳에서 특별히 선발되어온 검사들에게 조사를 받았다.

나를 담당한 K검사는 예리하게 심문을 하면서도 예의는 깍듯했다. 험한 말을 하지 않았고, 수사 중에도 커피나 차를 마실 수 있게 배려해주었다. 가능한 한 야간 조사도 피해주어 마음속으로 고맙게 생각했다.

사적인 대화가 거의 없었던 K검사는 수사가 거의 끝나갈 때 다음과 같은 말을 했다.

"선배님, 그 동안 수고 많으셨습니다. 사실은 저도 고려대학을 나온 후배입니다. 저는 어려서부터 선배님을 존경하고 좋아했습니다. 저의 고향이 전남인데 고등학교 때 광주청문회를 밤새워 지켜봤습니다. 김대중 총재가 증인으로 나왔을 때 여당 의원들이 모두

무자비하게 김 총재를 몰아붙이는데 신 선배님만은 김 총재님을 인간적으로 대하는 장면을 보고 그 당시 크게 감명을 받았습니다."

K검사를 통해 뜻밖의 장소에서 그 당시의 상황을 들으며 나는 불교에서 말하는 연기(緣起)와 업(業)이라는 것을 생각했다.

청문회는 그해 연말 백담사에 은거하던 전두환 전 대통령을 국회에 출석시키는 것으로 막을 내렸다. 그날 나는 발언대에서 그리 멀지 않은 거리에 앉아 질문을 준비하고 있었다.

밤이 늦었을 때 의원들 질문에 전 대통령은 지친 표정으로 "모르겠다.", "아니다.", "기억에 없다."는 답변을 되풀이했다. 그때 평민당 소속 이철용 의원이 발언대로 돌진, 증언 중이던 전 대통령의 팔을 잡고 "당신은 살인마야, 살인마 전두환"이라고 소리쳤다.

전두환 전 대통령의 고향인 경남 합천 출신 권해옥 의원이 잽싸게 뛰어나가 전 대통령을 끌어 앉고 방패막이를 했다.

청문회 분위기가 험악해지자, 문동환 광주특위 위원장은 정회를 선포했고, 전 씨는 회의장을 빠져나갔다.

전 씨 퇴장 후 민주당의 노무현 의원은 의석에서 자신의 명패를 발언대 쪽으로 던졌고, 여야 의원들은 약 10분간 밀고 밀리는 몸싸움을 벌였다.

전 대통령의 증언을 끝으로 국민의 관심을 모았던 5공 청문회는 그런대로 성과를 거두고 막을 내렸다.

방송위원장 월급이 장관의 8배

1989년 9월 중순, 국정감사의 막이 올랐다. 과거 10여 년간 신문기자로 일선에서 뛴 경험으로 나는 문화체육공보 위원회에 소속되었다.

9월 25일, 세종로 프레스센터에서 정부 예산이나 공익자금을 배정받는 문공부 산하 각 기관에 대한 국정감사를 실시했다. 이날 오전의 감사대상은 방송위원회였다. 방송위원장은 강원룡 목사였다. 종교계뿐만 아니라 각계에서 존경을 받고 있던 강 목사는 군사정권에 맞서 민주화투쟁에 힘을 모은 분이다.

의원들 책상 위에는 그날 감사받을 기관들에 관한 자료집이 수북이 쌓여 있었다. 다른 의원들이 질의하는 동안 나는 방송위원회 자료집을 들여다보다가 방송위원들의 급여표를 훑어보고 깜짝 놀랐다. 당시에는 생각할 수 없을 만큼 많은 급료를 받고 있었다.

내 질문 차례가 왔다. 자료를 펴 놓고 마이크를 잡았다.

"저는 강 위원장을 존경합니다. 그러나 오늘 이 감사장에서 교계의 양심을 대표하는 강 목사님이 이렇게 많은 월급을 받는다는 데 충격을 받았습니다. 지난 12월 봉급명세서를 보니 강 위원장에게 733만4천850원의 월급에다 별도의 품위 유지비 150만 원을 합쳐 모두 883만4천850원이 지급되었습니다. 상임위원들은 793만4천850원으로, 위원장 1명과 상임위원 3명의 한 달 치 급료가 3천34만5천575원에 달하는데 공익자금을 받아 이렇게 나누어 써도 되는 겁니까?"

국정감사 현장에서 발언하고 있는 필자. 오른쪽은 김홍만 의원.

　장내는 물을 끼얹은 듯 조용했다. 당시 국회의원 세비가 수당 104만 원에 입법 활동비 120만 원을 합쳐 월 224만 원이었고, 장관 월급이 100만 원 조금 넘는 수준이었다. 방송위원장 한 달 급여가 장관 8명의 한 달치 급여와 맞먹었다.
　그 당시 국회 보사위의 자료에 의하면 재벌 총수의 급여가 한 달에 300만 원 안팎이었다. 강 위원장이 답변에 나섰다.
　"급여를 좀 내리자는 의견을 내가 낸 적이 있습니다. 위원장에 취임하면서 방송위원들 급여가 너무 많다고 생각해서 예산위원회에 50%를 삭감하라고 강하게 얘기를 했습니다. 별로 납득이 안 가는 얘기겠지만 방송공사, MBC, 광고공사 등 유관 기관과의 형평에 문제가 있다고 해서 그대로 따랐습니다."

강 위원장이 고액 봉급을 시인하고 들어가자 감사장은 벌집을 쑤신 것 같았다. 야당의 박관용(국회의장 역임) 의원은 "방송의 방자도 모르는 사람들이 방송위원 아니냐."고 언성을 높였다.

앞서 질문 때 강 위원장으로부터 "똑똑히 알고 물어보라."고 핀잔을 들었던 김인곤 의원은 책상을 치며 규탄하다가 "독선적 태도가 불쾌하다."면서 감사장을 퇴장해버리기도 했다.

다음 날 각 신문들은 기사, 해설, 사설 등을 통해 『방송위 공익자금 낭비 심하다』(중앙일보), 『방송위 위상, 방만한 운영 등 추궁』(한국일보), 『방송위원 고액 보수, 이래도 되는가』(주간조선) 등의 제목으로 방송위원회를 질타했다. KBS 방송노조 등은 플래카드를 내걸고, "방송위원회는 신흥 방송 귀족 군단인가?"라고 대자보를 붙이는 등 반발이 거세었다.

며칠 후 엉뚱한 얘기가 들렸다. 그해 봄 MBC에서 광주민주화운동을 다룬 '어머니의 노래'라는 프로그램을 방영했었다. 문공부가 방송위원회에 이 프로의 사전심의를 요청했으나 방송위가 심의를 거부하고 원본대로 방송해버리자 이에 대한 보복으로 여당이 방송위원장을 규탄했다는 것이다.

방송위 측이 이런 소문을 흘리자 국회가 나서기도 전에 방송노조 측이 먼저 성명을 냈다.

"강 위원장이 정부 여당과 마찰을 빚는 것은 방송의 위상 정립이나 독립성 확보를 위한 것이라기보다는 방송에 대한 영향력을 장악하려는 일종의 주도권 쟁탈전 성격이 짙다."고 지적했다. 노조는 이어 "방송위원회는 자율 방송체제 아래서는 불필요한 '옥상옥'"이라고 불만을 터뜨리며 즉각 해체할 것을 강력히 주장했다.

그 후 강 위원장과 가까이 지내는 분이 나를 만났을 때 강 위원장의 말을 전해주었다.

"내 칠십 평생 금전으로 수모를 당한 것은 처음이다. 자존심 상해서 못 견디겠다. 어떤 방법으로든 명예회복을 하겠다."라고 했단다. 하나님 품으로 가신 강 목사님의 명복을 빈다.

"장관님은 국무총리 하실 관상"

국정감사가 끝난 뒤 제25차 유네스코 총회가 10월 24일 파리에서 열렸다. 정원식(국무총리 역임) 문교부장관을 단장으로, 여·야에서 한 사람씩 의회를 대표해 동행하게 되었다. 문공위원이었던 내가 유네스코 한국 위원으로 선정되어 함께 갔다.

전 세계 대표들이 모인 회의장은 크기나 시설이 장엄했다. 한국 대표단 바로 뒤에 북한 대표단이 자리를 잡았다. 4, 5명의 북한 대표들은 모두 김일성 배지를 달고 있었다. 단장 격인 간부가 달고 있는 김일성 배지는 다른 사람들 것보다 배는 컸다.

유네스코 총회를 폐막하기 전날 정원식 장관이 전 세계 회원국 대표들 앞에서 약 30분간 연설을 했다. '문화, 예술에 관한 회원국 간의 협조' 라는 주제였는데 처음부터 끝까지 유창한 영어로 원고

파리 유네스코총회에 한국대표단으로 참가. 앞줄은 정원식 장관(오른쪽)과 필자.

도 보지 않고 조리 정연하게 연설을 했다.

연설이 끝나자 우레와 같은 박수를 받았고 각국 대표들은 정 장관을 둘러싸고 감동적이었다는 말을 건넸다. 뒷자리에 앉았던 북한 대표단도 말을 하지는 않았지만 잘했다는 표정이었다.

그날 밤 우리 일행은 숙소인 에펠탑 옆 힐튼호텔로 돌아와 맥주를 마시며 그날의 연설을 진심으로 축하했다.

"정 장관님, 오늘 보니 앞으로 꼭 국무총리를 하실 겁니다. 제가 관상을 좀 봅니다."

내 생각을 전하자 그는 손을 저으며 "신 의원님, 무슨 당치 않은 말씀입니까? 저는 황해도에서 온 삼팔따라지입니다. 국무총리라니 말도 안 됩니다."

그는 신상 이야기를 했다. 황해도에서 출생해서 그곳에서 학교를 다니다 월남했는데 고향이 하도 그리워서 5만분의 1 지도를 사다가 컴퍼스로 서울 집에서 고향까지를 반지름으로 원을 그렸단다.

그 원에 접한 지역이 춘천이었다고 한다. 그래서 춘천에 집을 하나 마련해 그곳을 제2의 고향으로 정하고 자주 내려갔는데 습기가 많은 지역은 신경통에 좋지 않다고 하여 요즘은 가끔 다닌다고 했다.

얼마 뒤 정 장관은 국무총리로 발탁되었다. 정 장관이 총리로 임명되고 며칠 후 만났다.

"제가 총리 될 줄 몰랐습니다. 그때 신 의원님이 그런 말씀 하셔서 깜짝 놀랐었는데 총리 임명되고 신 의원님 말씀이 생각났어요."

YS와 박철언 장관의 신경전

1989년 12월 31일, 전두환 대통령이 5공 비리 청문회의 마지막 증언을 마치고, 그날 밤 다시 백담사로 돌아가자 정국은 4당 체제로 소강상태에 들어갔다.

여소야대로 여당이 힘을 쓰지 못해 노태우 정부는 뜻대로 되는 일이 없었다. 국회 환경노동위원회에서는 의석이 많은 야당이 미국이나 일본보다 더 진보적인 노동법 개정안을 제안해 통과시키기도 했다.

여는 여대로, 야는 야대로 손익을 계산하며 막후 접촉을 벌여 마

도쿄 나리타공항에서 김영삼 대표가 수행 의원들과 이야기를 나누고 있다. 김대표 옆에 박철언 장관, 왼쪽 끝이 필자.

침내 1990년 1월 22일, 3당 대통합을 이룩했다. 당 이름을 민주자유당으로 바꾸었다. 노태우 당 총재 아래 민주당을 대표한 김영삼 대표최고위원, 공화당을 대표한 김종필 최고위원, 민정당을 대표한 박태준 최고위원으로 지도부를 구성했다.

3당 통합 후 김영삼 대표최고위원이 소련을 방문하게 되었다. 소련과는 정식으로 국교가 수립되지 않았을 때라 정치적 의미가 컸다. 양국이 모두 조기 국교 정상화를 원하고 있는 시점이었다.

총무단을 대표해 부총무인 내가 김 총재를 수행했다. 3당 합당 직후라 3당 출신들을 안배해 수행원이 14명이나 되었다.

소련 방문 중. 왼쪽부터 박종률 의원, 박철언 장관, 필자.

3월 19일, 도쿄를 거쳐 철의 장막 모스크바에 첫발을 들여놓는 순간은 실로 감격스러웠다. 거리와 숲이 온통 눈으로 덮여 환상적이었다.

숙소인 영빈관은 서울의 호텔방 2배만큼 넓었지만 실내가 한데나 다름없이 추웠다. 화장실의 화장지 색깔은 누렇고 세면대의 물이 잘 내려가지 않았다. 비누는 거품이 일지를 않았고, 치약은 튜브를 눌러도 굳어서 나오지를 않았다. 소련으로서는 이 무렵이 경제적으로 가장 어려운 시기였다.

일행의 분위기는 어수선했다. 친선 방문단의 대표가 김영삼 대표최고위원이었는데 함께 온 박철언 정무장관은 떠나기 전날 기자들에게 자신은 "김 총재를 수행하는 것이 아니고 동행하는 것"이라고 미묘한 발언을 했다. 기사를 본 YS는 몹시 불쾌하게 생각했고 그 분위기가 모스크바까지 이어졌다.

영빈관에서 아침식사를 할 때면 민주계 쪽은 YS가 앉은 테이블에 모여 식사를 했고 민정계 쪽은 박철언 장관 테이블에 모여 식사를 했다. 눈에 띄게 두 패로 나뉘었다.

나는 마음으로는 신문기자 시절부터 가까이 지냈던 김수한, 오경의(마사회장 역임) 의원 등 YS 직계의원들이 모인 자리로 가고 싶었으나 노태우 대통령의 공천을 받은 민정계라 식사 때면 고민이 많았다. 결국 엉거주춤하게 중간 테이블에 앉아 당 사무처 직원들과 식사를 했다.

방문 이틀째인 3월 21일 오후 2시경이었다. 오전에 시내를 돌아보고 영빈관에 들어와 점심식사를 하고 있는데 기자들이 긴장된 표정으로 이 방 저 방 뛰어다녔다.

YS가 행방불명이 되었다는 것이다. 30여 분 후에 리무진을 타고 YS가 영빈관으로 들어서자 로비에서 서성대던 기자들이 달려갔다.

기자들에게 둘러싸인 YS는 상기된 얼굴로 외투도 벗기 전에 "이제 한국에서 전쟁은 없다."고 자신감 넘치는 어조로 힘주어 말했다. 순간적으로 나는 'YS가 소련에 주재하는 북한 대사와 밀담을 했구나' 하고 생각했다.

YS의 즉석 기자회견이 시작되었다. 당시 소련통으로 알려진 민주계 정재문 의원만 대동하고 극비로 크렘린 궁에 가서 고르바초프 대통령을 면담하고 오는 길이라고 했다.

김 대표는 "앞으로 한국과 소련은 국교를 정상화해 조속히 수교를 맺자는 것과, 다시는 한반도에 전쟁이 일어나지 않도록 상호 노력하자는 데 합의했다."고 밝혔다. 냉전시대에 얼어붙었던 소련과의 국교를 트는 데 기여한 획기적인 사건이었다.

한국 정치인이 정식 수교도 되지 않은 소련의 대통령을 크렘린궁에서 만나 양국 국교 정상화를 공식적으로 합의했다는 것은 한국뿐만 아니라 세계적 뉴스거리였다.

'김·고르비 회담'을 전혀 모르고 시내에 나갔던 박철언 장관은 이 큰 이벤트에서 자신이 완전히 소외되었다는 것을 뒤늦게야 알았다.

박 장관은 물러서지 않았다. 고르바초프 대통령에게 보내는 노태우 대통령의 친서를 박 장관 자신이 가지고 왔다고 했으며 "대통령 친서를 전달하는 사람이 공식 사절단의 대표"라고 기자들에게 넌지시 알렸다. YS의 고르바초프 면담은 정식 국가 사절단 자격이 아니라는 뉘앙스를 풍겼다.

YS·고르바초프 면담과 친서 사건은 그 후에도 말을 만들었다. 귀국 후 박철언 장관은 "소련 방문 때 숨겨진 일들을 공개하면 YS의 정치 생명은 하루아침에 끝난다."고 정면 공격을 했다.

어디서 흘러나왔는지 YS가 고르바초프를 만난 시간이 5분도 채 안 되었다는 말도 돌았다. 고르바초프가 사진도 한 장 같이 찍지 않았다는 얘기도 흘러나왔다.

모스크바에서 열린 한·소 고위급 회담(왼쪽 첫번째가 필자).

이에 격분한 YS는 매주 열리는 노 대통령과의 청와대 주례회동마저 거부한 채 박 장관의 퇴진을 요구했다. 수일간 민주계와 민정계, 청와대의 힘겨루기가 벌어졌다.

3당 합당이 깨어질 위기에 놓였다. 합당이 깨어지는 날이면 노 대통령은 다시 정치적으로 식물 대통령이나 다름없게 될 상황이었다.

박 장관의 발언 3일 후인 4월 13일, 노태우 대통령은 박철언 장관의 사표를 수리함으로써 가까스로 사태를 수습했다. YS의 판정승으로 끝났다. 그해 9월 30일, 뉴욕 유엔본부에서 정식으로 한·소 수교가 체결되었다. YS의 소련 방문이 밑거름이 되었다는 평가를 받았다.

박철언 장관이 소련 방문을 마치고 들른 도쿄의 한 행사장을 걸어나오고 있다. 오른쪽부터 필자, 이낙연 동아일보 도쿄 특파원, 박철언 장관.

소련 방문 중 공산주의의 실체를 피부로 느꼈던 일이 있었다. 일행 중 몇 명이 모스크바 시내 관광에 나섰다. 시내에서 제일 크다는 앰배서더 호텔 기념품 판매점을 들렀다. 늑대 털, 백여우 털로 된 목도리와 시베리아 사슴뿔로 만든 엑기스, 땅속에서 파냈다는 노란색의 앰버(호박) 등 진기한 물건들이 많았다.

한창 물건을 구경하고 있는데 종업원 아가씨가 갑자기 점포 문을 닫기 시작했다. 우리는 깜짝 놀라 "왜 그러느냐?"고 물었더니 "점심시간이 되었으니 두 시간 후에 다시 오라."면서 골라 놓은 물건들을 다시 제자리에 갖다 넣고는 점포 문을 닫아버렸다.

물건을 많이 팔든 적게 팔든 종업원에게는 이해관계가 없었다. 그저 시간 맞추어 자리만 지키면 되는 것이다. 일을 열심히 하지 않아도 국가에서 받는 월급은 똑같았으니까.

시내 중심지에 평양식당이 있었다. 박희태(한나라당 대표최고위원) 대변인과 나는 몇몇 수행기자들과 어울려 그 식당에 갔다. 종업원들은 북한 정부 기관에서 파견 나온 공무원 신분이었다.

말만 들었던 평양냉면을 시켰다. 서울의 냉면 맛만 못했다.

그 음식점을 나서면서 박희태 대변인이 종업원에게 100달러짜리 미화 한 장을 손에 쥐어 주었다. 그들에게는 큰돈이었다. 종업원은 시치미를 떼고 그 돈을 받았다. 영빈관으로 돌아오는 차 속에서 박 대변인의 짧은 논평에 우리는 모두 웃었다.

"소련 공산주의보다 북한 공산주의는 바람이 조금 들어갔군."

민심은 약자 편

소련 방문에서 돌아오자 진천, 음성에서 보궐선거가 있었다. 3선인 김완태 의원이 신병으로 고생하다가 세상을 떠났기 때문이다.

투표일은 4월 3일, 3당을 합당한 민자당은 현직 충북도지사였던 민태구(예비역 장군) 씨를 공천했다. 3당 합당에 합류하지 않은 몇몇 의원들이 모여 만든 꼬마 민주당 소속 허탁(전 지구당 위원장) 씨와의 대결이었다.

나는 보궐선거 대변인으로 선거가 끝날 때까지 현지에 상주했다. 외형상으로 보아 어렵지 않은 상대였다. 민주당 후보 허탁 씨는 몇 차례 출마했던 경험 외에 특기할 만한 경력이 없었던 인물이었다. 당도 제1야당이 아닌 제3당 꼬마민주당이었다.

민자당은 비록 보궐선거지만 3당 합당 후 처음 실시하는 국회의원 선거라 신경을 곤두세웠다.

3당 합당에 대한 국민의 심판을 받는 분위기였다. 언론이 그런 방향으로 몰고 갔다. 중앙당에서 중진의원들이 수시로 다녀갔고, 각 신문사의 기자들도 현지에 상주하며 취재에 열을 올렸다.

투표일인 4월 3일, 아침부터 투표는 순조롭게 진행되었다. 기자들과 함께 진천, 음성 양 군의 투표소를 돌아보았다. 투표장 부근에서 만난 지역유지들은 내 손을 잡고 "뭐 하러 여기까지 오십니까. 선거는 벌써 끝난 것 아닙니까? 상대가 되는 선거를 해야지." 하면서 100% 민태구 후보의 당선을 장담했다.

허탁 후보 쪽에서는 46개 투표소 중 23개 투표소에 참관인도 세우지 못한 형편이었다. 정당 참관인에게는 후보가 따로 식비나 일당을 지급해야 하기 때문에 경비문제로 참관인을 세우지 못하는 경우가 종종 있다.

오후 6시 투표가 끝나고 8시부터 개표가 시작되었다. 밤 11시경 음성, 진천 양 군의 군청 소재지를 먼저 개표했는데 민 후보의 표가 거의 배에 가깝게 앞서 갔다.

투표 성향을 보면 인구가 많은 도청이나 군청 소재지에서는 야당이 우세하고 농촌부락에서는 반대로 여당이 우세한 경향이었다.

여당인 민 후보가 군청 소재지에서조차 큰 차이로 앞서고 있으니 농촌부락 표는 더 볼 것도 없었다.

나는 민 후보에게 당선소감을 준비해놓으라고 연락하고 대변인 자격으로 개표장 밖에서 기자회견을 가졌다.

"민 후보를 압도적으로 당선시켜준 유권자 여러분에게 심심한 감사를 드린다. 이번 보궐선거 승리는 3당 합당을 지지해주고 성원한 국민의 위대한 승리다."

이 성명이 일부 지방방송에서는 개표 완료 전에 보도되기도 했다. 더 지켜볼 것도 없어서 개표장을 떠나 몇몇 기자들과 가까운 맥주 집으로 가 술을 한잔하고 먼저 여관으로 돌아왔다. 그동안의 피로가 풀리면서 깊은 잠이 들었다. 새벽 4시쯤 누가 급하게 잠을 깨웠다. 신안균 보좌관이었다.

"위원장님, 당선 취소 성명을 빨리 준비하셔야겠어요. 허탁 후보가 당선되었어요."

혹시 잘못 들은 게 아닌가. 급히 선거사무실로 나갔다. 사무실은 초상집이었다. 당락이 뒤바뀐 것은 자정이 넘어 허 후보의 고향인 생극면에서 표차가 크게 벌어졌기 때문이었다. 막판에 2천300표대 800여 표로 허 후보 고향 면에서 대세가 뒤바뀐 것이다.

그 와중에 청년당원들과 언론인들 사이에 시비가 벌어져 대변인 입장이 몹시 난처하게 되었다. 사진기자들이 민자당 선거사무실의 침통한 분위기를 취재하며 플래시를 터뜨리자 청년당원들이 고함을 지르면서 사진기자들을 밀어냈다. 이 과정에서 청주방송 임 기자는 와이셔츠가 찢어지고 어느 기자는 손가락이 꺾이는 불상사가 생겼다.

"압도적 지지에 감사드린다."는 나의 성명은 불발되었다가 2년 뒤 14대 총선에서 민태구 후보가 당선되어 뒤늦게 빛을 보았다. 선거는 뚜껑을 열어보아야 안다는 말이 실감 났다.

대선 후보 비서실장

비서실장은 있는 듯 없는 듯해야

3당이 합당하고 한참이 지났으나 겉과 속은 달랐다. 3당이 손잡고 잘해보자는 것이었는데 위와 아래는 따로따로 놀았다. 언론은 당시 분위기를 물과 기름으로 비유했다. 이런 분위기가 계속되다 보니 속이 타는 것은 노태우 대통령과 김영삼 대표최고위원이었다.

1991년 5월 중순, 국회 본회의가 열리고 있을 때, 뒷자리에 앉은 김 대표가 나를 옆자리로 불렀다.

"이봐 신 의원, 이번 일요일 아침에 상도동 우리 집에 좀 들르지."

민정당 국회의원이 된 뒤로는 자택으로 찾아가 뵙지 못했다. 당이 서로 달랐기 때문이다.

"지역구에 주례 약속이 많아요. 이번 일요일에도 대여섯 건이나 있어요."

"끝나고 오는 길에 좀 들러. 늦어도 괜찮아."

일요일 종일 예식장을 뛰어다니며 주례를 서고 밤 9시쯤 상도동 김 대표 댁을 방문했다. 1960년대 김 대표가 신민당 원내총무일 때 살았던 안암동 댁에는 자주 다녔다. 그때 김 대표 서재에는 중국의 이홍장(李鴻章)이 쓴 친필 액자가 걸려 있었고 초등학교에 다니는 현철 군이 들락거리곤 했었다.

응접실에 들어서니 김 대표가 찻주전자를 앞에 놓고 기다리고 있었다. 김대표가 차를 따라 주면서 말문을 열었다.

"이봐, 신 의원, 지금 3당을 합쳤는데 어디 제대로 되나. 그러니 신 의원이 힘을 좀 써야겠다. 내 비서실장을 맡아줘."

뜻밖의 제안에 어리둥절했다. 순간적으로 착잡한 생각이 스쳐갔다. 신문기자 시절부터 가까이 지낸 분이라 내 심정을 솔직히 말할 수 있었다.

"제가 대표님 비서실장을 맡으면 저 개인에게는 큰 영광입니다. 더구나 앞으로 대권을 잡으실 게 확실한데 제가 모신다면 얼마나 자랑스럽겠습니까.

그동안 저는 정일권 국회의장 비서실장으로 그분을 여러 해 동안 모셨습니다. 비서실장이라는 자리는 모시는 분의 분신과 같았습니다. 이제 또 다른 분을 모신다는 것이 도리가 아닌 것 같습니다.

상도동 김영삼 대표 자택에서 기자들과 환담을 나누며 청와대 회담 결과를 기다리고 있는 필자. 벽에 백범 김구 선생의 친필 액자가 걸려 있다.

 그리고 지금 민정계와 민주계가 화합을 못하고 있는데 민정당 공천을 받아 당선된 제가 김 대표님을 모신다면 민정계 의원들이 저를 어떻게 보겠습니까. 곱지 않게 볼 것입니다.
 대표님 아시다시피 과거 신문기자 때 신민당 출입을 오래 해서 가깝게 지내는 분들이 민정계보다 민주계에 더 많지만 제가 비서실장이라고 들어가면 그들은 '저 친구 민정계에서 파견 나온 감시원'이라고 할 겁니다."
 그때의 내 심정을 담담하게 말씀드렸다. 김 대표는 연신 차를 따라 주면서 거두절미하고 맡아보라고 했다. 어려운 상황을 설명드

노태우 대통령으로부터 당대표 비서실장 임명장을 받는 필자(오른쪽부터 김영삼 대표, 김종필, 박태준 최고위원의 모습이 보인다).

리고 밤 10시가 넘어서 헤어졌다.

다음 날 오후에 청와대 손주환 정무수석으로부터 전화가 왔다.

"신 선배, 내일 오후 3시에 청와대 본관 각하실로 와주세요."

손주환 수석은 고려대학교 한 해 후배였다. 그는 1960년대 후반 중앙일보 기자 시절 기자협회 회장에 출마한 적이 있었다. 대한일보 분회 책임자로 있던 나는 손 기자를 밀었다. 손 기자가 회장으로 당선되었고 그 덕분에 나는 기자협회 국제교류위원장이라는 감투를 쓰고 외국여행을 다녀오기도 했다.

13대 전국구 의원으로 국회에 들어와 문공위에서 함께 활동하기도 했다. 그 후 손 기자는 청와대 정무수석으로 자리를 옮겨 갔다.

다음 날 약속된 시간에 본관 대통령 집무실로 갔다. 노 대통령이 반갑게 맞아주었다. 노 대통령 좌석을 중심으로 양쪽에 의자가 대여섯 개씩 놓여 있었다. 노 대통령 좌석 옆에는 화판 같은 골판지에 그날 만날 사람들, 전화할 곳 등 일정을 적은 메모지 10여 장이 압핀으로 꽂혀 있었다.

"신 의원, 내가 그동안의 얘기는 들었소. 김영삼 대표를 도와주시오. 김 대표와 내가 진지하게 상의해서 결정한 것이니 달리 생각 마시오."

당 총재일 뿐 아니라 국가원수인 대통령의 말씀이었다. 더 다른 말을 할 여지가 없었다.

"네, 알겠습니다. 열심히 하겠습니다."

그러고는 20여 분 동안 당내 이야기를 나누다가 헤어져 손주환 수석실에 들러 차 한 잔을 하고 나왔다.

손 수석과 김 대표는 가까운 친척 사이였다. 영부인 손명순 여사가 손 수석의 사촌 누님이시다. 손 수석은 내가 상도동에 들렀던 내용을 이미 상세히 알고 있었다.

"신 선배가 들어가 있으면 양쪽 다 힘이 될 겁니다."

손 수석의 인사를 받으며 무거운 마음으로 여의도 의원회관으로 돌아와 상도동에 바로 전화를 걸었다. 63빌딩 지하 수영장에서 운동 중인 김 대표를 만났다.

김영삼 대표 비서실장 시절

"지금 청와대에 다녀오는 길입니다. 내일부터 열심히 하겠습니다."
라고 말씀을 드리자,

"그래, 우리 잘해보자고."

김대표는 내 등을 두드리며 다정스레 말했다.

김영삼 전 대통령은 단식, 데모, 투쟁 등으로 강성 이미지였지만 개인적으로 만나보면 소박한 인정미가 넘치는 분이었다.

다음 날 5월 20일 김 대표 비서실장으로 공식 발표가 났다. 뒷날 들은 이야기로는 노 대통령과 김 대표가 만나 물리적 3당 합당을 화학적 3당 합당으로 만들기 위해서는 우선 김 대표 최측근 자리에 민정계 의원을 앉히자고 합의를 했다고 한다.

실장감을 고를 때 두 분은 각기 세 사람씩 후보를 골랐는데 신경식 의원이 양쪽 명단에 다 들어 있었다고 한다.

조선일보 정치면의 절반을 차지했던 비서실장 교체 배경 기사 중 일부분을 인용해본다.
『지난 17일 청와대 주례회의에서 노 대통령과 김 대표가 김 대표의 비서실장을 민정계 의원으로 교체키로 합의했다. 두 사람의 합의는 당직 인사의 차원을 넘어 노-김 관계가 새로운 관계에 접어들었음을 가시화하는 의미가 있다.…
… 민주계에서 '김 대표와 관련된 모든 정보가 체크되는 요직에 타 계파를 앉히는 것은 위험하다'는 반론이 있었다.…
… 또, 민정계에서도 '노 대통령이 김 대표에게 비서실장을 보내주는 모양이 되는데 이는 차기 대통령 후보 자리를 노리는 김 대표의 입지를 강화시켜주게 된다'며 거부감을 보였다.
…비서실장 교체 문제가 구체화되면서 청와대와 민정계 측은 '출가'시킬 후보감 물색에 고심한 끝에 신경식 의원(청원)을 가장 적합한 인물로 선정. 신 의원은 정일권 국회의장 재직 시 비서실장을 역임, 의전 경험이 있고, 대한일보 정치부장 출신으로 대언론 관계가 원만하며 충북 출신으로 인선 기준의 하나였던 '비영남'에 부합되었고, 충청도의 대주주인 김종필 최고위원, 민정계 수장인 박태준 최고위원으로부터도 호감을 받고 있다는 점 등이 긍정적으로 작용했다.…』(조선일보 1991년 5월 20일. 김교준 기자)

"내가 정말 연설 못 하는 줄 알아"

비서실장 발령이 난 다음 날부터 본격적인 활동에 들어갔다. 아침 7시에 상도동으로 출근했다. 상도동은 새벽부터 기자들로 북적거렸다. 김 대표는 새벽 조깅이 끝나는 7시 30분경, 어김없이 부친에게 문안 전화를 드렸다.

"예, 접니다. 별일 없으시지요? 알았습니다. 내일 전화 드리겠습니다."

마산에 계신 부친 김홍조 옹에게 드리는 문안 전화는 1년에 하루도 거르는 날이 없었다. 유엔총회 참석차 미국 뉴욕에 머물 때도 문안 전화는 잊지 않았다. 김 대표의 효심은 그동안 언론에도 여러 번 보도되었다.

2008년 1월 10일, 김 대통령 80회 생신 기념 축하회가 롯데호텔에서 열렸다. 그날 김덕룡 의원은 건배사 중에 "김 대통령은 하루도 빠짐없이 마산에 계신 아버님께 전화를 올립니다." 하고 그분의 효심을 다시 한 번 상기시켰다.

문안 전화도 전화지만 생존해 계신 부모님께 대통령이 된 모습을 보여드린 김 대표야말로 부모님께 가장 큰 기쁨을 안겨드린 아들이 아니겠는가.

나의 첫 임무는 민정계와 민주계 사이에 가로놓인 담을 헐어내는 일이었다. 당사의 김 대표실 입구에 방을 만들었다. 그러고는 우선 충청도에서부터 시작해 과거 언론계 선후배, 대학 선후배 등 가까이 지내는 민정계 의원들에게 일일이 전화를 걸었다.

비서실장 시절 김영삼 당 대표와 일정을 협의하는 필자.

"비서실장으로 들어왔는데 방 구경 한번 오라."고 권유했다. 전화를 받은 의원들은 일부러 찾아오는 의원도 있었고 다른 일로 당에 왔다가 들르는 의원도 있어 사무실이 제법 활기를 띠었다. 방문한 의원들을 김 대표 방으로 안내해 차를 한 잔씩 나누도록 했다.

오랫동안 상반된 입장에서 대립관계에 있던 3개의 정당이 합당을 했다고 하루아침에 색깔이 같아질 수는 없었다. 3당 합당하고 당 대표최고위원이 되었다 해도 민정계 의원들은 김 대표 옆방에까지 왔다가도 그냥 지나쳐버리기 일쑤였다.

내가 비서실장 자리에 들어간 뒤 민정계 의원들의 발길이 조금씩 대표위원실로 모였다. "이제 정말 당 대표 같은 분위기가 돈다."고 비서실 민주계 당원들은 모두 반가워했다.

그해 6월 20일, 민주당정권 시절에 잠시 실시하다가 중단된 지방의회 선거가 30여 년 만에 다시 부활되었다. 선거 결과는 민자당의 큰 승리였다. 이 기세를 타고 김영삼 대표는 다음 해에 치를 대선을 목표로 걸음을 빨리했다.

지방의회 선거가 민자당 대승으로 끝난 뒤 6월 27일, 첫 당무회의가 여의도 당사(현 극동 VIP 빌딩)에서 열렸다. 이날 사회봉을 잡은 김영삼 대표는 "지금부터 국무회의를 시작하겠습니다." 하고는 의사봉을 탕탕 두드렸다.

당무위원들은 어리둥절했다. 곧 폭소가 터졌다. 당무회의를 대통령이 주재하는 내각의 국무회의로 착각한 것이다. 그날 참석자들은 "지방의회 압승으로 마음은 이미 대통령이 되어 있는 것 같다."고 꼬집기도 했다.

닷새 후인 7월 1일, 광주에서 영·호남 목회자 주최로 '나라를 위한 구국기도회'가 열렸다. 이 행사는 영·호남지역 간의 화합을 위해 교계에서 마련한 자리였다.

아침 비행기 편으로 손명순 여사와 함께 광주로 내려간 김 대표는 그길로 망월동 5·18 묘역을 참배했다. 지방의회 선거 전 박준규 의장이 5·18 묘역을 방문했다가 일부 시민들의 저항을 받았다. 묘지 입장을 가로막던 한 젊은이가 박 의장을 수행한 박희태 대변인을 가리키며 "저거 정창화다." 하고 소리를 질렀다.

광주 5·18 국립묘지를 참배하는 김영삼 대표 내외. 흰 옷 입은 손여사 오른쪽이 필자.

  광주청문회에서 맹활약을 한 정창화 의원에 대한 불만이 그때까지 사그라지지 않았던 것. 젊은이들이 "정창화 너." 하면서 멱살을 잡는 바람에 박 대변인이 큰 곤욕을 치렀다.
  불과 한 달 전에 이런 일이 있었기 때문에 김대표 일행은 참배 일정을 일체 외부에 알리지 않았다.
  김 대표 일행이 분향을 마치고 정문 쪽으로 나가고 있을 때 어느

김영삼 대표와 김대중 총재는 사소한 일에도 서로 보이지 않게 신경을 곤두세웠다.
왼쪽부터 김대중 총재, 조부영 의원, 박희태 대변인, 민관식 고문, YS, 필자.

의원이 "오늘은 아주 조용하게 잘 끝났습니다."라고 지난번 박 의장 때를 생각하며 다행스러워하자 뒤따라가던 박희태 대변인이 "좀더 걸어가봐야 압니다." 한마디를 덧붙여 모두 웃었다.

묘지 참배에는 서울서 내려간 대변인, 비서실장 등 수행원 외에 광주, 전남의 민정계 지구당 위원장으로는 이도선(4선 의원 역임) 씨 한 분만 참석했다.

기도회에 참석하기 위해 좀 늦게 광주에 내려온 김대중 평민당 총재는 보라는 듯이 당 소속 경상도 출신인 허만기, 최봉구, 이동근, 이수인 의원 등과 묘지를 참배해 김 대표와의 차별성을 언론에 부각시켰다.

무등산 관광호텔에서 열린 이날 기도회에서 김 대표는 지역주의를 꼭 타파해야 한다고 열변을 토했는데 목회자들의 반응이 상상 외로 좋았다. 강당이 떠나갈 듯한 박수를 받았다.

그날 연설은 매우 감동적이었다. 행사가 끝난 뒤 김 대표를 모시고 시내로 들어오는 차중에서 "오늘 연설은 정말 훌륭하셨습니다." 느낀 대로 말씀을 드리자 김 대표는 싱긋 웃더니 "내가 연설을 하면 김대중 파들이 YS 연설 못 한다고 소문을 내서 정말 못 하는 줄 아는 사람들이 많다."고 했다.

김영삼 대표와 김대중 총재는 이같이 사소한 행사나 일정, 언행 등에서도 서로 보이지 않게 신경을 곤두세웠다.

YS가 들려준 젊은 날 이야기

김영삼 대표는 작은 행사라도 거의 빠지지 않고 참석했다. 행사장 입구에서부터 참석자들과 일일이 악수를 나누곤 했다. 어느 때는 진행을 맡은 사회자가 시간이 다 되어서 쫓아와 끌다시피 단상으로 모시고 올라가기도 했다.

대통령으로 취임한 뒤에도 마찬가지였다. 취임 두어 달 후에 경찰대학 입학식이 있었다. 식이 끝나갈 때 멀리 떨어진 학부모석에서 손을 흔들며 환호를 보냈다. 김 대통령은 그곳으로 걸어가 수많은 학부모들과 일일이 악수를 나누었다. 가끔 예정에도 없는 즉흥

행사로 경호실이 진땀을 빼곤 했다.

각종 행사에 참석하고 돌아오는 차 속에서 또는 행사와 행사 사이의 남는 시간에 김 대표와 나는 많은 이야기를 나누었다. 한번은 《정치인이 유머가 없으면 인기가 없다》는 책을 보았다고 했더니 크게 웃으면서 젊었을 때 겪었던 일을 들려주었다.

그 하나,
8·15 해방 무렵 거제도에 살 때 일이다. 집에 지능(I.Q)이 좀 모자라는 범이라는 총각이 일꾼으로 있었다. 하루는 아버지 김홍조 옹이 "범이야, 너 내일 아침 일찍 읍내 좀 갔다 와야겠다."고 말했다. 읍내에 가서 사 올 물건이 몇 가지 있었다. 집에서 읍내까지는 왕복 3, 40리는 족히 되는 길이었다.

다음 날 아침 읍내로 심부름을 보내려고 범이를 찾는데 보이지를 않았다. 온 동네를 다 찾아보아도 없었다. 육지로 도망갈 위인도 못 되는데 감쪽같이 없어져 온 동네 사람들이 골목마다 찾아다녔다. 끝내 못 찾고 걱정을 하고 있는데 해가 중천에 왔을 때 온몸이 땀으로 흠뻑 젖은 범이가 사립문 안으로 들어섰다.

"도대체 어딜 갔다 오는 거냐?"
식구들이 모두 쫓아 나와 반갑게 범이의 손을 잡았다.
"할아버지가 오늘 아침 일찍 읍내 갔다 오라고 해서 지금 다녀오는 길"이라고 했다.

이 이야기를 할 때 김 대표는 어린아이처럼 천진스럽게 허리를 잡고 웃었다.

그 둘,

김영삼 대표는 식사를 매우 빨리 했다. 입에 맞는 음식이 있으면 아예 빈 접시에다 수북히 덜어 놓고 모두 비운다. 호텔이나 요정에서 여러 사람들과 음식을 들 때도 그랬다.

당무위원 급 당 간부 20여 명과 63빌딩 중국관에서 오찬을 할 때였다. 김 대표 앞에 제일 먼저 음식이 놓인다. 그러면 김 대표는 종업원이 끝자리에 음식을 다 놓기도 전에 벌써 접시를 비우곤 했다. 오찬이 끝난 뒤 당사로 돌아오는 차중에서 나는 식사 때의 얘기를 했다.

"다른 분들 접시에 음식이 다 놓이면 그때 같이 드시는 게 좋겠어요. 김 대표께서 먼저 드시고 앉아 계시면 다른 사람들은 제대로 음식을 들 수가 없어요."

이 말을 듣던 김 대표는 큰 소리로 웃으면서 식사습관이 빨라진 내력을 얘기했다.

"해방 후 대학 다닐 때 서울대학교 근처에서 하숙을 했지. 하숙생이 열댓 명 되었어. 아주 전문적인 하숙집이었지. 아침밥을 차려 놓으면 우~ 몰려가 밥을 먹었는데 조금만 늦게 가든지 밥 먹는 속도가 늦으면 괜찮은 반찬은 금세 빈 접시가 되더라고. 빨리빨리 먹어야 반찬을 한두 점 더 먹을 수 있었다고. 그때부터 밥 빨리 먹는 습관이 생겼어. 평생 습관이 되어 버렸어."

최형우 장관에게서 들은 얘기다. 민주화투쟁 시절 민주산악회는 이름 그대로 등산을 자주 했다. 등산을 하다가 점심시간이 되면 대열은 걸음을 멈추고 식사들을 하는데, YS의 식사속도가 어찌나 빠른지 뒤에서 따라오던 당원들이 도시락을 꺼내기도 전에 YS는 벌써 식사를 끝내고 일어선다는 것이다. 뒷줄 대원들은 걸어가면서 김밥을 먹었다고 한다.

그 셋,
해방 후 서울대학교에 다닐 때 일이었다. 방학 때 거제에 내려가 있다가 개학이 되어 상경하는데 어머니가 하숙집에 갖다 드리라면서 소금에 절인 생선을 가마니에 담아 부산까지 나와 기차에 실어 주었다. 그 생선은 남해안에서만 잡히는 고급 생선인데 비린내가 많이 났다.

그 당시 부산역에서 밤차를 타면 다음 날 한낮이 지나서야 서울역에 도착했다. 냄새가 나지 말라고 몇 겹씩 꽁꽁 싸맨 생선 가마니를 등에 지고 끙끙대며 서울역 앞 광장까지 나와 지게꾼을 불러 생선 가마니를 지워가지고 돈암동까지 걸어서 하숙집에 들어갔다.

반가워하는 하숙집 아주머니에게 "고향에서 어머니가 보내는 고급 생선인데 드셔보시라."며 짐을 내려놓았다.

수돗가에서 가마니를 풀던 하숙집 아주머니는 코를 막으며 "이런 냄새나는 것을 어떻게 먹으라고 가져왔느냐."면서 다 풀어보지도 않고 쓰레기통에 갖다 버렸다. 원래 비린내가 심하게 나는 생선이라고 말했지만 이미 쓰레기통에 버린 뒤였고 정성껏 싸 주신 어머니에게 죄송했다고 회고했다.

유엔총회 현지에서도 조깅

1991년 9월의 유엔총회는 우리나라에 각별한 의미가 있었다. 분단된 한반도의 남북 양측이 동시에 유엔에 가입하는 역사적인 총회였다. 가입식이 끝난 뒤 노태우 대통령이 유엔총회에서 연설을 하기로 되었다.

이 뜻 깊은 행사에 정치권도 적극 동참한다는 의미로 김영삼 대표최고위원도 노 대통령 연설에 참석키로 했다.

노 대통령은 연설 전날 전용기 편으로 오기로 하고 김 대표는 앞당겨 9월 18일 출국했다. 다음 해 대통령 경선과 국회의원 총선을 앞두고 아직도 물밑으로는 선 후보 후 총선이냐, 선 총선 후 후보냐 하는 일정 문제로 계파간 신경전이 예민할 때라 수행원도 단출했다.

비서실장을 포함해 5명뿐이었다. 가능한 한 당내의 신경을 건드리지 않겠다는 생각에서였다. 14명의 수행원을 거느렸던 소련 방문과는 대조적이었다.

가는 길에 일본에 들러 이틀간 머물며 일본 정계 지도자들과 면담을 가졌다. 가던 날 저녁 100여 명이 들어가도 남을 다다미가 깔린 넓은 홀에서 화식 만찬이 벌어졌다. 한·일 의원연맹 일측 회장인 다케시다 전 총리가 주재하는 자리로 일본 측 의원들이 수십 명

유엔총회에 참석한 한국대표단. 3열 왼편에서 두 번째가 필자.

참석했다.

먼저 인사말에 나선 다케시다 회장은 "민주주의를 위해 그동안 투쟁해 온 김영삼 대표를 존경하고 환영하는 바다. 최근 일본에는 유행어가 있다. 여자 스커트 자락 하고 식탁 앞에서 연설은 짧을수록 좋다고 한다. 이만 줄이겠다."

간단하면서도 분위기를 살리는 재치 있는 인사말이었다.

이 말을 기억하고 있던 나는 지난 2001년 북한 대표들이 서울에 왔을 때 이 말을 인용했다가 크게 당황한 적이 있다.

북한 대표단을 위한 만찬이 롯데월드에서 열렸다. 한나라당을 대표해 내가 참석했는데 헤드 테이블에 자리가 정해져 있었다. 남·북한 대표가 만찬사를 하는데 40분이 지나도 끝나지 않았다. 기자들이 취재차 헤드 테이블 옆에 진을 치고 인사말 내용을 적고 있었다.

내가 옆에 앉은 북한 대표에게 "우리 남한에는 여자 스커트와 식사 때 연설은 짧을수록 좋다는 말이 있다."고 하자 남·북한 기자들이 이 말에 귀를 기울였고 옆자리에 앉은 북한 대표는 잘 이해가 가지 않는 표정이었다.

만찬이 거의 끝날 무렵 신안균 보좌관이 쫓아왔다. 연합통신에 "남·북 대표단 만찬에서 신경식 의원이 북한 대표에게 여자 스커트는 짧을수록 좋다고 말했다." "북한 측에 품위 없는 여성 비하 발언을 하여 비난을 샀다."고 보도되었다는 것이다. 밤늦게까지 각 신문사에 해명을 하느라 진땀이 났다.

김 대표는 2일간 도쿄에 머무는 동안 가이후 총리, 이시라 공명당 위원장, 다나베 사회당 위원장, 오우치 민사당 위원장 등 일본 정계 거물을 거의 다 만났다. 그들은 김 대표를 차기 대통령으로 100% 확신하고 있는 것 같았다.

기분 좋게 일본 일정을 마치고 뉴욕으로 떠났다. 센트럴 파크 옆에 있는 플라자 호텔에 여장을 풀었다. 노 대통령도 같은 호텔에 묵었다. 도쿄에서나 뉴욕에서나 새벽 일정은 똑같았다.

새벽 6시경 일어나 조깅을 하는 것이다. 도쿄에서는 뉴오타니

호텔 옆 제방을 달렸다. 뉴욕에서는 바로 호텔 옆에 있는 센트럴 파크의 숲 속을 달렸다. 공원이 워낙 커서 한 바퀴 다 돌려면 한 시간도 더 걸렸다.

새벽마다 30분씩 달렸다. 불량배들이 숲 속에 숨어 있다가 뛰어나와 지갑이나 시계를 털어간다는 말이 있어 매일 아침 시계를 풀어 놓고 조깅을 했다.

노태우 대통령은 유엔총회 연설을 하루 앞둔 23일 저녁(한국 시간 24일) 조지 부시 대통령이 묵고 있는 월도프 아스토리아 호텔 35층에서 한·미 정상 회담을 가졌다.

이 자리에 김 대표도 동석했다. 노 대통령은 "오랜 야당 생활을 하면서 한국의 민주주의를 위해 노력해 온 분"이라고 특별히 김 대표를 소개했다.

노 대통령이 소개하고 부시가 김 대표와 반갑게 악수를 나누는 사진이 외신을 타고 전 세계로 전송되었다. 우리나라 언론들도 이 사진을 대대적으로 게재했다.

그러나 정작 한국 기자들은 이 장면을 찍지 못했다. 백악관 공보담당자 말에 의하면 미국 대통령이 외국 원수와 면접할 때, 우선적으로 백악관 출입기자들이 사진을 찍고 난 뒤 외국 기자들이 들어가 사진을 찍도록 되어 있다는 것이다. 우리나라 기자들이 들어왔을 때는 이미 악수가 끝나고 의자에 앉아 대화를 나눌 때여서 이 장면을 찍지 못했다.

24일, 한국의 통일방안 3대 원칙을 제시한 노 대통령의 유엔총회 연설은 전 세계 유엔 대표들의 박수 속에 성공적으로 끝났다.

뉴욕에 머무는 동안 김 대표가 야당 시절 같이 민주화운동을 했던 교민 대표들이 호텔로 많이 찾아왔다. 그들은 김 대표가 3당을 합당해 집권당 대표최고위원 자격으로 미국에 온 것을 진심으로 환영하고 자기 일같이 기뻐했다. 김 대표를 위해 뉴욕에서 거점 역할을 하던 김혁규(경남지사, 17대 국회의원 역임) 씨는 김 대표를 위해 매일 새벽부터 밤늦게까지 뒷바라지를 했다. 이름도 모르는 한 교포는 "김 대표를 잘 모셔달라."면서 양주 한 병을 선물로 내 방에 놓고 가기도 했다.

YS의 제주 구상

제14대 대통령 선거를 1년 반 앞두고 1991년 중반 민자당 내에서는 대통령 후보 선출 방법과 그 시기를 둘러싸고 민정계와 민주계 사이에 암투가 치열했다.

김영삼 대표는 장수가 있어야 전쟁을 이길 수 있다는 논리로 1992년 4월 국회의원 총선 전에 대통령 후보를 선출해야 한다고 주장했다. 대통령 후보가 먼저 정해져야 국회의원 선거에서 유리하다는 것이었다.

이에 반해 민정계 측은 총선을 앞두고 당의 분열을 초래할 우려가 있으니 총선 후에 대선 후보를 선출해야 한다는 주장이었다. 그 이면에는 노태우 대통령의 임기가 1년 6개월도 더 남았는데 미리

부터 차기 대통령 후보를 선출해 현 대통령을 레임덕으로 몰아가서는 안 된다는 논리가 깔려 있었다.

한편 김 대표로서는 총선 전에 대선 후보로 지명되어야 차기 총선의 공천에 영향을 미칠 수 있어 절대적으로 조기 지명이 절실한 입장이었다. 김 대표의 선 후보, 후 총선과 민정계의 선 총선, 후 후보 주장은 연말까지 정가의 뜨거운 감자로 나돌았다.

8월 초 김 대표는 여름휴가를 위해 가족과 함께 제주도로 떠났다. 당에서는 비서실장인 나만 따라나섰다.

언론에서는 선 후보 후 총선에 대한 제주 구상이 나올 것이라면서 제주 휴가를 비중 있게 다루었다. 때가 때인지라 각 신문사 출입기자들이 거의 다 따라나섰다. 김 대표는 순수하게 휴가를 즐겼다.

휴가 이틀째, 배를 내어 한림 앞바다에 나가서 낚시를 했다. 희한하게 김 대표 낚시에만 큰 고기가 자주 물렸다. 가족들이 배에 죽 둘러앉아 낚시를 담그고 있는데 김 대표 낚시에는 쉴 새 없이 고기가 물려 올라왔다.

"고기도 섬사람을 알아보나봅니다."

나의 말에 모두들 한바탕 웃었다.

"니, 나 모르나? 난 걸음보다 수영을 먼저 배웠지 않나, 낚시도 국민학교 들어가기 전에 벌써 다 배웠다고."

우리는 또 한바탕 웃었다.

경주를 방문해 기념 식수하는 김영삼 대통령과 필자(가운데), 김윤환 의원(오른쪽).

2~3일 후 김윤환 총장이 제주로 내려왔다. 민정계에서 서서히 친 YS와 반 YS로 세력이 나뉘는데 김윤환 총장은 친 YS로 기울고 있었다.

김 총장은 민정계에서 YS 쪽으로 기우는 세력이 많아지고 있으니 노태우 대통령을 자극할 필요가 없다고 말했다. 김 총장 말에 YS도 심정적으로 동조하고, 두 사람은 당분간 선 후보 주장을 표면화하지 않기로 얘기가 되었다. 당시 발표되지 않았던 이야기다.

제주 구상은 바로 드러나기 시작했다.

상경 후 기자들 질문에 나는 "김 대표의 제주 구상은 당내 세력의 분열을 방지하고 3당 통합 이후 정국 안정을 계속 견지하는 데 있다."고 성명을 냈다. 당분간 조용히 지켜보고 있겠다는 뜻이었다.

그 후 연말까지 대선 후보 조기 지명설은 수면 밑으로 잠적했다.

14대 총선 1만 5천 표 차이로 재선

1992년 연말에 실시될 대통령 선거를 앞두고 후보 지명 시기를 둘러싼 민정, 민주계의 팽팽한 샅바 싸움은 결국 민정계의 판정승으로 끝났다.

1992년 3월 25일에 치러지는 제14대 국회의원 선거 이전에 대선 후보를 지명해야 한다고 주장하던 YS는 민정계가 독자 후보를 내세워도 물리칠 자신감이 생기자 지명 날짜만 확실히 정해지면 따라가겠다고 한발 양보했다.

이른바 언론들이 신민주계라고 이름 붙인 민정계 YS 지지파 숫자가 지구당 위원장 절반에 육박했다. 합당 시의 민주계 세력은 민정계의 5분의 1이었다. YS의 정치력이 세력을 크게 키워놓았다.

대선을 1년 앞둔 1991년 11월 하순 노태우 대통령은 다음 해 5월 중순에 대선 후보 지명 대회를 열겠다고 언명했다. 3월 총선이 끝나고 2개월 정도의 시간이 있으므로 민정, 민주 양 계파가 모두 이를 받아들였다.

이제 고지는 총선이었다. 각 계파별로 공천을 둘러싸고 피나는 경쟁을 했다. YS 측근으로 공천에 탈락한 조홍래 전 의원(함안·의

국회의원 선거 합동 유세장에서 연설하는 필자.

령), 백영기(서울 도봉구 지구당 위원장) 씨 등은 상도동에 찾아와 눈물 어린 호소를 했지만 구제되지 못했다.

후에 YS가 청와대에 들어간 뒤 조홍래 씨에게는 정무수석 자리를 맡겼다. 마음에 두었던 사람은 뒤늦게라도 구제하는 YS의 성격을 잘 알고 있는 그들은 탈락 후에도 돼지를 기르고 배추를 심으면서 YS의 주변을 떠나지 않았다.

나는 비서실장을 역임한 덕분으로 공천에는 신경 쓰지 않았다. 지역구에서는 '총선 후 YS가 대통령 후보로 선출될 것이고, 연말에 대통령이 되면 신경식은 훨씬 중요한 요직으로 갈 것이다, 그렇게 되면 우리 지역은 다른 어느 지역보다 예산을 더 많이 확보하고 크게 발전할 것이다' 라는 당원들의 홍보 논리 전개가 그대로 유권자들에게 먹혀 들어가는 분위기였다.

청원군 지역에는 전직 재선 의원인 김현수 씨, 학생운동으로 투옥되어 고생한 운동권 출신 신언관 씨 등이 야당 후보로 출마했다.

투표일을 10여 일 앞둔 3월 중순, 강내초등학교 교정의 합동 유세장에서 있었던 일이다. 상대 후보가 연설을 시작하자 그 후보의 지지자들이 운동장이 떠나가라고 함성을 지르며 박수를 쳤다.

차례가 되어 내가 단상으로 올라가 연설을 시작하자 "우-우~." 하고 야유를 쏟아냈다. 선거 유세장에서 흔히 있는 작전이다. 배에 힘을 넣고 침착하려고 해도 열이 올랐다. 그때 번뜩 민기식 의원 생각이 떠올랐다.

"내 연설에 저렇게 깊은 관심을 표해주는 젊은이들에게 박수 한 번 보냅시다." 하고 야유하는 젊은이들에게 박수를 보내주었다. 야유가 뚝 그쳤다.

10대 국회의원 선거 때, 민기식 의원은 심리전에 말려 선거에서 참패를 당했다. 한 지역구에서 두 사람을 뽑는 중선거구 제도였는데 청원군에서는 민기식(공화), 이민우(신민, 국회 부의장 역임), 김현수(통일, 2선 국회의원 역임) 세 후보가 경합했다.

합동 유세장에서 민기식 후보가 단상에 올라가자 반대쪽에서 "우-우~." 하고 야유를 퍼부었다. 육군대장 출신의 민 장군은 불같은 성질을 참지 못해 유세 도중 "내 연설 듣기 싫은 사람은 빨리 나가요." 마이크에 대고 소리를 버럭 질러버렸다.

정일권 의장이 나의 유세 장면을 아픈 몸으로 끝까지 지켜보아주었다. 가운데 정 의장, 오른쪽 필자.

 기다렸다는 듯이 젊은 패들이 "유권자 무시하는 후보 우리는 필요 없다."는 미리 준비한 구호를 외치며 우우 떼를 지어 운동장을 빠져나가버렸다. "군에서 별 4개씩 달더니 눈에 보이는 것이 없다."는 소문이 삽시간에 유권자들 사이에 퍼졌다.
 당시 두 사람 뽑는 선거에서 여당인 공화당 후보가 90% 넘게 당선될 때 이 사건으로 민 장군은 세 사람 중 3등으로 낙선했다. 당락에는 심리전도 한몫했다.
 14대 총선에서 나는 차점자와 1만 5천 표 이상의 표차로 압승했다. 이로써 재선의원 반열에 올랐다.
 이 선거에서 잊혀지지 않는 일이 있다. 나를 아껴주던 정일권 의

14대 총선에서 필자는 차점자와 1만 5천 표 이상의 표차로 압승했다. 당선 축하연 모습.

장이 당시 건강이 좋지 않았음에도 불구하고 현지에 내려와 나의 유세 장면을 끝까지 지켜보아주었던 일이다. 별 직책이 없던 정 의장은 선거자금에 보태라고 과거 선물로 받았던 행운의 열쇠까지 건네주었다. 급한 김에 팔아 썼다. 지금 생각하면 그 열쇠를 기념으로 보관하지 못한 것이 못내 아쉽다.

66% 지지로 YS 대선후보 확정

민자당은 1992년 3월 24일에 실시한 제14대 국회의원 총선거에서 최소한 60%의 당선은 무난할 것으로 내다보았다. 당 수뇌부에서는 지나친 압승은 대선을 앞두고 후유증이 있을지도 모른다는 걱정까지 했다.

그러나 3당 합당하고 커져버린 조직으로 막상 선거를 치르고 보니 민자당 당선자 수는 과반수를 넘지 못했다. 특히 김종필 최고위원이 이끌어 온 공화계가 13대 국회에 비해 절반으로 줄어들었다. 김 최고위원은 책임을 통감하고 사의를 표명했다.

총선 결과를 놓고 언론들은 '민자당 참패, 민주당 약진, 국민당 돌풍, 무소속 이변'이라고 민자당을 내리깔았다. 국민당이 전국구까지 31석이나 차지했다. 정주영 현대그룹 회장이 대권을 내다보고 급히 만든 정당이었다.

정가는 총선 이후 연말로 다가선 대통령 선거를 향해 치달았다. 민정계 중 YS를 후보로 지지하는 세력이 주축이 되어 총선 끝나고 일주일 만에 '김영삼 대통령후보 추대위원회'를 결성했다. 김윤환 총장이 실무를 지휘하고 나는 YS와 추대위 간의 연락을 맡았다. 추대위에서 진행되는 여러 가지 상황을 YS에게 그날그날 보고하면 YS는 시정할 점과 추대위에 꼭 참여시킬 인사들을 지명해주었다.

그때만 해도 정치자금이 많이 필요할 때였다. 자금이 제대로 돌아가지 않자 추대위를 총괄했던 김윤환 총장은 내게 짜증을 냈다.

"니 뭐하노, 뭐 돌아가는 게 있어야 일을 해먹지 않나. 상도동 가서 그래라. 어려워 일 못 하겠다고."

국회 본회의장에서 김종필 최고위원과 필자.

그러나 나는 그때의 여건상 허주의 말을 그대로 전하지 못했다. 도리어 YS에게 "어려운 여건이지만 열심히들 합니다. 허주는 밤잠도 못 자고 뛰더라고요."라고 보고했다. 나의 보고에 YS는 흡족한 표정이었다.

그 후 자금문제로 혹시 두 분의 관계가 언짢아질까 걱정되었지만 잘 참고 넘어갔다.

민정계는 두 파로 갈렸다. YS 추대위에 맞서 민정계의 반YS 핵심인사들은 7인 협의회를 구성하고 이종찬(국정원장 역임) 의원을 다음번 대선의 단일 후보로 선정했다.

박태준 최고위원과 이종찬, 박준병, 이한동, 심명보, 박철언, 양창식 의원 등 7인위원회에는 YS 추대위원회보다 중진들이 더 많이 참여했다.

7인위 측의 온갖 화살을 허주 김윤환 홀로 받아내었다. 양측은 하루도 시비가 그칠 날이 없었다. 노태우 대통령의 동서 되는 금진호 의원과 처남인 김복동 의원이 YS를 밀고 있었는데 이것은 노 대통령의 뜻이나 다름없다면서 7인위는 노 대통령을 겨냥한 성명을 수시로 발표했다.

5월 19일로 경선 날짜가 확정되었다. 5월 15일엔 정주영 현대그룹 명예회장이 국민당 대선후보로 선출되었다. 민주당은 DJ가 100% 내정된 상태였다.

그때까지도 민주계 YS와 민정계 이종찬 사이에서 결정을 못하고 있던 다수의 민정계 대의원들은 두 당의 후보가 뚜렷해지자 꼭 될 사람을 후보로 뽑아야겠다는 강박감이 생겼다.

대세가 YS 쪽으로 기울어지자 경선 투표 이틀 전, 이종찬 후보가 불공정 경선을 문제 삼아 경선 거부를 선언했다. 투표는 예정대로 진행되었다.

민주화투쟁의 선두에서 3당 합당까지 이룩해낸 거산 김영삼은 숱한 고비를 넘기고 대의원 66%의 지지를 받으며 민자당 제14대 대통령 후보로 확정되었다.

나는 경선소감을 묻는 기자들에게 "민주주의다운 선거 아니냐, 압승보다 모양새가 더 좋았다."고 말했다. 이종찬 후보가 사퇴했음에도 불구하고 30% 이상 지지를 받은 데 대한 논평이었다. 신문들이 큼지막하게 제목으로 뽑아주었다.

　YS가 3당 합당을 주도해 후보로 정해진 그날까지 나는 일요일 외에는 하루도 빠지지 않고 새벽마다 상도동으로 출근했다. 아침은 부엌 옆에 있는 식당에서 기자들과 시래기국밥으로 때웠는데 거제도 멸치에 된장을 풀어 넣은 그 시래기국은 소문이 났을 정도로 맛이 있었다.

　대통령이 될 때까지 9선 국회의원 동안 YS집에서 끓여낸 시래기국밥은 아마 몇 만 그릇도 넘었을 것이다. 과거 YS와 같이 야당 한 사람들 치고 상도동 시래기국밥을 먹지 않은 사람은 거의 없었다.

본인도 모르게 비서실장 해임

　집권여당의 대통령 후보로 정해진 YS에게 가장 급한 일은 노태우 현직 대통령과의 관계 개선과 지원 문제였다. 노 대통령이 임기 말의 레임덕에 빠진다 해도 어쨌든 대선을 주재하는 대통령인 만큼 노 대통령과의 관계는 무엇보다도 중요했다. 그동안 경선 일정, 절차 등을 둘러싸고 노 대통령과 YS는 험한 일도 몇 번 겪었고 앙금이 가시지 않는 부분도 적지 않았다.

　대선 후보 조기 가시화 문제로 대립하고 있을 때, 하루는 청와대 단독 주례회의를 마치고 상도동으로 밤늦게 돌아온 YS가 응접실에서 기다리고 있던 수십 명의 기자들을 본 척도 하지 않고 2층으

기내에서 김 대표와 이야기를 나누고 있는 필자.

로 올라가버렸다. 전에 없던 일이었다. 다음 날 아침 신문에 『어제 청와대 주례회동에서 노·김 갈등』으로 기사가 났다.

새벽에 상도동으로 갔다. YS가 신문을 보다가 옆으로 내던지면서 "내 어제 봉투를 확 집어던질려다 말았다."고 했다. 아직도 전날 청와대 회동에서 격앙되었던 감정이 풀리지 않은 것 같았다.

YS가 대선 후보 조기 경선을 주장하며 논리를 뒷받침하는 여론조사 등의 자료를 봉투에 담아 내놓았는데 노 대통령이 이를 무시해버렸던 것 같았다. 이제는 후보로 정해진 만큼 지난날의 여러 가지 앙금을 씻어내는 일이 중요했다.

경선이 끝나고 2주일쯤 지난 6월 5일 오후였다. 동아일보 김동철(동아일보 편집국 부산 경남본부장) 기자와 한담을 하다가 여의도 나루터에 가서 바람이나 쏘이자고 강가로 나왔다. 당사에서 강변까지는 걸어서 10여 분 거리였다.

오리 형상을 한 보트들이 한가롭게 줄에 매어 있었다. "오리 배 한번 타보자." 보트를 타고 30분 동안 노를 저으며 오랜만에 한가한 시간을 보내고 당사로 돌아오니 기자들이 방에 가득했다.

기자들은 "소감이 어떠냐?"고 물었다.

'무슨 소감? 그새 무슨 큰 사고가 난 것인가?' 나는 속으로 의아했다.

"좀 전에 비서실장이 교체되었는데 당사자가 그것도 몰랐느냐?"

후임으로 현 공보처 최창윤 장관이 임명되었다고 했다. '아무리 인사가 비밀이라 하지만 본인도 모르게 감쪽같이 교체를 하다니' 순간 섭섭한 생각이 스쳐갔으나 태연하지 않을 수 없었다.

"인사문제 말이오? 그거 벌써 끝난 일인데 이제 발표했나? 지금 김 기자 하고 한강에 가서 보트 타고 오는 것 봤잖아. 내 할 일은 끝났다고. 새 술은 새 부대에 담아야지."

다음 날 신문에 인사 뒷이야기가 났다.

『김학준 청와대 대변인 발표에 의하면 노 대통령이 비서실을 강화해야 한다고 권유한 데 대해 김 대표는 적임자를 천거해줄 것을 요망했고 이에 노 대통령은 당정 경력이 풍부한 최 공보처장관을 추천, 임명하게 된 것이다.』(서울신문 1992. 6. 6.)

그날 저녁 YS는 나를 불러 "대선기획단에서 일을 보라."고 했다. 기자들에게도 나의 거취에 대해 직접 언급을 했다.

최창윤 장관은 나와는 당에도 함께 있었고, 육사 출신으로 정일권 의장과도 가까운 사이였다. 대선을 앞두고 노 대통령은 YS 주변에 자신의 측근이 필요했을 것이다. 노 대통령의 육사 후배였고, 청와대에서 정무수석 비서관을 맡았었고, 또 내각에서 공보처장관에 재임 중이던 최창윤 씨는 그 자리가 말하듯이 노 대통령의 심복이었다. 내 후임으로 적격이라고 생각되었다.

다음 날 저녁 YS는 나와 단둘이 식사를 하며 그간의 노고를 위로하고 전별금까지 쥐어 주었다. 3당 합당에서 대선 후보 확정까지 꼭 1년 2개월 동안 나는 상도동을 드나들며 YS를 위해 최선을 다했다.

저녁을 들면서 만감이 교차했다. 함께 고생한 자식들이 부잣집으로 재가하는 부모님을 대하는 심정이었다.

"어떤 일을 맡든 당선을 위해 최선을 다하겠습니다."

나는 심정 그대로를 말씀드렸다.

문민정부 개각 1호

당원교육 현장으로

비서실장 자리를 내놓고 10여 일 후 중앙정치연수원장으로 발령이 났다. 내 전임 연수원장은 이도선(4선 의원 역임) 의원이었다. 다소 상징적인 자리였지만 당 서열이 높아 평소에는 4선급 중진 의원이 맡았다. 대선이 임박한 시점에서 YS는 연수원을 당원교육의 현장으로 100% 활용하겠다는 의욕을 보였다. 대선이 6개월 정도 남은 시점이었다.

나는 취임하는 날부터 일을 시작했다. 부원장으로 홍세기 의원, 윤원중 의원 등을 임명하고 회의장, 건물 복도, 식당에 걸린 노태우 대통령의 사진들을 모두 떼어낸 뒤 상도동에 쌓여 있던 YS의

연수원에 걸린 김영삼 후보 걸개 사진.

민주화투쟁 사진들을 그 자리에 걸었다. 홍인길 비서실 차장에게 주문해 YS 초상화를 대형 걸개로 만들어 오도록 했다.

수일 후 가로 세로가 6m, 7m 되는, 2층 건물 벽을 전부 덮을 만한 크기로 만들어진 초상화를 건물 바깥에 걸었다. 연수원 정문에 들어서면 초상화가 한눈에 들어왔다.

준비를 끝낸 뒤 본격적으로 당원교육에 들어갔다. 교육 대상자는 전국 각 지구당의 부위원장, 지역장, 관리장, 여성회장 등 당 간부들이었다. 1박 2일 코스로 1회에 250명씩 연수원에 들어와 5개월 동안에 1만 8천여 명을 교육시킨다는 계획이었다. 강사는 당내 중진급 의원들과 대학 교수, 사회 저명인사들로 짰다.

첫 교육이 시작된 날 오후에 YS가 손명순 여사와 연수원을 방문

연수원장 시절, 당원 환영 오락회에서 YS가 촛불을 높이 들고 대선 필승을 다짐하고 있다. 앞줄 오른쪽이 필자.

했다.

열성 당원들은 환호성을 지르며 환영했다. 연수복을 입은 지방 당직자들과 일일이 악수를 나누고 기념으로 개별 사진을 찍었다.

YS는 사진 촬영이 끝난 뒤 연수원을 한 바퀴 돌면서 복도마다 걸린 자신의 사진과 대형 초상화 걸개를 보고 흡족한 표정으로 말했다.

"새로운 연수팀이 들어올 때마다 내가 꼭 오겠어."

그 후 이틀에 한 번씩 연수팀이 바뀔 때마다 내외분이 가락동 연수원에 들렀다. 역대 대통령 후보 중에 이렇게 많은 수의 당직자들

김재순 의장(오른쪽)과.

과 개별적으로 악수를 나누고 사진을 찍은 후보는 일찍이 없었다. 앞으로도 아마 흔치 않을 것이다.

강의가 끝나면 저녁식사 후 초청한 인기 가수들과 당원들이 어우러져 뒤풀이를 했다. 그 뒤풀이에서 YS는 '선구자' 곡 하나만을 계속 불렀지만 걱정할 게 없었다. 다음 날은 새로운 당원들이 입소하기 때문에 두 번 들은 사람이 없었다. 부산 출신 가수 현철 씨가 고정적으로 출연했다.

당원 연수 중 인기 있는 강사는 김재순(국회의장 역임) 의원과 박준규(국회의장 역임) 의원이었다. 김재순 의장은 "왜 YS를 찍어야 하는가"를 논리정연하게 설명했다.

"한고조 유방이 어떻게 왕이 될 수 있었겠습니까? 그는 행정에 있어 소하만 못했고, 군사에 있어 한신만 못했고, 두뇌에 있어서 장자방만 못했습니다. 유방은 분야별로는 참모들만 못했지만 이들 참모를 거느리고 활용하고 다스리는 데는 그 어떤 사람보다도 능력이 있었습니다. 그래서 왕이 된 것입니다. 김영삼 후보가 바로 한고조 같은 사람입니다."

그의 말은 설득력이 있었다. 당원들은 모두 머리를 끄덕였다.

박준규 의장은 원래 성격이 쾌활하고 다변이어서 말을 재미있게 했다. '와이당'(淫談) 얘기로부터 시작했다.

"사장님이 화장실엘 다녀왔는데 깜빡하고 바지 지퍼를 안 올렸어요. 여비서가 보고 '사장님, 차고 문이 열렸어요' 했더니 사장님 말씀이 '오, 미스 김, 차고 안에 있는 벤츠 8기통 봤어?' 했지요. 여비서가 얼굴을 붉히며 '그 안에 폭스바겐이 들어있던데요.' 했답니다."

교육장은 한바탕 웃음바다가 되었다.

강사로 나왔던 분들에게는 YS가 직접 서명한 기념패를 전달했다. 차기 YS정권의 보증서같이 생각되었는지 당 중진들도 연사에 넣어달라고 내게 부탁이 줄을 이었다.

11월 초순 YS의 전국 유세가 시작될 때까지 당원교육은 계속되었고 목표를 달성했다.

손명순 여사는 바쁜 일정 속에서도 연수원에만 오면 마음이 편안하다면서 YS가 참석을 못할 때도 혼자 그 많은 당원들과 끝까지 악수를 했다. 200여 명 당직자들에게 일일이 90도로 허리 굽혀 인

유세장에서 필승 다짐.

사를 하고 두 손을 꼭 잡는 일은 대단한 중노동이었다. 당원들 사이에서 손 여사의 인기가 높았다.

인수위 대변인으로

1992년 11월 20일 대통령선거 공고가 났다.

등록을 마친 후보들은 21일부터 일제히 유세에 들어갔다. 유세는 투표 전날인 12월 17일까지 계속되었다. 김영삼 후보는 쉴 새 없이 헬리콥터로 이동하며 강행군을 했다. 피로가 쌓였던 까닭인지 강원도 삼척에서는 "친애하는 유권자 여러분, 강원도는 아름다

대선기간 중 청주를 방문한 김영삼 후보와 함께.

운 지하자원도 많고……." 하여 삼척의 시커먼 석탄 덩어리가 아름다운 것이냐는 시비가 붙기도 했다. 경제를 '겡제'라고 한 사투리 발음은 YS를 지칭하는 유행어가 되었다.

이 기간 동안 YS는 헬리콥터, 버스로 총 2만 1천900km를 주파했다. 매일 서울과 부산을 왕복한 거리와 맞먹었다. 유세장에 나온 청중 수는 모두 325만 6천 명으로 집계되었다.

각 당은 유세장으로 청중을 모으기 위해 기발한 아이디어를 많이 동원했다. 여자 브라스밴드도 등장했고, 연예인도 동원되었다. 국민당에서는 대천 유세에서 스트립 걸을 등장시켜 말썽을 빚기도

인수위 대변인 임명장을 받는 필자. (오른쪽부터 김영삼 대통령 당선자, 김종필 최고위원, 정원식 인수위원장).

했다.

마침내 투표일이 다가왔다. 폭력사건 하나 없이 평온하게 투표가 진행되었다. 개표는 예상대로 YS가 계속 선두였다.

42%의 높은 득표율로 김영삼 후보가 드디어 대통령으로 당선되었다. 스물다섯 살에 전국 최연소 국회의원으로 정치에 입문해 9선을 기록하고 드디어 국가원수로 등극했다. 차점인 김대중 후보는 33.8%, 3위인 정주영 후보는 16.3%였다.

대통령에 당선된 YS의 상도동 집은 새벽부터 법석거렸다. 야당으로 오랫동안 설움을 당하며 살아온 전국의 민주계 당원들이 상도동에 찾아왔다. 이들은 모이기만 하면 어렵고 고달팠던 야당시절을 회고했다.

닭장차에 실려 경찰서 유치장으로 연행되던 일, 최루탄을 맞으며 데모하던 일 등, 역사의 한 페이지들을 자랑스럽게 증언했다. 적을 무찌르고 고지를 점령한 병사들의 후일담 같았다.

연말에 나는 서산에 있는 성완종(대아건설 회장) 후배가 부친상을 당해 상가로 내려가는 길에 잠시 상도동을 들렀다. 응접실에서 사람들에게 둘러싸여 있던 YS가 나를 보더니 복도로 데리고 나왔다. 뜰에까지 나와 주변에 사람들이 없는 것을 확인하고는 귓속말로 "니, 인수위원회 좀 해라. 대변인도 맡아." 그러고는 안으로 들어가버렸다. YS가 인사 소문나는 것을 얼마나 신경 쓰는가를 겪어본지라 나는 그 후 공식 발표가 날 때까지 함구했다.

정원식 전 총리를 위원장으로 한 15명의 인수위원 명단이 12월 30일에 발표되었다. 요즈음은 별도 건물에서 작업을 하지만 그 당시에는 당사의 회의실에서 인수위 활동을 벌였다. 인수위는 작은 정부를 표방하며 박철언 의원이 맡고 있던 체육부를 폐지했다.

이 무렵 우리 집에서는 웃지 못할 일이 벌어졌다.

인수위에서 대변인을 겸하다보니 매일 기자들과 어울렸다. 어느 부처에 무슨 변화가 있는지 또는 무슨 보고가 있었고, 지적이 있었는지 막후 취재를 하기 위해 기자들은 밤에도 우리 집으로 달려왔다.

하루 저녁, 동아일보 김동철(현 부산 경남본부장) 기자, 조선일보 김

필자가 대통령직 인수위원회 대변인으로 회의 결과를 발표하고 있다.

교준(현 중앙일보 편집국장) 기자 등 4~5명의 기자들이 연희동 집으로 왔다. 술상이 차려졌다.

한두 병 마시기 시작한 술이 10여 병이나 비워졌고 밤이 깊어지자 거의 의식불명 상태로 취해 모두 응접실에 쓰러져버렸다.

이날 밤 안방에서 사위 권오준(변호사, LG전자 부사장) 군과 장남 신응진(교수, 순천향대학병원 외과의사) 군이 함께 자고 있었다. 밤중에 뜨거운 물이 얼굴에 쏟아져 권오준 군이 깜짝 놀라 깨었다. 어느 기자가 안방에 들어와 권 군 얼굴에 대고 소변을 본 것이다.

J일보 N기자였다. 화장실로 알고 문을 연 곳이 안방이었다. N기자는 소변을 본 뒤 몽롱한 정신으로 응접실로 돌아와 다시 쓰러

져 잤다.

다음 날 보니 이불에 세계지도가 그려져 있었다. 사위 권오준 군은 그 당시 서울지법 판사였다. 요즘도 가끔 그때 이야기를 한다.

"판사 얼굴에 오줌 갈긴 기자는 그분이 처음일걸요."

"니 행정부에서 일 좀 맡으레이"

1993년 2월 25일, 이 나라 민주화의 선봉에서 한 생을 유감없이 불태운 투사 정치인 김영삼 당선자가 제14대 대통령으로 취임하는 날이었다.

취임식 전날, 24일 아침 상도동에서 전화가 왔다.

"실장님, 오늘 저녁 6시에 롯데호텔 35층 방으로 오시랍니다."

비서들은 계속 나를 실장이라고 불렀다.

당시 YS는 선거운동 기간에도 조용히 만날 사람이 있으면 롯데호텔 35층 스위트룸을 사용했다. 시간 맞추어 올라가니 벌써 YS는 자리에 앉아 있었다. YS의 약속 시간은 소문대로 칼이었다. 5분 빨리 가는 일은 있어도 1분 늦는 적은 거의 없었다.

"내일이 취임식인데 저한테 이렇게 시간을 내주시다니 감사합니다."

대통령으로 당선된 YS를 만나는 순간 갑자기 거리감이 느껴졌다.

YS는 종업원을 불러 저녁식사를 주문했다. 연수원 이야기, 인수위 이야기, 앞으로 청와대 들어가서 할 일 등 단둘이 앉았어도

정원식 인수위원장 주재로 첫 인수위 전체회의가 열렸다. 뒷줄 오른쪽에서 두 번째가 필자.

화제는 그침이 없었다. 식사를 마친 뒤 YS가 정색을 하며 입을 열었다.

"니 행정부에서 일을 좀 맡으래이. 아주 중요한 일이데이."

직감적으로 장관직을 맡긴다는 뜻임을 알았다.

"어느 자리든 최선을 다해 열심히 하겠습니다."

"아주 중요하데이. 절대 누구한테도 말하지 말레이."

역시 보안을 강조했다. 어느 부처라는 말은 없었다.

8시가 되었다. SBS 저녁 종합 뉴스를 보았다. 다음 날 있을 대통령 취임식 기사로 떠들썩했다. 두 시간 넘게 함께 시간을 보내고 집으로 돌아왔다.

취임식은 국회의사당 광장에서 치러졌다. 나는 청원군 지구당에서 선거 때마다 당을 위해서 애를 써준 김병국 부위원장, 이병준 조직부장, 손갑민 민병상 지역담당 비서관 등 당직자 50여 명을 취임식 행사에 초청했다. 지역구민에게 장관으로 취임한다는 기쁜 소식을 전하고 싶었으나 절대 비밀을 지키라는 어젯밤 YS 말이 생각나 입을 다물고, 행사가 끝나자 지역구 당직자들과 버스를 타고 청주로 내려갔다.

그날 오후 4시에 청와대에서 김영삼 대통령이 국무총리로 내정된 황인성 의원과 새 정부 조각을 한다는 뉴스가 방송되었다. 저녁 종합 뉴스에서도 다음 날 오전 9시에 조각 발표가 있을 것이라고 예고했다.

다음 날 아침 8시, 청주 시내 중심지에 있는 R호텔 식당에서 전날 서울에 올라왔던 당원 50여 명과 아침을 같이 했다. 행정부에 들어가면 바빠 지역에 자주 내려오지 못할 것이고, 조각 발표도 같이 볼 겸 자리를 마련한 것이다.

식당에는 대형 TV가 놓여 있었다. 식사를 하면서도 TV뉴스에만 신경을 모았다. 그때 종업원이 달려와 서울에서 긴급전화가 왔다고 전했다. 휴대전화가 없을 때라 프런트로 나가서 전화를 받았다.

대통령 비서실장으로 내정된 박관용 의원이었다. 박 의원은 나이도 동갑이고 과거 20여 년간 국회에서 함께 활동하면서 가까워진 친한 사이였다.

"각하 말씀인데 신 의원은 국회에서 좀더 크는 것이 중요하다고 하시니 그렇게 알아."

장관 내정이 물 건너갔다는 얘기다.

"이봐, 누가 되게 씹었구나. 갑자기 왜 그렇게 되었어?"

나도 모르게 그런 말이 나왔고 심기가 몹시 불편했다. 박 실장이 다시 말했다.

"이해를 하라고. 당에서 일을 해요. 어떤 당직을 맡겠어?"

"어떤 자리도 안 맡겠어."

전화를 끊고 언짢은 기분으로 50여 명의 당직자들과 아침식사를 하는 둥 마는 둥 했다. TV에서는 새로 임명된 장관 명단이 되풀이해서 보도되었다. 하루아침에 인사가 바뀌는 일은 그간 정치판에서 얼마든지 보아온 일이었다.

취임식 전날 밤 YS가 두 시간 동안이나 단둘이 식사하면서 "중책을 맡아 잘하라."고까지 했는데 하루 만에 왜 바뀌었는지가 궁금한 채 세월이 흘러갔다.

풀리지 않던 궁금증은 신문 지면에서 풀렸다. 세상에는 비밀이 없었다. 문민정부 5년이 끝나자 그동안에 있었던 정치적, 경제적 대형 사건과 개혁 뒤에 숨겨진 일화들을 '비화 문민정부'라는 제목으로 동아일보가 1년 동안 연재했다. 장장 95회에 걸쳐 상세하게 기술된 특별 기획 기사였다. 그 기사 내용을 읽고 그 당시에 조각 명단에서 내가 빠진 사유를 자세하게 알게 되었다. 기사의 해당 부분을 옮겨본다.

『이경재 공보수석의 증언.

"27명의 장관급 명단을 보니 지역 안배 등 몇 가지 점에서 문제가 있는 것 같았습니다. 박 실장도 같은 생각이었던 것 같아요. 그래서 그 자리에서 조정한 끝에 5명이 바뀌었습니다."

메모지에는 내무 김영구, 교육 박영식, 보건사회 송정숙, 체신 신윤식, 총무처 신경식으로 되어 있었다. 박관용 실장이 조심스럽게 말을 꺼냈다.

"각하, 최창윤 실장은 비서실장을 하면서 고생도 많이 했는데 자리를 하나 줘야 되지 않습니까."

곁에 있던 이 공보수석까지 거들고 나서자 김 대통령은 "글쎄 말이야……."라며 고개를 끄덕인 뒤 책상 쪽으로 걸어갔다. 그러고는 주 유엔대사 명단에서 '최창윤'이라는 이름을 지웠다. 신경식 총무처장관이 최창윤 장관으로 바뀌는 순간이었다. 문민정부 개각 제1호인 셈이었다.

신경식 의원은 나중에 이 이야기를 듣고 쓴 웃음만 지었다.…… 그래서인지 YS는 재임기간 내내 특히 신 의원에 대해 '미안한 마음'을 가졌다. 그리고 임기 마지막에 정무장관에 기용하는 것으로 '마음의 빚'을 갚았다.』(잃어버린 5년. 칼국수에서 IMF까지. YS 문민정부 1천 800일 비화. 동아일보 특별취재팀. 1998. 1. 1. 3면)

김영삼 대통령의 당 총재 비서실장 임명장을 받고 있는 필자. (왼쪽은 강삼재 총장)

유행어가 된 토사구팽

　1993년 3월 3일, 당직 개편이 시작되었다. 당 총재는 김영삼 대통령이 겸직했고 김종필 최고위원이 당 대표가 되었다.
　민주화투쟁 과정에서 YS의 오른팔로 꼽히던 최형우 의원이 사무총장을 맡았다. 나는 대통령이 겸직하고 있는 당 총재 비서실장으로 들어갔다.
　청와대 비서실에 사무실을 마련했다. 수석비서관 회의가 있을 때 대통령 오른쪽에는 박관용 실장, 왼쪽에는 내가 앉곤 했다. 주 업무는 일주일에 한 번씩 대통령을 모시고 하는 수석비서관 회의에서

김영삼 대통령과 함께.

당과 국회의 동향을 보고하고, 당에서는 당직자 회의에 참석해 청와대에서 돌아가고 있는 업무를 알리는 일이었다.

당이나 청와대가 제대로 정돈되기도 전에 개혁이라는 폭풍이 몰아쳤다. 문민정부의 개혁 제1호는 공직자 재산 공개였다. YS는 취임식 다음다음 날인 27일, 자신과 부인, 자녀들의 재산을 낱낱이 공개했다. 공개된 재산은 17억 7천800만 원이었다.

YS는 종종 "저금통장을 한 번도 가져본 적이 없고, 집 이외에는 등기부에 올라 있는 부동산이 한 건도 없다."는 얘기를 내게 들려주었다. 돈이 생기면 조직에 풀어 쓰는 성격이었다.

"새 대통령이 솔선수범으로 재산을 모두 공개했으니 당에서도 상응한 대책을 세워야 한다."고 나는 당직자 회의에서 주장했다. 2주일쯤 후 김종필 최고위원을 비롯한 소속의원 161명이 재산을 공개했다. 닷새 후에 청와대 수석들, 국무위원, 서울시장 등 장관급 공직자들의 재산 공개가 뒤따랐다.

여권에서 재산 순위 1위는 부산에서 동일고무벨트 회사를 운영하는 김진재 의원으로 277억 원을 신고했다. 마산의 김호일 의원은 1천320만 원을 신고해 가장 소액이었다.

재산공개는 임의대로였다. 가격산정에 특별한 기준이 없었다. 비난여론이 높았다. 몇 달 뒤 정부고시가를 기준으로 재등록을 실시하고 이를 법으로 제도화했다. 앞으로는 여야 구분 없이 국회의원은 모두 재산을 공개해야 했다.

김진재 의원은 385억이 늘어난 662억 원을 신고했고, 100억 이상 신고자가 10여 명에 이르렀다. 무소속인 정몽준 의원은 799억 원으로 의원 중 단연 최고로 많은 액수였다.

김진재 의원의 동일고무벨트는 선대부터 운영해 오던 회사로 매년 부산에서 고액 납세자 명단에 1위 김 의원 부친, 2위 김 의원, 3위 김 의원 동생으로 그 서열이 10년 넘게 계속되어 오는 대기업이었다. 회사 내용을 잘 아는 김 대통령은 김 의원의 재산에 대해서는 아예 불문에 붙였다.

그러나 사업체도 없이 여러 곳에 부동산을 소유했다든지, 과다한 재산을 지닌 중진 정치인들에 대해서는 개혁이라는 이름으로 단호한 조치를 취했다. 재산을 많이 보유한 의원들은 난감했다. 유산일 수도 있고 또 부인이 재테크를 해서 모은 것일 수도 있는 재산도 마치 유죄인 양 따가운 눈총을 받았다.

3월 26일 아침, 주돈식 청와대 정무수석은 김재순 의장 댁을 방문했다. 몇 군데 사 놓은 김 의장의 부동산 내역이 신문에 부풀려져 발표되었다. 의원직을 사퇴해달라는 청와대의 뜻을 전달했다. 김 의장과 각별히 가까운 사이였던 주 수석은 그 후 어느 자리에서 그때의 심경을 털어놓았다. "내 생애에서 가장 괴로운 순간이었다."고.

김 의장은 청와대 뜻을 전달받고 의원직을 떠나면서 '토사구팽'이라는 유명한 말을 남겼고 이 말은 정치판의 비정함을 나타내는 가장 적절한 말로 널리 매스컴에 오르내렸다.

정치 연수원에서 한고조 유방 이야기를 할 때 한신이 한 얘기라면서 꼭 한 번씩 인용하던 말, YS의 당선을 위해 밤낮없이 YS의 장점을 갈파했던, 김 의장을 옆에서 지켜본 나도 괴로웠다. 당사자인 김재순 의장의 그때 심정은 어떠했을까를 가끔 생각한다.

나의 재산 신고액도 그 당시로선 꽤 큰 금액이었다. 신고액은 당시 청와대에서 두 번째 순위였다. 그 연유를 밝히지 않으면 안 될 입장이었다.

1973년 2월 신문사를 사직하고 국회의장실로 옮겼을 때였다.

국회를 방문한 지역 유권자들에게 국회 본회의장 시설을 설명하고 있는 필자.

하루는 신문사 친구가 점심을 하다가 "강남이 앞으로 개발된다는데 땅값도 싸다. 거기 가서 마당에 테니스장을 만들어 운동이나 하면서 이웃서 같이 살자."고 제안했다. 당시 나는 테니스에 빠져 있었고 1년에 한 번씩 열리는 언론인 테니스 대회에서 여러 번 우승을 했다.

우리는 강남으로 갔다. 허허벌판에 예비군 훈련장만 덩그러니 있었다. 밀밭과 배밭 쪽으로 테니스장을 만들려고 산 땅이 강남이 개발되면서 천정부지로 올랐다. 나는 이 땅으로 인해 15대 국회의원 선거에서 큰 곤욕을 치렀다.

13대 선거 때 재벌급 기업인과 맞붙은 유세에서 "유권자 여러분 돈 없는 이 신경식이를 밀어주세요." 하면서 목이 터지게 지지를 호소했었다. 상대적으로 나의 말은 호소력이 있었고 유권자들도 약자를 도왔다. 그리고 표를 몰아주었다.

재산을 공개하고 치러진 다음번 15대 총선 때, 합동 유세장에서 상대 후보가 고함을 질러댔다.

"여러분, 돈 없다던 신경식이가 국회의원 한두 번 하더니 부자가 되었습니다. 이런 사람에게 표 찍어주면 안 됩니다. 여러분, 속지 맙시다."

상대 후보는 재산등록 기사가 실린 신문을 흔들어댔다. 여론이 들끓기 시작했다. 국회의원 하면서 돈 모았다는 소문이 돌면 그 선거는 끝장이었다. 그런 부패한 후보에게 표를 줄 유권자는 없다.

시시각각 지지도가 추락했다. 국회의원이 된 뒤에는 땅 한 평도 산 것이 없다는 물적 증거 이외에는 어떤 처방도 먹혀들지 않을 것 같았다. 등기부 등본을 떼기 위해 법원 등기소로 뛰었다. 인지가 붙지 않으면 가짜 사본이라고 주장할 것이 뻔해 인지가 붙은 원본을 수천 장 떼었다.

매입 연도에 빨간 줄까지 쳐서 우리집 재산 등기부 등본을 동네마다 살포했다. 청원군의 600개 리, 자연부락, 마을회관이나 노인정, 동네 사랑방 등 우리집 등기부 등본이 안 들어간 곳 없이 돌렸다.

정치판에서는 패가망신하는 제1조가 돈 놀음과 여자 놀음이다. 참으로 사력을 다한 선거전이었다. 여론이 되돌아오기 시작했다.

"그러면 그렇지, 신경식이는 검은 돈 먹을 사람이 아니야."

청와대에서도 나의 해명에 납득했다. 지은 죄 없이 식은땀이 나던 시절이었다. 참으로 당선의 길은 가까운 듯하면서도 먼 고행 길이었다.

갑자기 경질된 군 수뇌부

김영삼 대통령 취임 후 재산등록과 군의 하나회 정비 등으로 3월 한 달은 정신없이 바쁘게 지나갔다.

3월 8일 하나회 출신인 김진영 육군참모총장과 서완수 기무사령관이 경질되었다. 김 총장은 그해 연말까지 임기가 보장되어 있는 상태였다.

국가 통치에서 군의 장악력은 가장 중요한 요소다. 과거 군사 쿠데타를 겪은 우리나라에서는 군부의 힘이 바로 통치의 힘이었다.

김 대통령의 후보 시절 한번은 외국 기자들이 군과 관련해 질문을 했다.

"오랜 기간 군 출신 대통령과 군 예비역 장성들의 정치 참여로 정계에 군부의 세력이 막강한데 당선되면 어떻게 처리하겠느냐."

김 대통령은 이미 속으로는 숙군 계획을 짜놓고 있었다. 그러나 답변을 한마디로 끝냈다.

"두고 보자."

그리고 더 이상 군 관계는 언급을 하지 않았다. 이명박 대통령의 인수위원회가 이 대통령이 취임도 하기 전에 공영방송을 민영화한다는 뜻을 밝혀 곤욕을 치르는 것을 보며 그 당시에 있었던 일을 떠올렸다.

권력의 근원을 잘 알고 있는 김 대통령은 과거 정권의 군 수뇌부를 불시에 경질해버린 것이다. 이 같은 조치가 깜짝쇼로 비치기도 했다.

박 대통령 시절 청와대 경호실장이 은밀히 이끌어 온 군 내부 친목 단체인 하나회 조직이 서서히 드러났다. 하나회는 군 내부에 파벌을 조성하는 것으로 받아들여져 당사자들 이외에는 이 조직에 대해 반감을 갖고 있었다.

4월 2일, 용산 동빙고동 군인 아파트에 괴문서가 뿌려졌다. 육사 20기부터 36기까지 계급으로 중장부터 중령까지 142명이 하나회 회원이라면서 그 명단이 괴문서에 적혀 있었다.

명단에 오른 군 장교들은 대부분 불이익을 당했다. 후에 작성자 백승도 대령이 자수해 진위가 밝혀졌다. 하나회 아닌 사람도 이름이 올라 곤욕을 치르기도 했다.

새마을호 조치원 정차

취임 50여 일 만인 4월 15일, 김 대통령은 기동차를 타고 강원도 도청을 순시하기 위해 춘천을 다녀왔다. 차중에서 최훈 철도청장은 "대통령 전용 기동차를 박정희 대통령 이후 김 대통령이 처음 이용하는 것"이라고 설명했다.

김 대통령이 앉은 귀빈석 맞은편에 철도청장과 내가 앉았다. 가평쯤 지나갈 때 내가 입을 열었다.

"경부선 조치원역에 새마을 열차가 서지를 않습니다. 청주, 조치원, 공주 등 조치원 역세권이 70만 명은 되는데 새마을호가 서지 않는다고 주민들 불평이 많습니다."

나의 말을 듣자 김 대통령은 "그래요? 불편하겠는데." 주민들의 불평이 많다는 말에 당장 관심을 보였다.

최훈 청장이 자세를 가다듬으면서 말했다.

"오는 5월 1일부터 정차하도록 조치하겠습니다."

그동안 정차하지 않던 조치원역에 그해 5월 1일부터 새마을 열차가 정식으로 정차하게 된 경위다.

나는 열차가 정차하는 첫날 새마을호 열차를 타고 조치원역에 내려 지역 주민들의 환영을 받았다. 역 앞에 '경축 새마을호 조치원 정차'라고 쓴 플래카드를 내걸고 주민들은 진심으로 기뻐했다.

이 일로 생각지도 않던 오해가 발생했다. 한 보름 뒤 홍인길 총무수석이 내 방으로 왔다.

"왜 조치원에까지 신경식 환영 플래카드를 붙이십니까?"

이 느닷없는 질문이 무엇을 뜻하는지 알아차린 나는 "새마을호 정차를 알리기 위해 철도청이 써 붙인 플래카드에 왜 내 이름이 들어가겠느냐."면서 그간의 경위를 한참이나 설명했다.

'신경식 의원이 주민의 숙원사업인 새마을호 조치원역 정차를 실현' 했다는 기사가 지방 신문에 나가자 누군가가 홍 수석에게 신경식이가 제 이름을 넣은 플래카드를 만들어 역 앞에 붙였다고 사실 아닌 이야기를 한 것 같았다.

누가 그런 모략을 했는지 물어보면 사람 좋은 홍 수석이 사실대로 밝히겠지만 그 일은 못들은 척 넘어갔다.

주례 중 면사포에 불이 붙어

1993년 5월 8일자 조선일보 2면에 내가 정장차림으로 자전거를 타고 가는 사진과 함께 『일요일마다 기동력 발휘』라는 기사가 크게 나갔다.

주례가 많은 일요일 교통 혼잡으로 주례 시간을 맞출 수 없어 생각 끝에 자전거를 타고 예식장을 돌았다. 이것이 뉴스를 탔다.

국회의원이 되면 다른 것은 거절할 수가 있어도 주례 부탁만큼은 거절하기가 어려웠다. 주례는 지지자에 대한 의무였다. 더구나 주례를 서고 나면 다음 선거에서 친척이나 당원 이상으로 득표에 도움을 주었다.

마포의 노승환(국회 부의장 역임) 의원은 평생에 1천800번 주례를 섰다고 했다. 나도 봄철이나 가을, 결혼 시즌에는 주말에 하루 7~8번씩 주례를 섰다. 1회에 20분 정도가 소요되었는데 예식장과 예식장 사이가 멀리 떨어져 있고 일요일 예식장 주변은 대 혼잡을 이루어 승용차로는 시간을 대기가 어려웠다. 오고 가는 데 걸리는 시간이

자전거를 타고 결혼식 주례를 서러 다니는 필자의 모습을 조선일보가 상세히 보도했다.

주례시간보다 더 소요되었다.

우연히 일본 잡지를 보았더니 일본 국회의원들은 주말에 자전거를 차에 싣고 다니다 길이 막히면 부근 주차장에 차를 맡기고 자전거로 예식장에 달려간다고 했다.

이 기사를 본 뒤 자전거를 사서 일요일에 사용했다. 시간이 절약되어서 두 번 정도 주례를 더 설 수 있었다.

주례를 보면서 당황했던 몇 가지 일이 있었다. 부탁은 많고, 시간은 한정되어 생각 끝에 대리 주례까지 세웠다. 지구당 신형식(申馨植) 사무국장과 신안균(申安均) 보좌관이 위원장 대신 주례를 많이 섰다.

주례가 많은 날에는 예식장 3층에서 내가 주례를 서고 사무국장이나 신 보좌관이 그 시간에 같은 건물 2층에서 주례를 서기도 했다.

"오늘 이 자리에는 신경식 위원장이 꼭 주례를 서시려고 했는데 서울서 긴급한 회의가 있어 사무국장인 이 신형식이가 대신 서겠습니다."

수군거리는 소리가 났다.

"신경식 의원 좀 전에 3층으로 급히 올라갔는데."

이런 경우 주례를 서지 않은 것만 못했다.

한번은 예식이 끝나고 신랑 신부가 팔짱을 끼고 웨딩마치에 맞추어 퇴장을 하는데 신랑 친구들이 달려들어 딱총을 쏘아댔다. 딱총 끈을 잡아당기자 번쩍하면서 신부 머리에 바른 휘발성 무스에 불이 댕기고 면사포에까지 번졌다. 팔짱을 낀 신랑은 점잖게 앞만 보고 있었고, 신부는 머리 위쪽이라 면사포에 불이 붙은 줄도 모르고 발걸음을 떼었다. 나는 단상에서 급히 뛰어 내려가 면사포를 잡아당겼다. 머리카락 타는 노린 냄새가 삽시간에 퍼졌다. 다행히 다른 데 화상을 입지는 않았다.

그날 오후 충청일보 편집국장으로 있는 민경탁 후배를 만나 낮에 있었던 일을 설명하고 예식장에서 딱총 쏘는 것을 조심해야겠다는 말을 했다. 다음 날 조간신문에 예식장 딱총 화재가 기사화되었고, 경찰에서 단속하겠다고 한 코멘트까지 덧붙였다.

16대 국회에서 국회의원 윤리강령을 제정해 의원 주례를 금지했다. 나름대로 이유는 있었지만 유권자들에게 미안한 일이었다. 나는 그 후에도 불가피한 경우에는 주례를 섰다. 주례사를 하기 전에 꼭 붙이는 말이 있었다.

"지금 국회의원 주례가 법으로 금지되어 있습니다. 주례를 서다 발각되면 50만 원 벌금을 내게 되어 있습니다. 오늘 제가 주례 서는 신랑의 아버지하고는 친형제보다 더 가까운 사이입니다. 저는 오늘 50만 원 벌금을 낼 각오를 하고 이 자리에 주례로 나왔습니다."

축하객들의 박수가 쏟아져나오고 그 후 선거 때마다 그 부모들은 앞장서 득표활동을 도와주었다.

축사를 주례사로 착각

자주 주례를 서던 청주관광호텔 그랜드볼룸에서 청소년 수영선수 장학금 수여식이 있었다. 당시 청주지방검찰청의 정경식(헌법재판관 역임) 검사장이 바다가 없는 충청도 초·중등학교 학생들이 전국체전 수영부문에서 금메달을 딴 것이 장하다고 장학금을 마련해 전달했다.

이 자리에서 격려사를 하게 되었다. 정 검사장은 나와는 대학 동기 동창생으로 30년이 넘는 친구였다. 차례가 되어 나는 단에 올라가서 마이크를 잡았다.

"고향도 아닌 지역에 이렇게 좋은 일을 하는 정경식 검사장에게 진심으로 감사를 드립니다. 장학금을 받은 학생들은 더욱 열심히 노력해 앞으로 올림픽에까지 진출하고 올림픽에서도 금메달을 따 한국을 빛내주시기를 바랍니다." 하고는 마지막으로 끝인사를 한다는 것이 "이것으로 주례사를 마치겠습니다." 했다.

매번 주례를 보던 곳이라 무의식중에 그런 실수를 했다. 요즈음도 정경식 씨는 나를 만나면 "주례 서고 오나." 한다.

백악관에서 만난 대학 동기생들

1993년 2월에 취임한 김영삼 대통령은 언론이 '깜짝쇼'라고 했을 정도로 깜짝 놀랄 만하게 큼직한 일들을 연속적으로 추진했다. 고위 공무원 재산등록, 금융실명제, 정치자금 단절 선언, 하나회 숙군, 안가 철거, 청와대 앞길 개방 등을 과감하게 단행했다.

11월 17일, 김 대통령은 취임 이래 첫 외유 길에 올랐다. 미국 시애틀에서 개최되는 아시아 태평양 경제협력(APEC) 정상회담에 참석하기 위해 대한항공 전세기 편으로 서울공항을 출발했다.

전임 대통령들은 외국 공식 방문 때 적어도 출발 일주일 전부터 여객기를 전세 내어 내부 구조를 개조했다. 김 대통령은 비용 절약을 위해 3일 전에 임대해 밤새워 내부를 고쳤다. 비행기 앞쪽으로 대통령 내외분의 침실을 만들고 그 뒤에 회의실, 식당, 나머지에는 기자들과 수행원들 좌석을 배치했다.

대한항공의 조양호 사장이 동승했다. 조 사장은 대통령이 자사의 비행기로 외국을 방문할 시에는 항공회사 사장이 동승해서 정중히 모시는 게 예의라고 알려주었다.

김 대통령의 일정은 쉴 틈 없이 짜였다. 도착한 날 밤 시애틀 교민들이 주최한 리셉션을 시작으로 8박 9일간의 공식 일정이 시작되었다.

19일에는 중국의 장쩌민(江澤民) 주석과 단독 회담을 가졌다. 중국이 세계무대에 크게 부각되고 있을 때였다. 장쩌민 주석은 김 대통령의 험난했던 민주화투쟁이 자신들의 대장정과 비슷하다고 생각했는지 각별히 관심을 보였다.

장쩌민 주석은 그날 저녁 만찬에서 와인 잔을 높이 들고 "김영삼 총통을 위하여 건배"라고 큰 소리로 외쳐서 15개국 정상들의 시선이 김 대통령에게 집중되었다.

20일 오전에 APEC 정상회담이 열렸다. 회의장은 시애틀에서 배편으로 20분 정도 떨어진 블레이크 섬이었다. 요인 경호에는 더 없이 좋은 장소였다. 김 대통령은 개막 연설에서 "협력 없는 경쟁에서 협력 있는 경쟁으로 바뀌어야 태평양 시대 창조가 가능하다."고 언급해 많은 박수를 받았다.

22일에는 워싱턴에 있는 알링턴 국립묘지를 참배하고 케네디 대통령 묘소를 찾았다. 로버트 케네디 전 상원의원의 딸 캐서린 케네디 변호사가 나와 큰아버지 묘소를 안내했다. 뉴 프런티어를 제창하며 세계를 이끌었던 케네디 대통령의 묘소 앞에는 '불멸의 불꽃'이 타오르고 있었다.

김 대통령과 공식 수행원들은 이날 저녁 클린턴 대통령 내외가 주최하는 백악관 공식만찬에 참석했다. 클린턴 대통령 내외는 김 대통령 일행이 백악관에 도착하자 역대 대통령이 쓰던 2층 방으로 안내했다. 링컨 대통령이 사용하던 방에는 링컨 대통령의 초상화가 걸려 있었고 낡은 집기들이 옛날 모습대로 그 자리에 놓여 있었다. 메모를 하다 만 색이 바랜 메모지도 책상 위에 펼쳐져 있었다. 방안 분위기는 음산했다.

일행은 이스트룸 만찬장으로 내려왔다. 만찬장에는 미 의회의 국회의원들, 장관들, 각국 주미 대사 등 150여 명이 초대되었다. 양국 대통령 내외분은 입구에서 참석자들과 일일이 악수를 나누었다. 리셉션 라인에는 한승수(현 국무총리) 주미 대사 내외도 함께 서 있었다.

한국의 공식 수행원들도 턱시도 차림으로 줄을 서서 만찬장에 입장해 양국 대통령 내외분과 악수를 나누었다. 생전 처음 턱시도를 맞추어 입은 나도 클린턴 대통령과 악수를 했다. 뒤에 서 있던 통역 김동현(고려대 영문과 동기생) 군이 나를 자신의 대학친구라고 클린턴에게 소개했다.

클린턴 대통령과 악수하고 있는 필자. 왼쪽 끝이 통역을 맡은 김동현 군.

4·19 때 데모대 속에서 벽돌로 뒷머리를 맞아 피를 흘렸던 김동현 군이 미 국무부 통역관으로 클린턴과 힐러리의 통역을 맡고 있었다. 그 자리에는 한승수 대사 부인 홍소자 여사도 함께 있었다. 홍소자 여사는 고려대학교 영문과 2년 후배로 군 복무를 마치고 복학한 나와는 같은 해 한 반에서 졸업을 했다. 내가 클린턴 대통령의 손을 잡고 "우리 셋은 대학교 같은 과의 클래스 메이트였다."고 말하자 클린턴 대통령은 놀라는 표정으로 "세 분이 이곳에서 만나다니 정말 축하할 일"이라면서 우리 세 사람과 손을 맞잡았다. 클린턴은 활력이 넘쳐 보였고 쾌남형이었다. 영부인 힐러리도 사진에서와 같이 미인이었다.

쇠고기 안심 스테이크 풀코스로 식사가 끝나자 유명한 오페라 여가수 제시 노먼의 공연이 있었다. 밴드 소리가 장내 분위기를 고조시키며 화려한 댄스파티가 벌어졌다. 영화의 한 장면 같았다.

김 대통령은 만찬을 끝내고 호텔로 돌아와 "사실은 오늘 밤 댄스파티 때 클린턴 대통령은 우리 집사람과, 힐러리 영부인은 나와 춤을 추자고 제의해왔는데 집사람이 곤란하다고 하여 그만두었다."는 말을 했다.

8박 9일의 일정을 끝내고 귀국길에 올랐다. 쉴 새 없는 행사로 모두 지쳐 있었다. 출발에 앞서 경유지인 알래스카에서 하룻밤 쉬어 가자는 의견이 나왔다.

김 대통령은 먼저 경비를 물었다. 수행원, 경호단, 기자단 모두 합쳐 5억 원 정도가 필요하다는 보고를 받고는 그냥 서울로 직행하도록 지시했다. 국위를 높인 APEC 총회였다. 민주화를 이룩한 한국 정부의 위상은 눈에 띄게 높아졌다.

이회창 총리 소신인가, 해임인가

1993년 12월 6일, 문민정부의 첫 국무총리로 임명되었던 황인성 씨가 사임하고 감사원장으로 있던 이회창 씨가 후임 총리로 왔다.

7년간 끌어 오던 우루과이라운드 협상이 12월 들어 타결되었다. 이에 대해 한국 측이 너무 많은 양보를 했다고 전국 농민들이 들고 일어나 격렬하게 반대 시위를 벌였다. 쌀 개방을 막겠다고 대선 때

이회창 총재와 필자.

공약을 했던 김 대통령은 농민들에게 보다 큰 국익을 위해 양보할 수밖에 없었다고 여러 번 설명을 했지만 분노한 농민들에게 받아들여지지 않았다.

  이렇게 어수선한 때에 개각을 단행했다. 후임 이회창 총리에 대해 청와대 주변에서는 두 가지 평가가 나왔다. 이 총리가 대법관 출신으로 대쪽 같은 성격이라, 거슬리는 행동을 못 참는 김 대통령이 어려움을 겪을 것이라는 부정적인 의견이 나왔다. 다른 한쪽에서는 감사원장으로 있으면서 율곡사업 감사 등 성역화된 군부의 각종 군납 비리를 파헤칠 정도로 소신에 찬 이 총리가 새 정부에 큰 힘을 실어줄 것이라고 환영했다.

두 분은 시작부터 맞부딪쳤다. 청와대에 올라오는 보고에 의하면 이 총리가 김 대통령과 독대한 장관들에게 '무슨 얘기를 나누었는지 자신에게 보고하라'고 지시했다는 것이다.

안기부장의 정세 보고는 대통령이 단독으로 받는 것이 관례였다. 김 대통령이 외유 중일 때 총리가 안기부장에게 업무 보고를 요구한 것으로 알려졌다. 귀국 후 이 말을 전해 들은 김 대통령은 대통령 영역을 침범한 것으로 받아들이고 몹시 불쾌해했다.

1994년 4월 5일, '우루과이라운드 이행 계획서' 수정 파동 때, 청와대가 총리의 사과 성명을 지시했으나 총리실에서는 이를 받아들이지 않았다. 사과 성명 문제는 김 대통령과 이 총리의 생각이 서로 달랐다. 우루과이라운드 이행 계획서 파문 과정에서 김 대통령 측은 내각의 잘못이라고 밀어붙였고, 이 총리 측은 "내각은 잘못한 것이 없다."고 사과 성명을 거부했다. 결국 청와대의 압력으로 사과문을 발표했으나 이 총리 측에서는 김 대통령이 "내각의 위상을 손상시켜가면서까지 자신의 체면만 살리려고 한다."는 불만을 나타냈다.

청와대 측에서는 이회창 총리가 자신의 이미지 관리를 위해 총리의 한계를 넘어선다고 판단했다. 이 같은 일로 갈등의 골이 깊어지자 김 대통령은 이 총리의 발탁을 후회하기 시작했다.

마침내 올 것이 오고 말았다. 청와대에서는 4월 중순에 있을 남북 특사 교환 문제와 북한 핵 문제, 탈북한 벌목공 수용대책 등에 대한 해결책을 마련하고 있었다. 이와 같은 문제를 협의하기 위해

국회 본회의에서 필자가 발언하는 동안 이회창 총리가 자료를 보고 있다.

김 대통령은 통일원 부총리, 외무부장관, 국방부장관, 안기부장, 청와대 비서실장, 청와대 외교안보 수석을 중심으로 통일안보조정회의체를 만들도록 지시했다. 대북문제를 심도 있게 다루기 위해 특별 기구를 만든 것이다.

이 같은 청와대 직속기구에 대해 이 총리는 "중요한 정부정책은 내각의 논의 과정을 거쳐 입안되어야 한다."면서 "통일안보 조정회의에 상정되는 안건은 총리의 승인을 받도록 하라."고 지시하고 이를 언론에 밝혔다.

이 총리의 입장에서 보면 법으로 국무총리가 대통령의 지휘를 받게 되어 있다 하더라도 총리가 행정부 각 부처를 통할하고(헌법

86조), 중앙 행정기관의 장을 지휘 감독하도록(정부조직법 15조 1항) 되어 있으므로 조정회의 참석 장관들로부터 보고를 받는 것은 당연하다고 생각했을 것이다.

김 대통령은 불같이 화를 냈다. 통일안보 조정회의 안건을 보고하라는 이 총리의 지시를 자신의 통치권에 대한 도전으로 받아들였다. 독대 장관 발언 내용 확인, 안기부장 업무 보고, 우루과이라운드 사과 담화문 거부 등으로 쌓였던 그동안의 불만이 일시에 폭발한 것이다.

총리 지시 다음 날인 4월 22일 오후 4시 김 대통령은 이 총리를 청와대로 불렀다. 이 총리의 태도에 대해 이미 '통치권에 대한 도전'으로 마음속에 결론을 내린 김 대통령은 "혼란의 책임을 져라." "지금 당장 사표를 내지 않으면 대통령으로서 헌법에 따라 해임조치하겠다."고 호통을 쳤다. 그 소리가 비서실에까지 들렸다.

청와대에서 물러 나온 이 총리는 5시 40분경 사표를 써서 김 대통령에게 보냈다. 김 대통령이 사표를 수리하고 청와대에서 총리 경질을 발표하기 전에 이 총리는 "사표를 내버렸다."고 먼저 언론에 밝혔다.

언론은 이날 "청와대 면담에서 김 대통령과 이 총리가 얼굴을 붉히며 고성으로 다투었다.", "이 총리가 김 대통령에게 반발해 사표를 던져버렸다."는 등으로 보도했다.

사표 제출로 이회창 총리는 '얼굴 마담'이 아닌 '법대로의 총리'라는 이미지로, 불의와 타협하지 않는 대쪽 같은 소신의 법조

인으로 깊게 새겨졌다. 다음 날 이영덕 통일 부총리가 이 총리 후임으로 발표되었다.

　이회창 총리는 재임 4개월여 만에 사임했다. 1997년 대선 당시 이회창 대선후보는 총리직 사임 시에 있었던 김 대통령과의 갈등에 대해 자신이 "소신껏 사표를 냈다."고 TV토론에서 밝혔다. 지금도 그 문제는 '해임' 이었는지 '소신' 이었는지 양쪽의 말이 다르다.

상임위원장

야당 맹장들 모인 문체공 위원회

1994년 6월 27일, 제14대 국회 후반기의 국회 상임위원장 내정자 명단이 발표되었다.

상임위원장은 국회 본회의에서 투표로 선출된다. 각 당에서 미리 내정자를 결정해 후보로 내세우면 본회의에서 그대로 선출하는 것이 관례다.

내가 국회 문화체육공보 위원장 내정자로 발표되었다. 재선 의원으로는 법사위원회의 박희태 의원과 나, 둘뿐이고 모두 3선 이상 중진 의원들이었다. 내가 물려받을 문체공 위원장은 6선인 오세응(부의장 역임) 의원이 맡고 있었다.

국회 문체공위원회 회의를 주재하고 있는 필자.

다음 날 본회의 선출은 무사히 끝났다. 신문들마다 사진을 넣어 프로필을 게재했다. 나에 관한 기사는 내용들이 비슷했다.

『느릿느릿한 말씨에 부드러운 성격으로 대인관계가 좋은 편이다. 모질지 못한 점이 단점이라면 단점이다.』(동아일보)

『친근한 인상과 부드러운 성격으로 대인관계가 원만한 언론계 출신 재선 의원이다.』(한국일보)

『어리숙하다는 지적을 받을 만큼 순수한 정이 많다.』(세계일보)

『법사위는 3선급이 없어 재선인 박희태 의원을 시킨다는 설명이 가능하지만 문체위는 그런 위원회가 아니지 않느냐. 신 위원장

은 업무에 부지런함을 보여주는 다정한 성격의 언론인 출신으로 재선에 파격적으로 위원장에 올랐다.」(한겨레)

문화체육공보위원회는 문화체육부, 공보처 등 행정부 쪽 산하 기관만 28개가 있었다. 대한체육회도 그중의 하나인데 체육회 산하의 각 경기단체만 해도 축구협회, 야구협회 등 20여 개가 넘었다.

위원회 소속 야당 의원들도 나로서는 감당하기 벅찬 맹장들이었다. 언론계 대선배로 민주당 최고위원인 3선의 조세형 의원(주일 대사 역임), 신문기자 시절 같이 뒹굴다시피 한 억세기로 소문난 채영석 의원, 민주당 대변인을 맡고 있는 박지원(청와대 비서실장, 문화관광부장관 역임) 의원, 광주 민주화운동 때 '민중항쟁 외무 위원장'으로 현장에서 맹활약했던 정상용 의원, 민주화운동과 관련해 세 차례나 투옥되었던 전민련 대변인 출신 박계동 의원(국회사무총장) 등이 야당석에 포진하고 있었다. 무소속이었던 정몽준 의원은 늘 힘을 실어주었다.

이순재, 정주일 의원의 인기

9월 정기 국회가 개회되면서 국정감사가 시작되었다.

여당 열 사람보다 야당 한 사람 다루기가 어려웠다. 서울신문과 연합통신이 공익재단으로부터 예산 지원을 받는 기관이니 국정감사 대상으로 올려야 한다는 야당 주장과 언론기관이라는 특수성 때문에 감사 대상이 아니라는 여당의 주장은 매년 감사 때마다 문제가 되는 '핫이슈'였다.

이해에도 예외일 수 없었다. 나는 견습기자 시절부터 같이 어울려 다닌 동갑내기 이한수 서울신문 사장과 현소환 연합통신 사장을 만나 야당의 입장을 전했다.

이한수 사장은 "내가 회사를 그만두겠다."고 반발하면서 변호사를 선임해 국정감사 대상이 아니라는 내용 증명을 보내왔다. 현소환 사장도 국정감사 받기를 강력하게 거부했다.

야당에서는 "위원장이 사장들하고 친해서 뺀다."고 나를 공격했다. 조세형 의원은 "신문사에 대한 감사 계획을 위원장이 사전에 알려주고 있다."고 나를 맹공했다.

우리 측 간사인 박종웅 의원을 통해 서울신문에 대한 감사 일정을 참고로 알려주도록 했는데 신문사 노조 측에서 야당 측에 정보를 제공한 것 같았다.

나는 나 자신이 과거 언론계 출신이었다는 것을 떠나서라도, 국회가 신문사나 통신사를 국정감사 한다는 것은 결국 언론 기관이 국가 권력에 의해 위축되는 현상을 빚을 수 있으므로, 감사를 하지 않는 것이 옳다는 입장이었다. 야당도 나의 견해에 심정적으로는 동조했다.

위원장으로 취임하고 10월 들어 처음으로 국정감사를 했다. 감사는 긴장 속에 순조롭게 진행되었다.

문화재청 산하 경주박물관에 대한 현지 감사가 있었다. 박물관 전시장의 유리가 얇아서 언제 무슨 사고가 날지 모른다는 이난영

국정감사에 앞서 오인환 공보처장관으로부터 서약서를 받고 있는 필자.

관장의 애로 사항을 듣고 두꺼운 유리로 전부 갈아 끼우도록 예산 조치를 했다.

　박물관 감사를 마친 일행은 불국사로 갔다. 가을철이라 전국에서 수학여행 온 학생들로 절 마당이 가득했다. 삽시간에 수백 명의 학생들이 정주일(예명 이주일), 이순재 두 의원을 둘러쌌다. 학생들은 정주일 의원의 오리걸음을 흉내 내면서 의원들 주위를 맴돌았다.

　여학생들은 "대발이 아버지"를 외치며 이순재 의원을 끌어 잡아당겼다. 이순재 의원이 국회의원에 당선되기 전에 방영한 드라마 〈사랑이 뭐길래〉에서 대발이 아버지 역 인기가 어땠는지 알 만했다. 드라마의 위력을 실감했다.

수백 명의 고등학생들이 자신의 오리걸음을 흉내 내는 것을 보고 있던 정주일 의원은 감탄을 금치 못했다.

"저 녀석들이 나보다 진짜 더 잘하네."

취재차 수행했던 TV기자들이 이 장면을 찍자 채영석 의원이 학생들을 헤집고 가운데로 갔다.

"야 이 녀석들아, 이 두 사람보다 내가 더 높은 사람이야."

하지만 그 자리에는 대통령이 나타나도 정주일, 이순재 의원의 인기를 당할 수가 없었다.

태평무 무형문화재인 무용가 강선영 의원이 같은 문체공 위원회 소속이었다. 예총 회장도 역임한 예술 문화계의 대부 격이었다. 여성이지만 통찰력과 도량이 남자 이상이다. 행여 감사 과정에서 정주일 의원이 다소 방만하면

"얘 주일아, 너 그러면 안 돼. 좀 잘해라."

어린애 꾸짖듯 하며 나를 도와주었고 그때마다 정 의원은 선임하사 앞에 선 신병처럼 다소곳했다.

국정감사가 끝나자 각 신문들은 종합적인 감사평을 썼다. 내가 맡았던 문체공 위원회는 대체로 좋은 평을 받았다.

『간사들(민자 박종웅, 민주 박계동)과 죽이 가장 잘 맞는 위원장은 신경식 의원이다. 현안이 많은 상임위원회인데도 불구하고 별로 소리가 나지 않아 최근 들어 '용각산 위원회'라는 정평이 났다.』
(1994. 10. 2 경향신문).

필자는 여야 간사들과 죽이 잘 맞는 위원장이라는 평을 들었다. 왼쪽은 민자당 간사 박종웅 의원, 오른쪽은 민주당 간사 박계동 의원.

소리가 나지 않는다는 용각산 약 광고의 문구를 인용한 기사였다.

『상반기 오세응 위원장은 6선이었다. 재선인 신경식 위원장이 잘 이끌어 갈지 고개를 갸우뚱했다. 하지만 신 위원장은 이런 걱정을 말끔히 씻었다. 야당의원들로부터도 칭찬을 받고 있다. 국정감사의 원만한 운영 때문이다.』(1994. 10. 15 서울신문)

운보 김기창 화백과 북쪽 김기만 화백

한 해가 기우는 1994년 12월 초, 신라호텔에서 운보 김기창 화백의 팔순 기념 잔치가 열렸다. 전작 도록 출판기념회를 겸한 이 행사에 나는 특별히 귀빈으로 초대되었다.

운보 선생은 나의 지역구인 청원군 북일면 형동리에 '운보 공방'이라는 화실 겸 주택을 마련해 그곳에서 말년을 보냈다. 가끔씩 들러서 인사를 드리면 몹시 반가워했다.

운보 선생과는 특별한 인연이 있었다. 1960년대 중반 내가 신문기자로 판문점 출입을 할 때였다. 본회의가 열린 어느 날 북한기자가 《등대》라는 화보집을 건네주었다. 그 당시에는 북한이 중공업 분야에서 한국보다 수준이 높았다. 책의 인쇄, 지질, 색도도 앞서 있었다.

《등대》를 펴보니 김일성대학 미술 교수로 있는 김기창 화백의 동생 김기만이 형에게 보내는 편지가 실려 있었다. 그림도 몇 폭 실린 그 책을 가지고 다음 날 운보 선생 댁으로 전화를 걸었다. 부인인 우향 박래현 선생이 전화를 받았다. 《등대》 얘기를 말씀드렸더니 빨리 만나고 싶다고 했다.

수일 후 태평로의 한 화식 집에서 운보, 우향 두 분과 점심을 같이 하며 잡지를 꺼내 보였다. 잡지에 실린 편지와 그림을 어루만지면서 초로의 운보가 눈물을 뚝뚝 떨어뜨렸다. 죽은 줄 알고 있던 동생이 이북으로 넘어가 김일성대학 교수로 있다니. 좋은 소식을 전해주어 고맙다는 인사를 몇 번이나 했다.

식사가 끝난 뒤 우향 선생은 나에게 운보 선생 그림을 한 폭 선사하겠다고 했다. 나는 완곡하게 거절했다. 그 당시 그분들이 화가라는 것은 알았지만 그림이 값나가는 것인 줄도 몰랐고 그림을 받기 위해 다시 시간을 내야 한다는 것이 거추장스러웠다. 비싼 그림을 주겠다고 해도 사양한 젊은 기자가 기특했는지 두 분은 행사 때마다 연락을 해왔다.

20여 년 후 큰애가 대학에 입학했을 때 웅지를 품으라는 뜻으로 운보의 독수리 그림 한 폭을 인사동 화랑에서 구입했다. 그림 값을 치르면서 그분들의 호의가 얼마나 큰 뜻이었는지 그때야 알았다.

국제펜클럽 한국위원회 서울총회 지원

문체공위원회는 산하 기관이 많은 위원회라 행사가 많았다. 따라서 예산 지원 요청도 많았다. 각종 문화 행사가 줄을 잇고 하나같이 예산 부족으로 곤란을 겪고 있었다.

1996년 수필가 전숙희 여사와 한국 국제펜클럽 문덕수 회장이 위원장실을 방문했다. 한국 펜에서 국제 대회를 유치했는데 예산이 부족하다는 내용이었다.

두 분은 그날 문화예술의 세계화를 강조하면서 이 총회가 가지는 문학적인 의미를 적극적으로 설명했다. 그리고 선진국에 비해 문화예술계에 대한 지원이 턱없이 빈약함도 지적했다.

나는 그 자리에서 신문기자 시절 줄곧 같이 지낸, 주무부처인 주돈식 문화체육부 장관에게 전화를 걸어 사안의 중요성을 설명했다. 언론계에 몸담았던 주 장관도 문화예술의 중요성을 알고도 남아

한국 펜클럽 주최 문화행사에서. 오른쪽부터 전숙희 여사, 문덕수 회장, 김종필 최고위원, 필자.

 그 당시로는 적지 않은 예산을 지원하는 데 협조했다.
 국제펜클럽 한국총회에 소요되는 예산문제로 이리저리 뛰어다니며 애를 쓰시던 전숙희 여사와 문덕수 회장이 생각난다.

월드컵 유치

로마 신문에 대서특필

1995년으로 접어들자 2002년 월드컵 대회를 서울로 유치하자는 월드컵 유치 바람이 전국으로 번졌다.

2월 14일 조선호텔에서 정부 기관과는 별도로 민간 주도의 '월드컵 유치 100만 명 서명운동본부' 창립대회가 열렸다. 이 시기에 국회에서도 월드컵 유치 특별위원회를 구성했다.

전년도인 1994년 12월 5일 국회 본회의에서 여·야는 만장일치로 월드컵 유치 결의안을 통과시켰다. 특위 위원들이 이 결의안을 세계 월드컵 상임위원국 의회 지도자들과 스위스 취리히에 있는 FIFA(세계축구연맹)에 전달하기로 했다.

FIFA 본부에서 루피넨 사무처장에게 국회 결의문을 전달했다. 왼쪽부터 이순재, 이환의, 필자, 루피넨 처장, 채영석, 정주일 의원.

    문체공 위원들을 중심으로 특위를 구성하고 내가 위원장에 선임되었다. 미국과 브라질, 아르헨티나 지역은 민주당 간사인 박계동 의원을 단장으로, FIFA와 독일, 프랑스, 이탈리아 등 유럽 지역은 내가 단장을 맡아 두 팀으로 나누어 각국을 돌기로 했다.

    3월 24일 현지로 출발했다. 유럽지역 일행은 이환의, 이순재, 정주일(이상 민자당), 채영석(민주) 의원 등 5명이었다. 권용태(전국문화원연합회 회장) 문체공위 수석전문위원이 실무자로 수행했다.

    첫 방문지는 스위스 취리히에 있는 FIFA 본부였다. 건물 입구에 놓인 진열장 속에서 월드컵 트로피가 번쩍거렸다. 루피넨 사무처장을 면담하고 한국 국회에서 여·야 만장일치로 통과시킨 결의문을 전달했다. 방문단의 진지한 설명을 듣고 결의문을 전달받은 루피넨 처장은 "한국 개최는 가능성이 높다."고 힘을 실어주었다.

다음은 독일로 갔다. 넬리 하윈 체육위원장은 오찬을 같이 하면서 "일본과의 경쟁이지만 월드컵 개최는 스포츠맨십 문제이지 경제적 산물이 아니다."고 말해 우리 위원들은 자신감을 얻었다.

이탈리아에서는 제키노 상원 교육문화위원장과 국회 구내식당에서 오찬을 하며 결의문을 전달하고 로마의 월드컵 경기장을 돌아보았다. 제키노 위원장은 "일본은 로마 주재 상사들을 통해 유치작업을 하고 있지만 의회 차원의 활동은 없었다."면서 역시 우리를 반겨주었다.

기자회견도 가졌다. 이탈리아 5대 일간지의 하나로 70만 부를 찍어내는 〈코리에도데요 스포츠〉지는 특집 기사로 3면에 걸쳐 한국의 월드컵 유치활동을 보도했다. 그 신문은 고맙게도 "한국의 월드컵 유치 이면에는 통일에 대한 염원이 깃들어 있다."고 정치적 의미까지 붙여 소개했다.

차라리 중앙정보부 지하실로

로마에서 있었던 일이다. 월드컵 주무부처인 문체부의 주돈식 장관은 이탈리아 공보관에게 월드컵 유치를 위해 수고하는 우리 일행을 "각별히 잘 모시라."고 지시를 내렸다. 공보관은 공연 10여

로마 월드컵 경기장을 둘러보고 있는 정주일 의원과 필자.

베니스에서 정주일, 이순재 의원과 필자.

일 전에 매진이 되는 오페라 티켓을 구입해놓고 위원들이 오기를 기다리고 있었다.

로마에 도착한 다음 날 저녁 일행은 공보관의 안내를 받으며 피곤한 몸으로 오페라 극장에 갔다. 관람석은 7~8명이 앉을 수 있는 아담한 방으로, 출입문을 닫으면 조그만 응접실 같은 2층 특석이었다.

공연 작품은 셰익스피어의 〈맥베스〉였다. 무대는 휘황찬란했다. 잠시 후 성악가들이 나와 고음으로 노래를 부르는데 일부 의원들은 벌써 졸았다.

제1막이 끝날 때쯤에는 이순재 의원만 감상에 열중했고 나머지 의원들은 모두 몽롱해 있었다. 하루 종일 일정이 바빴고, 양주까지 한잔씩 마셨겠다, 온몸이 지쳐 있었는데다 가사조차 알아들을 수 없어 더욱 지루했다. 수준 높은 소프라노를 들으며 완전히 꿈속을 헤매었다.

제1막이 끝나고 막이 내리자 채영석 의원이 벌떡 일어났다.

"차라리 중앙정보부 지하실로 끌려 가는 게 낫지 더 이상 못 견뎌."

불감청이언정 고소원의 심정이었다. 모두 일어섰다. 이순재 의원만 끝까지 남아서 감상하고 다른 의원들은 1막이 끝난 뒤 호텔로 돌아왔다. 귀한 표를 구하느라고 애쓴 주돈식 장관과 공보관에게 미안한 일이었다.

마지막 방문지인 파리로 향했다.

로마 월드컵 경기장을 둘러보고 있는 국회 대표단.

로마 공항에서 비행기 출발이 늦어졌다. 귀빈실에서 지루하게 기다리는 동안 정주일 의원이 실력을 발휘했다.

"위원장님, 저하고 잠시만 면세점에 좀 가실까요?"

"뭐 살려고?"

"제가 카메라를 하나 사려고 그러는데 영어로 카메라를 뭐라고 하는지 가서서 통역 좀 해주세요."

특유한 어조에 우리는 한바탕 웃었다. 정주일 의원은 얼마 전 미국에 다녀온 얘기를 했다. 연예계 프로모터인 C씨 하고 샌프란시스코에 갔다고 한다. 경치를 보면서 정 의원이 설명을 했단다.

"회장님, 저것이 태평양이고 이것이 금문교입니다."

프랑스 축구협회에서 플라티니(왼쪽) 월드컵 준비위원장이 필자를 맞아주었다.

그랬더니 C회장이 그곳을 둘러보면서 콧노래로 "금문교 출렁대는 태평양 로맨스야~."

1960년대 유행했던 유행가를 부르다가 "야, 주일아. 로맨스는 어디쯤 있냐? 왜 안 보이지?" 했단다.

자신은 그래도 연예계에서는 상식이나 실력이 괜찮은 편이라고 진담인지 농담인지 자랑을 하던 그의 모습이 눈에 선하다.

파리에 도착해 프랑스 축구협회를 방문했다. 유명한 축구선수 출신 플라티니가 우리 일행을 기다리고 있었다. 플라티니는 1998년 프랑스 월드컵 준비위원장을 맡고 있었다. 과거 월드컵 경기에서 골을 넣는 그의 사진이 걸려 있었다. 우리는 결의문을 전달하고 준비 중인 경기장을 돌아보았다.

코미디 황제 정주일 의원의 인기

저녁에 파리 밤 문화의 상징인 물랭루주 쇼를 관람했다. 중간 자리에 앉아 쇼를 보고 있는데 앞자리에 앉았던 한국 관광객이 우리 일행을 보았다. 그는 정주일 의원의 손을 잡으며 "야, 이주일이 왔구나." 친한 친구를 만난 듯 큰 소리를 쳤다. 술이 거나해 있었다.

잠시 후에는 20여 명의 한국 관광객들이 무대 위의 쇼는 제쳐놓고 우리 일행 자리로 몰려왔다.

"이주일이 왔다면서, 이주일이 어디 있어?"

장내가 소란스러웠다. 유명 코미디언의 인기는 대단했다.

다음 날 몽마르트 언덕에서도 이런 일이 일어났다. 성당 앞에는 초상화를 그리는 거리의 화가들이 의자 하나씩을 놓고 손님을 기다리고 있었다. 시간도 이르고 하여 우리는 의자에 앉아 초상화를 그리기로 했다.

정주일 의원은 늘 나와 함께 다녔다. 초상화를 그릴 때도 바로 내 옆에 앉았다. 한 5분쯤 지났을 때 관광버스가 한 대 올라왔다. 버스에서 내린 관광객들은 40, 50대의 한국 아주머니들이었다. 성당으로 들어가던 어떤 부인이 정주일 의원을 발견하고 큰 소리를 질렀다.

파리 몽마르트 언덕에서 초상화를 그리고 있는 필자와 정주일 의원. 한국 관광객이 몰려와 소동을 벌이기 직전이다.

"어매, 이주일이 저기 앉아 있네."

그러자 30여 명의 아주머니들이 성당으로 가던 발길을 돌려 화가 앞에 앉아 있는 정주일 의원 쪽으로 우르르 몰려왔다. 서로 밀고 당기고 야단이 났다. 정 의원이 일일이 악수를 하고 등을 두드려서 그들을 돌려보냈다.

"당신은 누구냐?"

깜짝 놀란 화가가 정 의원에게 물었다.

"이분은 황제다."

내 농담에 화가는 벌떡 일어나 공손히 허리를 굽혔다. "한국의 코미디 황제"라고 덧붙이자 그제야 알아듣고 화가도 큰 소리로 웃

월드컵 상임이사국 순방 성과를 보도한 문화일보 기사.

었다.

전 국민의 소원이었던 2002년 월드컵 유치를 위해 국회 특별위원회는 세계 각국을 돌아다니며 국민의 염원을 전달했고 마침내 서울에서 월드컵 경기를 개최하기에 이르렀다.

2%의 대선 석패

핫바지론이 JP 살렸다

취임 후 1년 동안 각종 개혁 작업으로 국민의 인기가 치솟은 김영삼 대통령은 1995년 새해에 접어들어 개혁의 발목을 잡던 정치판의 판도를 바꾸려는 구상을 했다.

짐이 되는 것은 김종필(JP) 대표최고위원의 거취 문제였다. 김대통령은 JP에 대해 우호적이었고, 3당 합당을 거쳐 대통령 자리에 오르기까지 JP의 힘이 컸던 사실을 누구보다 잘 알고 있었다. 그러나 일부 측근들은 JP가 새로운 시대에 맞지 않는 인물이라고 강력히 주장했다.

야당 시절 민주화운동에 앞장서서 갖은 고초를 겪었던 민주계는

"중앙정보부장, 공화당 당의장 등을 지낸 구시대 인물 JP가 새 시대의 당 대표가 될 수 없다."고 주장했다. 그들은 이대로 나간다면 차기 대권 후계자로 JP가 제일 유리한 입장에 놓일 것으로 보았다. 당 대표위원을 교체해야 한다는 민주계의 언론 플레이가 계속되는 가운데 1월 10일 김 대통령은 JP를 청와대로 불렀다.

"당이 쇄신되어야 한다. 쇄신을 위해서는 당명이나, 심벌, 당규 등 겉모습만 바뀌어서는 안 된다. 당내 민주주의를 획기적으로 발전시키기 위해서는 당직 및 공직 후보의 당내 경선도 확대할 필요가 있다."

오찬을 같이 하면서 김 대통령이 말했다. JP는 자신을 새 시대에 맞지 않는 인물로 몰아 여론몰이 식으로 물러나게 하려는 당내 민주계의 움직임에 대해 벌써부터 알고 있었고 불쾌하게 생각했다. 김 대통령의 오른팔이라고 하는 최형우 의원이 앞장을 선 배후에 김 대통령이 있다고 생각했던 JP는 이날 김 대통령의 말을 들으면서 '드디어 올 것이 왔구나' 생각했다.

경선을 하겠다는 것은 JP를 몰아내는 것이나 다름없는 일이었다. 당내 대의원 90% 이상이 민주계 손에 달려 있고 JP를 지지하는 신민주공화계는 전체의 10%도 안 되는 실정임을 JP 자신이 잘 알고 있었다.

청와대를 나온 JP는 2, 3일 침묵을 지키다가 1월 13일 청와대 회동 사실을 언론에 공개해버렸다. 이틀 뒤 JP는 유성에서 열린 민자당 신년 교례회에 참석해 민자당 탈당과 신당 창당의 뜻을 내

민자당이 핫바지 선동으로 지방선거에 참패한 뒤 대책 수립을 촉구한 필자의 주장을 각 신문이 크게 보도했다.

비쳤다. JP가 김 대통령과 결별하고 자민련을 탄생시키는 순간이었다.

새 정권에서 눈칫밥 먹는 신세로 비친 JP에게 충청도 사람들은 열렬한 지지를 보냈다. 19일 JP는 내각제 개헌을 이루어내겠다는 명분으로 민자당을 탈당하고 신당 준비 작업에 들어갔다.

마침내 충청권을 중심으로 한 자유민주연합(자민련)을 창당했다. 몇 달 뒤 실시한 6·27 지방선거에서 자민련은 완전히 충청권을 휩쓸었다.

"경상도가 주축인 민주계에 의해 쫓겨난 JP를 살리자!"는 여론이 성난 물결처럼 충청권에 퍼졌다.

유명 인사들이 자민련으로 자리를 옮겨 갔다. 청원군에서는 내 선거사무장을 맡아주던 변종석 씨가 자민련 군수 후보로 출마했다.

지방선거가 본궤도에 오를 때였다. '충청도 핫바지' 논쟁이 불거졌다. 충청도 민심을 완전히 뒤집었던 '핫바지 논쟁'의 전말은 이러했다.

그해 정월 하순께, 김윤환 전 정무장관이 기자들과 간담회를 가졌다.

"김종필 총리가 탈당해 신당을 만들 경우 동병상련의 T·K(대구 경북)와 연계될 수 있겠느냐?"

어느 기자가 물었다. 그 말은 부산, 경남에 비해 소외되어 있는 대구 경북이, 밀려나는 충청도의 JP와 손잡고 민주계에 대응할 뜻이 있는지를 물은 것이다.

김 장관은 한참 생각하다가 "신당이 대구, 경북 지역 당으로 나간다면 모를까, 충청도 지역 당에 끌려 T·K가 핫바지 노릇을 하지는 않을 것"이라고 대답했다. 이 말은 JP가 신당을 만들 경우 대구, 경북을 중심으로 한 대구,경북 당이라면 서로 연계가 될지도 모르지만, 충청도를 중심으로 한 신당을 만드는데 대구, 경북 사람들이 충청도 사람들의 '핫바지 노릇'을 할 것으로는 보지 않는다는 뜻을 밝힌 것이다.

이 기사가 부산의 K신문에 나간 뒤 대전의 한 신문이 간접 취재로 김 장관 발언을 크게 기사화했다. 그 과정에서 대전의 한 신문은 "김 장관이 충청도는 '경상도의 핫바지' 라는 발언을 했다."고 보도했다.

이렇게 되자 '핫바지론' 이 충청권 자존심을 자극하며 태풍처럼 불어쳤다. 그 기사로 선거판이 요동을 치자 부산의 K신문은 그 심각성을 깨닫고 '의미가 와전되었다' 고 해명 기사를 냈다. 간접 취재한 대전의 한 신문은 끝내 해명을 하지 않고 넘어갔다.

JP는 지방의회 선거에서 '핫바지론' 을 질타하며 충청권 민심을 흔들어 깨웠다. "우리는 핫바지가 아니다!"라고 외치면서.

충·남북의 면 단위까지 찾아다니며 호재인 핫바지론을 폈다.

나는 일부러 내려가서 지역구인 청원군 북일면 내수에서 그의 핫바지론을 들었다. 국회의원 선거 때보다도 청중이 많았다.

단상에 올라선 JP는 "여러분! 민자당이 우리 충청도를 핫바지라고 했습니다. 오죽 못났으면 이런 소리를 듣겠습니까. 이번 지방선거에서 똘똘 뭉쳐 핫바지 소리 다시는 못 나오게 합시다." 그러고는 입고 있던 상의를 벗어 들어 "멍청도 핫바지 벗어 던집시다." 하면서 청중 속으로 옷을 던지자 청중들은 열렬한 박수를 보냈다.

결국 6·27 지방선거에서 충청 남·북도지사, 대전시장, 군수 등을 자민련이 싹쓸이했다. 청원군도 민자당 후보인 현직 군수를 누르고 자민련 군수가 탄생했다.

김영삼 대통령이 청원군 오창면 농협 도정 공장을 둘러보고 있다. 왼쪽에서 두번째 가 필자.

핫바지 열풍은 대단했다. 선거 후 나는 핫바지 진상 규명을 중앙 당에 강력히 촉구했다. 사실과 다르다는 것을 확실히 밝히지 않으면 다음 해 총선에서도 되풀이될 것이 뻔했다.

당에서는 핫바지론을 게재한 지방 신문사에 대해 허위사실 유포와 명예훼손으로 20억 원의 위자료를 내라고 민·형사 소송을 제기했다. 이미 버스는 떠나버렸지만 다음 선거를 위해 사실을 사실대로 밝히지 않을 수 없었다. 그 후 신문사의 사과문 게재로 소송은 흐지부지 끝났다.

썰물과 밀물 같은 민심

1996년 4월 11일 제15대 국회의원 총선거가 실시되었다.

민자당은 1996년 2월 6일, 당명을 신한국당으로 바꾸었다. 김영삼 대통령은 박정희 대통령 시절부터 이어진 군사문화를 청산하고 문민정부를 내세웠다. 통치의 주축이 되는 정치판이 우선 변해야 한다고 생각했다. 3당 합당으로 가건물 같던 민자당을 신민주계 중심으로 개편하고 당명도 신한국당으로 바꾸어버린 것이다. '신한국'이라는 말은 과거 군사정부를 청산하고 새롭게 한국을 세운다는 상징적인 의미가 있었다. 이회창 전 총리를 당 대표로 영입했다.

김영삼 대통령의 문민정부에서 나는 당 총재 비서실장, 문체공 상임위원장, 월드컵 유치위원장 등, 활발하게 의정활동을 했다고 자부하고 있어서 국회의원 선거에는 크게 신경을 쓰지 않았다.

선거 운동이 끝나갈 때 여론조사 기관인 갤럽의 최시중(방송통신위원장) 회장이 전화를 했다.

"큰일 났어. 밤새워 뛰어야겠던데."

최 회장의 걱정스러운 말에도 별로 실감이 나지 않았다.

최시중 회장과는 신문사는 달랐지만 같은 해 견습기자로 시작해 10여 년 동안 중앙청 아니면 국회 기자실에서 같이 취재에 열을 올리던 친구 사이였다.

"내가 떨어지면 대한민국에 국회의원 될 사람 하나도 없다. 여론조사 잘못 짚었어."

큰소리를 쳤지만 어쩐지 찜찜했다. 최 회장은 여론조사에서 신

설악산 신흥사에서 최시중 기자(왼쪽)와.

한국당은 충청도 전 지역에서 인기가 없다고 말했다. 그래도 설마 했다.

지난 14대 총선에서도 차점과 1만 5천여 표 차이가 났다. 자민련 바람이 분다고 해도 5천 표 이상 차이야 나지 않겠나 생각했다. 더구나 상대 후보는 지역에서 전혀 알려지지도 않은 인물이었다.

최 회장은 여론조사 결과 자민련 후보와 막상막하라고 했지만 그동안 주례 서고 애경사 찾아다닌 숫자만 가지고도 당선은 넉넉할 것 같았다. 그런 생각으로 가볍게 전화를 끊었다.

며칠 뒤 투표날이었다. 투표장에서 유권자들이 "우리 충청도당 하고 또 뭐가 있지?" 하는 이야기를 들었을 때 정신이 번쩍 났다.

다음 날 새벽녘에 개표 결과가 나왔다. 373표 차이로 가까스로 당선했다. 최시중 회장 말 그대로였다.

3선 의원이 되었지만 득표에 아쉬운 마음이 남았다. 나는 지난 4년간 외국에 나갔을 때 외에는 시간만 나면 지역구에 내려갔고 누구보다 지역 일을 많이 챙겼다고 자부하고 있었다. 비교적 좋은 자리에 있었기 때문에 예산도 다른 지역보다 많이 확보했었다.

재선에서 1만 여 표 이상의 표차로 당선을 했었는데 불과 4년 뒤 373표 차이라니, 민심은 밀려가고 밀려오는 썰물과 밀물 같았다. 과거 호남에서 신한국당이 한 석도 당선되지 못하고 영남에서 평민당이 한 석도 얻지 못했던 그 '지역색 현상'이 이제는 충청도까지 파급되어 남의 일 같지 않았다.

충북 8개 지역구 중에서 신한국당으로는 괴산군 김종호 의원과 청원군 신경식 둘만 살아서 돌아왔고 나머지는 자민련이 5명, 무소속이 1명이었다. 과거에는 신한국당이 8석 전부를 차지하던 곳이다.

충남은 13개 지역구 중에 신한국당에서 예산·홍성의 이완구(현 충남지사) 의원 한 사람만 살아남았고 나머지 12개 지역 전부 자민련으로 넘어갔다. 대전광역시도 7개 지역구가 몽땅 자민련 차지였다. 지역바람이 태풍보다 더 무섭게 몰아쳤다. 자민련 열풍 속에서 살아남은 것만 해도 대단하다는 격려를 많이 받았다.

고향 청원군 문의면

15대 국회 첫 예결위원회가 1996년 11월 4일 구성되었다. 충북에서는 유일하게 내가 예결위원으로 들어갔다.

예결위원 발표가 나자 내년도 국책사업에 꼭 반영시켜야 할 지방 예산안 보따리를 들고 충북도청에서 직원들이 올라왔다.

예결위에서는 부처별 예산 개요를 심의한 뒤 계수 조정을 위한 소위원회를 구성했다. 요행히 계수조정 소위원회에 들어갔다. 이제는 충청도뿐만이 아니었다. 전 행정부처의 예산 담당 공무원들이 찾아와 자기 소관 부처 예산을 삭감하지 말고 그대로 통과시켜 달라고 사정했다.

나는 전국 시멘트 수송의 44%를 차지하고 있는 충북선을 전철화하는 데 주력했다. 설계 용역비로 21억 원을 확보했다. 예산 부족으로 골조만 세워놓고 몇 년을 끌어오던 충북대학교 의과대학의 소요예산 80억 원도 전액 확보했다.

10여 년 후, 집의 큰애가 각 대학병원 외과의사 세미나에서 충북대학교 의과대학 어느 교수를 만났는데 "아버지가 우리 대학 병원 짓는 데 애를 많이 쓰셨다고 임동철 총장이 자주 얘기하더라."는 인사말을 들었다고 한다. 그 당시 충북의대 예산을 확보하기 위해 이리 뛰고 저리 뛴 사실을 지역에서 인정했다는 사실이 매우 기뻤다.

밤을 새우며 새해 예산안 계수 조정을 마치고 새벽에 일어서는데 재경원 예산 담당관이 "고생들 하신 소위원회 의원님들 지역에

가을 추수가 한창인 고향을 찾아 주민들의 노고를 위로하고 있는 필자.

5천만 원씩 특별교부금을 보내겠습니다. 지역에 도움 되도록 쓰십시오." 해서 밤을 새운 피로가 걷혔다.

다음 날 나는 청원군수에게 전화를 걸어 "5천만 원 특별교부금이 나오는데 어디에 쓰면 좋겠느냐?"고 했더니 "의원님이 결정하세요." 한다.

그 당시 나의 출생지인 청원군 문의면은 대청댐 공사로 절반이 물속에 잠겨 지역민들은 고향을 잃어버렸을 뿐 아니라 물질적으로나 정신적으로 큰 고통을 받고 있었다. 나는 댐 주변에 문화재 단지를 조성해 수몰 전에 그 지역에 있던 고건축물이나 고가구, 서첩 등을 전시하는 박물관을 지어 관광객을 유치하고 잃어버린 고향을 기억하자고 제의했다.

확보한 5천만 원에 군비를 다소 지원해 아쉬운 대로 문화재 단지를 꾸려 놓았다. 문체공위원장 시절 알게 된 서울의 서화, 골동계 인사들을 찾아다니며 각종 도자기도 200여 점 이상 수집해서 전달했다.

그 후 명절 때 고향에 내려갔다가 문화재 단지를 돌아보았다. 위치가 좋은 중앙에 가로 세로 1m가 넘는 큼직한 돌이 두개 놓여 있었다.

'문화재단지 조성 기념식수'라고 새긴 돌에 하나는 '충북지사 아무개', 다른 하나는 '청원군수 아무개'라고 쓰여 있었다. 아이디어를 내고 예산을 확보하고 전시물을 준비하느라 뛰어다녔던 기억이 씁쓸하게 떠올랐다.

"나라도 그런 기사 쓴다"

1996년 정기국회 회기가 끝나고 세모가 가까운 12월 중순이었다. 김영삼 대통령으로부터 청와대로 올라오라는 연락이 왔다. 칼국수로 점심식사를 함께 했다.

"이번 연말에 개각을 하는데 정무장관을 맡으라."는 김 대통령의 말이 있었다. 시간이 흘렀어도 개각 초기 장관 임명이 불발되었던 일을 잊지 않고 계셨구나 하는 생각이 들었다. 12월 20일에 발표하겠다고 했다. 보안을 지키라는 뜻이었다.

20일은 청원군 강내면에서 농협 신축회관 준공식이 있는 날이었다. 11시쯤 단에 올라가 축사를 하고 있을 때 신안균(튜브캐스트 부회장) 보좌관이 메모지를 가져왔다. 연설을 잠시 중단하고 메모지를 펴 보니 "11시 뉴스에 정무장관 발표"라고 쓰여 있었다. 이 소식을 전하자 준공식에 모였던 지역주민들은 박수를 치면서 축하해주었고 "이 회관이 재수가 좋겠다."고 덕담들을 했다.

장관으로 취임한 지 6개월쯤 지났을 때였다. 이날은 천안연수원에서 전국 지구당위원장 회의가 열리는 날이었다. 당시 정가에서는 김종필 자민련 총재가 주장하는 내각제 개헌론이 심심치 않게 언론에 떠오를 때였다. 김영삼 대통령은 내각제 개헌에 대해 별 반응을 보이지 않았고, 차기 대선 후보로 가장 유력한 이회창 대표는 강력히 반대하고 있는 입장이었다.

10시쯤 연수원에서 회의를 시작하려고 하는데 기자들이 이회창 대표에게 "정부가 내각제의 장점을 내세워 개헌을 추진할 방침인데 어떻게 생각하느냐?"고 물었다. 이회창 대표는 말할 것도 없고 그 자리에 있던 당 간부들도 어리둥절했다.

"전혀 그런 사실이 없다."고 이 대표가 잘라 말했다. "저기 앉은 신경식 정무장관이 정부 측의 내각제 추진 보고서를 이미 작성해 놓았다."고 기자들이 내 쪽을 가리켰다. 놀란 당 간부들이 내게 시선을 모았다. 정부 측에서 당 모르게 은밀히 내각제 개헌을 추진하지 않았나 하는 눈초리들이었다.

정무장관 취임식에서 취임사를 하고 있는 필자.

"차근차근 얘기 좀 들어봅시다." 황당해하는 내게 한겨레 박찬수(논설위원) 기자가 경위를 설명했다. 정부가 내각제 추진을 신중히 검토하고 있으며 정무장관실이 현재 심도 있게 작업을 진행 중이라는 연합통신 기사가 좀 전에 각 신문사에 들어왔다는 것이다.

나도 모르는 일이 내 주변에서 벌어졌다. 즉시 사무실로 전화를 걸어 "내각제에 대한 서류가 있느냐?"고 물었다. "오늘 회의에서 혹시 내각제 얘기가 나올지 몰라서 내각제의 장·단점을 비교한 문건을 작성해 팩스 편으로 아침에 댁으로 보냈다."고 담당국장이 말했다. 발단은 바로 이 팩스 문건이었다.

나는 집으로 전화를 걸었다. 내가 출근한 뒤에 어느 기자가 응

3장 · 정치에 뛰어들다 401

국무위원으로 국회 상임위에 출석한 필자(오른쪽은 조만후 차관).

접실에서 차 한 잔 마시고 갔는데 팩스기 위에 여러 장 있던 서류가 없어졌다고 했다.

담당국장에게 연락해 그 문건을 연수원으로 전송시켜 내용을 읽어보았다. 내각제와 대통령제의 비교표 같은 것이었다. 추진 여부에 대한 구절은 물론 없었다.

예정대로 지구당위원장 회의가 시작되었다. 사안이 중요한 만큼 나는 신상 발언을 요청하고 먼저 단 위에 올라갔다.

"오늘 아침 내각제를 추진한다는 기사가 통신에 떴습니다. 내각제의 장·단점을 비교해놓은 참고자료를 어느 기자가 부풀려서 기사를 썼습니다. 절대 그런 일 없습니다. 과거에 제가 신문기자 생활을 했습니다만 저도 기자로서 그런 문건을 보았다면 기사 욕심에 그렇게 부풀려서 작문했을 겁니다."

장내에서는 웃음판이 터지고 여기저기서 "알았어, 됐어." 하는 소리가 나왔다. 회의가 끝난 뒤 이 문제에 대한 당 간부들의 대책 모임이 있었다.

"해당 기자를 고발해야 한다." "서류를 훔쳐갔으니 절도죄에 해당한다." "허가 없이 들어왔으니 무단 주거침입죄가 된다." 의견들이 구구했다. 여러 의견을 듣고 있던 이회창 대표가 "신 장관 자신도 기자였으면 그렇게 했을 것이라는데 그냥 넘어갑시다." 하여 그 일은 없던 일로 지나갔다.

DJP 연합과 이인제 후보 출마

1997년 12월 18일, 제15대 대통령 선거를 앞두고 내각에서 장관직을 맡고 있던 4명의 국회의원들이 사임했다. 정시채 농림부장관, 김한규 총무처장관, 신경식 정무 제1장관, 김윤덕 정무 제2장관이었다. 현직 여당 국회의원이 장관직에 있으면서 대통령 선거를 치르면 국민들로부터 오해를 받게 되기 때문이었다.

당으로 돌아온 나는 당무위원으로 도 지부위원장을 맡아 주로 지역구에 상주하면서 대통령 선거 준비에 바빴다.

여당은 전망이 어두워 보였다. 이해 2월에 터진 한보 사태로 인해 김영삼 대통령은 위기감을 느끼지 않을 수 없었다. 자신의 직계

광주 5·18국립묘지를 참배하고 있는 필자(오른쪽 끝). 왼쪽부터 정시채 의원, 손학규 의원.

청조근정훈장을 받고 김영삼 대통령과 기념 촬영.

인 민주계 인사들이 다수 이 사태에 연관되었고 차남인 김현철 씨가 구속되었다.

한보사태의 여파는 계속 번졌다. 삼미, 기아, 진로, 한라그룹 등 대기업들이 부도로 파산 지경에 이르렀다. 1천300원 하던 달러가 수일 내 1천700원으로 올랐고 11월에 233억 달러이던 외환보유고가 12월 들어 30억 달러로 줄어들었다.

임창렬 재정경제원 장관을 미국으로 보내 세계은행, 미국, 일본 등 13개국으로부터 580억 달러 규모를 긴급 지원받았다. 통한의 IMF 사태가 벌어진 것이다.

정부 여당이 흔들리자 야당은 기세를 돋우어 정부를 질타했다. 극과 극으로 보이던 혁신과 보수의 두 상징인 김대중 새정치국민회의 총재와 김종필 자민련 총재가 10월 26일 DJP 연대를 결성했다.

다음 날 아침 김대중 총재는 청구동 김종필 총재를 찾아갔다. JP가 주장하는 내각제를 자신이 대통령이 되면 수용하겠다는 약속을 함으로써 두 분간의 후보 단일화를 이루어냈다. DJ가 대통령 후보가 되고 당선되면 JP와 공동정권을 이루어나가기로 합의했다.

이 무렵 언론이나 야당은 이회창 총재의 두 아들이 군대에 가지 않은 것을 병역기피 의혹으로 몰아 여당은 급격히 대세가 꼬이고 있었다.

DJP 합의가 이루어진 이틀 뒤인 10월 28일, 3당 합당의 축으로 민정계 대부 역할을 하던 박태준 전 최고위원도 그쪽으로 가세했다. 이로써 DJP가 DJT 연대가 되었다. 상대적으로 여당 후보인

당원 행사에서 국민의례를 하는 당직자들. 왼쪽부터 박희태, 이한동, 이상득, 필자, 서정화, 박근혜, 최병렬 의원.

이회창 총재의 지지는 하루가 다르게 떨어졌다.

아들의 병역 의혹으로 이회창 후보에 대한 여론이 수렁으로 빠지자 이인제 의원이 국민 신당을 내걸고 대통령 후보로 나섰다. 이인제 의원은 신한국당 대선 후보경선 때, 탈락하면 당선된 후보를 적극 지지한다는 친필 서약서의 잉크가 채 마르기도 전에 즉시 당을 떠나버렸다.

이인제 후보의 박력 있는 유세는 많은 청중들의 박수를 받았다. 이회창 후보의 아들 병역 문제가 불거지자 이인제 후보의 지지율이 30%대까지 올라갔다. 이를 두고 당내 민정계에서는 김영삼 대통령이 뒤에서 밀어주는 것 아니냐는 의혹이 크게 일어났다. 항간에는 이인제 후보가 김영삼 대통령의 양아들이라는 루머까지 돌았다.

김 대통령은 이인제 후보가 출마 결심을 하기 전인 8월 27일, 청와대로 불러 단독 면담을 했다. 독자 출마를 만류하면서 1971년 대선 때에 있었던 자신의 경험담을 들려주었다.

1971년 대선 후보 경선에서 김대중 후보에게 1차에 이겼으나 과반수가 넘지 못해 다시 2차 투표를 했는데 패배하자 즉시 단상으로 올라가 "김대중 씨의 승리는 나의 승리"라고 외치며 신민당 후보의 승리를 위해 모든 노력을 다하겠다고 선언했던 지난 일을 얘기했다.

그러나 이인제 의원은 끝내 출마를 선언했다. 이인제 후보의 인기가 오를수록 이회창 후보에 대한 여론은 악화되었다.

7월 23일, 중앙일보 여론 조사에서는 이회창 후보가 50.3%로 김대중 후보보다 20%나 앞서 있었다. 하지만 한 달 뒤인 8월 중순 이회창 후보의 지지도는 20%로까지 하락했다. 신한국당은 비상이 걸렸고 지지를 받을 수 있는 일이라면 무엇이든지 해야 할 상황을 맞았다.

9월 1일, 이회창 후보는 3일 후 김 대통령과의 주례 회동을 앞두고 여권에서 전두환, 노태우 전직 대통령을 추석 전에 사면할 것이라고 발표했다. 보수세력이 기반이었던 신한국당으로서는 공민권이 박탈된 전임 두 대통령의 지지 기반을 이 후보 쪽으로 돌리는 것이 큰 힘이 되리라고 본 것이다.

이 기사를 본 김 대통령은 가뜩이나 심기가 좋지 않던 때에 화가

복받쳤다. 즉시 청와대 대변인을 시켜 성명을 발표했다.

"사면, 복권은 대통령의 고유 권한이다."

후보 교체론이 나온 것은 이 무렵부터였다. 김 대통령은 이회창 후보 교체론을 내세우는 당내 이인제 쪽의 구 민주계 지지자들에게 "있을 수 없는 일"이라고 일축했지만 김 대통령이 이인제 후보를 밀고 있다는 소문은 계속 번졌다. 김영삼 대통령과 이회창 후보 간의 사이가 점점 벌어졌다.

비서실장 역임 네 번째

대통령 선거가 두어 달 남은 10월 6일, 이회창 대통령 후보가 나를 찾았다. "비서실장을 맡아달라."는 것이었다. 예기치 못했던 일이었다.

그 당시 상황으로 이회창 대선후보 비서실장을 맡는다는 것은 난감한 일이었다. 김영삼 대통령의 각별한 배려로 장관까지 한 내가 두 분의 감정이 미묘한 때에 이회창 후보의 비서실장 자리로 간다는 것은 김영삼 대통령에게 우선 도리가 아니라고 생각되었다.

대선을 두어 달 앞두고 이인제 후보가 국민신당 간판을 들고 대선에 뛰어들면서부터 두 분의 사이는 더욱 심각했다.

아들 병역의혹으로 이회창 후보의 입지가 흔들리자 당내 민주계 의원들이 크게 흔들리고 이인제 후보 쪽으로 넘어가는 이들이 많았다. 신한국당의 민주계 일부는 당내에 이인제 후보 지지를 위한

이회창 한나라당 대선후보의 김수환 추기경 예방. 왼쪽부터 이 후보, 김 추기경, 필자.

별도모임까지 만들었다.

김 대통령은 이인제 후보의 사퇴를 종용하고 있었지만 이회창 총재 쪽에서는 김 대통령이 같은 민주계 출신인 이인제 후보를 뒤에서 밀어주는 것 아닌가 하는 의심을 품고 있었을 때였다.

일부 언론들도 이인제 후보가 김 대통령의 지원을 받고 있는 것처럼 보도했다. 그런 상황인지라 이회창 후보의 비서실장 제의를 선뜻 받아들일 수가 없었다.

이 후보의 비서실장 제의를 사양하고 돌아오면서 곰곰이 생각해 보았다. 이회창 후보 비서실장으로 자리를 옮긴다면 김 대통령 측근의 민주계 인사들이 나를 어떻게 볼 것인가, YS 비서실장으로 옮길 때와 비슷한 상황이었다.

그러나 다음 날 조간신문마다 '이회창 총재 비서실장에 신경식 의원 임명'이라는 1단짜리 기사가 게재되었다. 신문을 보면서 머리가 혼란스러웠다.

이 상황에서 비서실장 자리를 끝내 사양하게 된다면 이미 신문에까지 발표한 이회창 후보의 입장이 어떻게 될까 하는 생각이 순간 머리를 스쳐갔다. '이 후보가 힘이 빠져 비서실장 하나도 제대로 임명하지 못한다'는 말이 금방 정가에 번질 것이다. 이인제 후보 쪽으로 기울어진 YS의 민주계와 이 후보 측의 대결은 진검 승부로 사활을 건 투쟁이었다.

선거 두어 달 앞두고 내 한 몸으로 인해 신한국당 후보에게 상처내는 일을 해서야 되겠는가, 수락하기로 마음을 정했다. 이날부터 이회창 대통령 후보의 당선을 위해 비서실장 자리에서 뛰었다.

이인제 후보 방문을 권유한 YS

1997년 8월 27일, 이인제 지사의 출마설이 파다할 무렵 김영삼 대통령은 청와대에서 이회창 후보와 자리를 같이했다. 이 자리에서 김 대통령은 이회창 후보에게 "이인제 지사를 직접 찾아가 출마를 만류하도록 하라."고 권유했다.

김 대통령은 자신이 민정당 대선 후보경선 때 박태준 최고위원의 협조를 얻기 위해 부산 기장군의 박 최고위원 고향집까지 찾아

갔던 일화를 얘기했다. 김 대통령은 이때 박 최고위원이 집을 비워 한나절을 대문 앞에서 기다렸다고 했다.

하지만 이회창 후보는 이인제 지사를 찾아가지 않았다.

이인제 지사는 9월 13일 당을 탈당하고 11월 4일 국민신당을 창당해 정식으로 대선 후보로 나섰다. 같은 당에서 한솥밥을 먹는 민주계가 이인제 후보 쪽으로 합세하고 여론조사가 곤두박질치는 상황에서 신한국당이 마지막 반전의 열쇠로 내놓은 것이 DJ 비자금이었다.

DJ 비자금은 오리무중

1997년 10월 7일, 강삼재 신한국당 사무총장은 김대중 민주당 후보의 비자금 파일을 기자들에게 폭로했다. 기자회견에 앞서 강 총장이 당직자 회의에서 풀어 놓은 서류 보따리 속에서는 각종 통장 사본과 은행 거래 내역들이 무더기로 쏟아져 나왔다.

김대중 후보가 365개의 가차명 또는 도명 계좌로 동화은행 등에 670억 원의 정치자금을 관리했다는 증거품들이었다. 칠순이 넘은 김 후보의 친인척이라는 분은 하루에 36억 원을 입금시켰다가 수일 후 몽땅 찾아간 기록도 있었다.

법사위의 송훈석(검사 출신) 의원도 "김대중 후보가 40인 명의로 378억 원의 비자금을 관리했다."고 폭로하고 국회 안에 진상조사위원회를 구성하자고 제의했다.

신한국당 의총에서 강삼재 사무총장(오른쪽)과 김대중 후보 비자금 문제를 협의.

10월 16일, 신한국당은 '뇌물 수수 및 조세 포탈, 무고 혐의' 등으로 김대중 후보를 검찰에 고발했다. 그러나 국민회의 측은 "땅에 떨어진 이회창 후보의 인기를 만회하기 위한 정치공작"이라고 역공세를 폈다.

날짜별로 정리된 은행거래 내역이나 막대한 액수의 통장사본 등으로 볼 때, 검찰조사가 시작되면 대선 정국이 반전될 것이 확실해 보였다. 명명백백한 물증들을 확보하고 있었으므로.

비자금 발표 후 신한국당은 모처럼 활기가 돌았다. 출입이 뜸하던 당사가 외부 인사들로 붐비기 시작했다.

2주일 후 검찰 발표가 났다. 10월 21일, 검찰은 이 사건을 정치적으로 풀이했다.

『대선을 불과 2개월 앞둔 시점에서 김대중 후보의 비자금을 수사할 경우 국론 분열과 경제 마비 등 대혼란이 예상되므로 수사를 유보한다.』

검찰총장의 발표는 코앞에 닥친 대선을 판가름한 것이나 다름없었다. 병역 문제로 코너에 몰려 있던 신한국당으로서는 이 막대한 김대중 후보의 비자금 은닉 폭로야말로 선거판을 뒤집어놓을 수 있었던 마지막 기회였던 것이다.

검찰의 수사 유보 발표 후 신한국당 캠프는 잔치 끝난 뒷마당처럼 썰렁했다. 수사 보류가 발표되자 활기를 띠던 당사는 외부 인사들의 발길이 끊기고 다시 적막해졌다.

김대중 후보가 당선된 다음 해, 취임식 이틀 전인 1998년 2월 23일 비자금에 대한 검찰의 발표가 나왔다.

검찰은 김 후보의 비자금 은닉은 전부 55억 원뿐이고 이 돈을 처조카인 동화은행 이 모씨가 관리해 왔다고 발표했다. 검찰 발표는 YS 집권 당시 사정비서관으로 있던 B씨가 비자금 내역을 조사했고 이 조사 서류를 정형근 의원이 입수해 강삼재 총장에게 전달했다는, 입수 경위를 밝히는 데 초점을 둔 느낌이었다.

DJ 비자금 의혹은 DJ의 대통령 취임과 동시에 안개 속으로 사라져버렸다. YS정권에서 비자금 수사 유보를 발표했던 김태정 검찰총장은 DJ정권이 들어선 뒤 법무부장관으로 승진했다.

"신부님, 기도해주십시오"

10월 21일, 검찰총장의 '수사 유보'가 발표된 다음 날 아침 이회창 후보는 긴급 기자회견을 열었다.

"김영삼 대통령은 당을 떠나서 대선을 공정히 관리하라."

대통령의 탈당을 재촉하는 성명을 발표했다. 회견을 끝낸 이회창 후보는 착잡한 심정으로 천안 독립기념관을 찾아 별말 없이 분향을 마친 뒤 그길로 차를 음성 꽃동네로 돌렸다. 나는 옆 좌석에 앉아 어떤 말로 그분을 위로해야 할지 막막할 따름이었다.

당은 벌집을 쑤신 것같이 시끄러웠다. 김 대통령을 정신적 지주로 받들던 민주계 의원들은 입을 모아 반발했다. "굴러온 돌이 박힌 돌을 몰아낸다."고 후보 교체론을 들고 나왔다. 화가 치민 민주계 세력들이 대거 이인제 후보 쪽으로 쏠리기 시작했다.

이 후보의 김 대통령 탈당 요구는 민주계뿐만 아니라 당료파나 보수층에서도 적지 않은 반발을 불러일으켰다. 그러나 젊은 세대들은 구악 정치의 상징으로 규정지은 김영삼, 김대중, 김종필 3김 정치를 청산하려는 의지와 노력이라고 높이 평가했다.

꽃동네로 가는 차 속에서 이 총재는 나에게 정치판 이야기보다는 평범한 주변이야기를 들려주며 불편한 심기를 달랬다.

해방 후 부친이 청주지검 검사 시절, 이북 출신 도지사가 횡령혐의로 조사를 받은 사건이 있었다. 부친은 수사에 착수했다.

자유당이라는 명함만 내밀어도 만사가 통하던 시절, 자유당 간부들로부터 이 사건 수사를 중단하라는 압력이 들어왔다. 부친이 소신을 굽히지 않고 수사를 계속하자 자유당 간부들은 대검찰청의 이북 출신 고위층을 동원해 이 총재의 부친이 남로당 인사들과 연관되었다는 누명을 씌웠다. 이 일로 부친은 감옥에 들어갔고 그 시기에 가족들은 끼니를 걱정하면서 살았다고 했다. 1997년 대선 때 상대 당에서 그 사건을 여론에 흘리다가 불리하다고 여겼던지 슬그머니 물러섰다.

중·고등학교 시절에는 권투를 열심히 했다고 한다. 부친이 공직에 있어 자주 전학을 다녔는데 학교를 옮길 때마다 텃세를 하는 학생들이 꼭 시비를 걸었다. 그래서 권투를 시작했고 시합 중에 코뼈가 부러진 적도 있었다고 한다.

가출한 적도 있었다고 했다. 청주중학교 재학 시절 특별한 사유도 없이 무작정 집을 나와 서울로 가기 위해 청주서부터 조치원역까지 걸어갔다. 서울행 기차를 기다리는데 역장이 아버지에게 연락해서 청주로 되돌아왔다고 했다. 모범생이었던 이 후보가 가출을 했었다는 얘기는 흥미로웠다.

꽃동네에서 오웅진 신부님이 반가이 맞아주었다. 이회창 후보의 조카 중에도 신부님 한분이 계셨다. 이 후보 집안은 독실한 천주교 집안이었다.

오 신부님은 나와는 외가 쪽으로 먼 친척이 되었다. 오 신부님의 맏형은 내 고향인 청원군 문의면에서 약방을 경영하며 선거철마다 나를 도와주었다.

그날 오 신부님의 기도에 이 후보는 위안을 받는 듯했다. 수용자 중 뇌막염으로 불구가 된 20대의 여성이 해맑게 웃으며 '나는 행복합니다' 라는 자작시를 낭송할 때에는 손수건을 꺼내 눈물을 닦기도 했다.

얼마나 심신이 괴로웠으면 신부님을 찾아뵈었을까 생각하니 나도 옆에서 괴로웠다.

수일 후 김영삼 대통령은 당을 떠났다. 김영삼 대통령의 상징인 '신한국' 이라는 단어를 씻어내기 위해 '한나라당' 이라고 당명을 바꾸었다.

비싼 미디어 선거

대선을 40여 일 앞두고 야당인 김대중, 김종필, 박태준 세 분의 소위 DJT가 계속 상승세를 보이는 가운데 이회창 후보는 민주당 조순 총재와 물밑에서 접촉을 벌였다.

조순 총재의 자제 기섭 씨와 가까운 사이였던 강재섭(한나라당 대표 최고위원 역임) 의원이 두 사람의 교량 역할을 했다.

일이 순조롭게 진행되어 11월 5일, 조순 총재는 이회창 후보와 연대 의사를 밝혔다. 7일에는 신한국당과 민주당이 통합에 뜻을 모았고 마침내 2주일 후인 21일 비가 내리는데 대전에서 합당대회를 열었다.

당명은 조순 총재가 '한나라당' 이라는 이름을 내놓아 그대로 받

트럭 위에 임시로 마련한 연단에서 이회창 후보 지지 연설을 하는 필자.

아들였다. 당은 조순 총재가 맡고 대선에는 이회창 후보가 출마하기로 역할 분담을 했다.

후보들 간의 TV토론회가 유행이었다. 이회창, 김대중, 이인제 세 후보의 토론회가 경쟁적으로 방영되었다. 토론에서 이회창 후보가 비자금 문제를 제기하면 김대중 후보는 아예 무시하고 언급을 하지 않았다. 오히려 한나라당이 정치적 음모를 꾸민다고 주장했다.

대선 TV토론회는 시청률이 높았다. 후보들은 경쟁적으로 시간을 예약했다. 공식적인 TV토론회가 모두 54회나 되었다. 여기에

대선 막바지에 이회창 총재와 귓속말로 득표전략을 협의하고 있다.

후보들이 3개 방송에 개별적으로 나가 방송 연설을 한 횟수가 스물두 번이었다.

정당 연설은 값이 비쌌다. 가장 비싼 CF(광고방송) 단가를 기준으로 하여 1회 방송에 2억 8천만 원 내지 3억 6천만 원의 돈이 들었다. 미디어 선거에도 돈은 엄청나게 들었다. 선거는 전파 전쟁으로 변해갔다.

여론조사도 선거 판도에 큰 영향을 미쳤다. 한나라당은 여의도 연구소 안에 자동응답기(ARS) 장비를 도입하고 이틀에 한 번씩 여론조사를 했다. 조사 결과를 놓고도 한나라당, 국민회의 양측은 신경전을 벌였다. 당원의 분발심을 불러일으키기 위해 "이회창 후보가 김대중 후보에게 약간 밀리고 있다."고 한나라당 쪽에서 엄살을 하면 국민회의 쪽에서는 "현재 박빙의 차이"라고 숨넘어가는 소리로 응수했다.

영남의 반 김대중 정서를 자극하기 위해 여론조사를 활용하기도 했다. 국민회의도 여론조사를 역이용했다.

백 번 승리할 대권

1997년 12월 18일, 제15대 대통령 선거가 실시되었다.

한나라당 이회창 후보 38.7%, 국민회의 김대중 후보 40.6%, 국민신당 이인제 후보 19.2%의 득표율. 이회창 후보는 38만 표 차이로 김대중 후보에게 패했다.

병역비리 의혹은 많은 표를 깎아냈다. 이인제 후보의 출마만 막았더라도 백 번 승리했을 선거였다.

패인 중에는 정치 자금도 한몫했다. 15대 대선 과정에서 한나라당은 비록 김영삼 대통령이 탈당은 했지만 실질적으로는 여당이었고, 여당으로 정치자금이 몰리는 것은 정치판의 상식이었으나 이때만은 그렇지가 못했다. 김영삼 대통령과 이회창 후보 간의 마찰로 정치자금을 마련해 줄 대기업들이 양쪽의 눈치만 보다 선거일을 넘겼다는 말이 돌았다.

재벌들과 오랜 인간관계를 맺어 온 김종필 자민련 총재와 포항제철 사장 출신인 박태준 최고위원의 힘을 입은 국민회의는 자금면에서 한나라당보다 수월했을 것이라고 추측하는 사람들이 많았다.

낙선한 후보의 절망

대선 패배 후 이회창 후보는 2선으로 물러났다. 가을 전당대회까지 조순 총재 라인으로 새 판을 짰다.

이 후보는 명예총재로 추대되었다. 나는 이 후보 측근에서 활동하던 몇몇 초선의원들에게 명예총재 비서실장을 맡아달라고 부탁했다. 이들은 한결같이 "현역의원이 명예총재 비서실장을 어떻게 하느냐."고 거절했다. 이 총재가 대통령이 되었더라면 상황은 그 반대였을 것은 말할 필요도 없겠다.

생각 끝에 내가 계속 비서실장으로 남기로 했다. 남대문 옆 신한은행 빌딩 15층 이 총재 변호사 사무실에 책상 하나를 갖다 놓았다. 3선 의원이 명예총재 비서실장을 하느냐고 의아해하는 동료들이 많았지만 신경 쓰지 않았다. 40대에 총선에서 낙선했을 때의 그 고독하고 쓰라렸던 나 자신의 모습을 떠올리며 나는 국회 일이 끝나면 남대문 사무실로 갔다.

비서실장 다섯 번

명예총재 비서실장까지 도합 다섯 번을 비서실장이라는 자리에서 일을 했다. 그동안 정치활동을 하면서 비서실장 임명장만 다섯 장을 받았다.

첫번째 정일권 국회의장 비서실장, 두 번째 민자당 김영삼 대표최고위원 비서실장, 세 번째 대통령이 된 김영삼 민자당 총재 비서실장, 네 번째 신한국당 이회창 대통령 후보 비서실장, 다섯 번째 한나라당 이회창 명예총재 비서실장.

어떻게 다섯 번씩이나 비서실장이라는 자리에 임명되었나? 조용히 생각해본 적이 있었다.

첫째로 언론에서도 지적했듯이 온건한 성격 때문일 것이라 생각된다. 별로 따지지 않는 좀 어눌한 내 성격을 남들은 원만하다고 했다. 일단 일을 맡으면 고지식하게 일에 열중하는 것도 일조를 한 것 같다.

둘째는 강인한 지도자 뒤에는 강하지 않은 아랫사람이 필요했던 것 같다.

엄한 할아버지, 아버지 밑에서 성장하며 나이 스물이 넘도록 집에서 목소리 한번 높여보지 못했다. 벽에는 할아버지가 써 붙인 주자십훈(朱子十訓)이 걸려 있었고 어려서부터 윗사람에게는 무조건 순종하는 것이 몸에 배었다.

언론에 비친 나의 인물평에서 빠지지 않는 대목이 결단력이 부족하고 사람이 순박하다는 것인데 성장과정에서 형성된 것 아닌가

땀 흘려가며 부지런히 일하는 모습을 그린 캐리커처.

생각한다. 세련되지 못했다는 평도 자주 들었지만 천성은 바뀌지 않았다. 아니 바꾸지 않으려고 노력했는지도 모른다. 약삭빠른 것이 체질적으로 맞지 않았다.

셋째는 출생지가 충청도였기 때문이 아닌가 생각한다. 해방 후 정치판도는 지도자들의 출신지를 중심으로 양분되어 왔다. 영남 아니면 호남이 주축을 이루었다. 지도자의 출신지 인물들로 세력이 형성되었고 세월이 지나면서 지방색은 점점 벽이 두터워졌다.

영·호남이 정치 세력화하는 사이에서 그들은 충청도를 부담 없는 우호세력으로 생각했다. 비서실장직 같은 측근 참모는 지역성이 없는 인물이 대외적으로도 명분상 무난했을 것이다. 그 덕을 본 것 같았다.

'정상' 보다는 7부 정도에서 만족하는 것이 영남이나 호남과 다른 충청도의 '중도적 기질' 이라고 나는 생각해 왔다. 그래서 나는 7부 정도의 능선이 좋다는 나름대로의 철학을 가지고 정치활동을 해 왔다.

10부 정상을 오르는 길은 험하고 위험하다. 온갖 중상 모략이 따르고 끌어내리려는 반대 세력이 잠시도 쉬지 않고 눈을 부라리고 있다. 그러나 7부 능선엔 그런 발목잡는 세력이 없다. 그래서 나는 '7부 능선엔 적이 없다' 는 것을 늘 생각하면서 그 선상에서 활동하는 것이 내 분수에는 맞는다는 생각을 하며 조심스럽게 처신해왔다. 그러다보니 박력없다는 말이 나오고 순박하다는 평이 나오는 것 같았다.

한나라당 사무총장 취임

선거 빚 50억 원 갚았다

1998년 9월 이회창 명예총재가 다시 당 총재로 복귀했다. 다음 날부터 나는 당의 살림을 꾸려 나가는 당 사무총장으로 일하게 되었다.

제일 먼저 당의 재정 형편을 살펴보았다. 대선이 끝나고 수개월이 지나도록 당은 사무처 직원들의 봉급을 지급하지 못했다. 전기 요금과 수도료가 밀려 단전, 단수하겠다는 통보가 매달 날아왔다. 나는 의원총회에서 당 재정 상황을 사실대로 털어놓았다.

"총 부채 규모는 191억 3천만 원입니다. 그 내역은 여의도 당사 공사비 미지급분 87억 원, 사무처 직원 퇴직금 미지급분 56억 2

이회창 총재와 당3역. 왼쪽부터 필자(사무총장), 이 총재, 서상목 정책위의장, 박희태 총무.

천만 원, 15대 선거 및 6·4지방선거 부채 29억 원, 각종 공과금 미납분 12억 원 등입니다."

의원들은 모두 심각한 표정을 짓고 있을 뿐 시원한 해결책을 내놓지 못했다. 천안에 있는 연수원이나 여의도 당사를 매각해서라도 부채를 청산하겠다고 하자 이의를 제기하는 의원이 없었다.

선거 빚 때문에 당사를 판다는 신문기사가 났다. 몇 군데서 값을 물어왔다. 부동산 신탁은행에 당사 건물의 시가를 감정했다. 600 내지 700억 원이라고 했다. 당장 건물이 빚으로 넘어가는 줄 알았는지 몇 기업체에서 200억 정도면 사겠다는 연락이 왔다. 제값을 받을 때까지 팔지 않고 버티기로 했다.

국정감사 중 장관실에 들어가 ARS 전화를 거는 필자. 한 통화에 1만 원이 당으로 들어갔다.

먼저 급한 불을 끄기 위해 몇 가지 아이디어를 냈다. 당의 재정에 조금이나마 도움을 받기 위해 ARS 전화를 설치했다. 외부에서 일반전화로 이 번호를 돌리면 자동적으로 1만 원이 당으로 들어오게 되는 것이다. 말하자면 소액 후원금 모금인 셈이다.

전화를 설치하고 며칠 뒤 국정감사가 시작되었다. 나는 우리 당 소속 의원들에게 매일 의무적으로 1인당 10통화씩 그 번호로 걸도록 했다. 국정감사장 의원휴게실의 전화가 불이 나다시피 바빴다.

나는 감사 도중 틈만 나면 장관실, 차관실, 국장실을 돌며 하루에 100여 통씩 전화를 걸었다. 상대 전화에서 자동응답 소리가 나면 그냥 수화기를 놓아버렸다. 1만 원이 당으로 들어갔다.

여직원들이 "혹시 전화가 안 되나요?" 하고 불안해하면 "됐어. 좀 있다 다시 걸지." 하고 나와버리곤 했다.

나는 쉬운 일부터 하나씩 해나가기로 했다. 김기창 화백의 1972년작 대형 백두산 천지 그림을 5천500만 원에 팔았다. 중앙당의 유세차량 5대 중 4대를 팔아버렸다. 지방에서 치러지는 야당파괴 규탄대회 때도 과거에는 경비 전액을 중앙당이 보조했지만 50만 원씩만 보냈다.

불 아끼고 물 아끼고 종이 아끼고 접대비 아끼고 쥐어짜듯 살림을 한 결과 1년 후 총장직에서 물러날 때 상당액의 부채를 갚을 수 있었다.

동아일보사가 발간하는 주간지「뉴스플러스」(주간동아 전신)에 다음과 같은 기사가 실렸다.

『…감량 경영의 고통과 돈 없는 수모를 겪은 지 1년. 놀랍게도 46억 7천만 원의 빚이 줄어들었다.…당의 재정문제와 관련해 이회창 총재는 큰 도움이 안됐다. DJ나 YS처럼 돈을 끌어모으는 '재주'도 없었거니와 총재 취임식 날 터진 '세풍' 사건 탓인지 돈 문제에 관해서는 총장에게 입도 벙긋하지 않았다.

신경식 총장은 8월 11일 이임하면서 이 총재에게 이러저러해서 빚을 줄여 놓았다고 보고했다. 이 총재는 "그랬어"라며 잠깐 웃기만 했다.』(1999년 9월 16일자 동아일보 뉴스플러스 제201호 36페이지.문철 기자)

정작 내 집안 살림에는 무심했던 내가 당 살림살이를 챙겨야 하는 사무총장 일을 맡고 1년 동안 구두쇠살림을 했다. 사무처 직원들이 고달팠다.

신경식이 저럴 수 있나?

1998년 2월 25일, DJ가 대통령으로 취임했다. 정국은 여소야대로 순탄치 못했다. 집권당은 야당의원을 빼가기 시작했다. 이회창 명예총재가 다시 총재로 돌아온 그 시기에 하루 3~4명씩 집권 여당 쪽으로 갔다.

서울 출신 K의원은 밤중에 이회창 총재 댁으로 찾아왔다. 눈물을 흘리면서, 집권당인 새정치국민회의에 입당하기로 했다고 털어놓았다. 큰 생산업체를 운영하고 있던 K의원은 은행에서 융자한 돈이 많았다.

어느 날 은행으로부터 갑자기 수일 내로 부채를 상환하지 않으면 부도 처리하겠다는 통보를 받았다. 한나라당을 탈당하고 집권당에 입당하면 무사할 수 있을 것이라는 생각에 그쪽으로 간다고 했다.

중진급인 Q의원은 정부 기관원이 좀 보자고 해 단둘이 만났는데 큼직한 보따리를 풀어 놓더니 "이것이 모두 의원님에 관한 비밀 자료입니다." 했다. 그 한마디에 두말없이 한나라당을 탈당하고 국민회의 쪽으로 갔다고 한다. 털어서 먼지 안 나는 사람 없다

야당파괴저지투쟁의 일환으로 당적을 바꾼 의원들의 사진을 의사당 앞에서 불태우고 있다. 왼쪽부터 김호일, 이부영, 이중재, 김명윤 의원과 필자.

는 말이 실감 났다.

이 같은 일이 연일 벌어지고 있었다. 이회창 총재는 저지 방안을 강구해보라고 내게 지시했다. 이부영, 김문수 의원 등 과거 투쟁 경력이 많은 의원들로 '야당성회복투쟁위원회'를 구성하고 이부영 의원을 위원장으로 뽑았다.

투쟁 경력이 다양한 이 의원이 아이디어를 냈다. 민주당으로 가버린 의원들의 사진 화형식을 거행하자는 것이다. 의원들의 탈당을 막는 데 효과가 있을 것이라고 했다.

김대중 대통령 시절 방한 중인 영국 엘리자베스 여왕을 청와대에서 알현하는 필자.

 탈당한 K의원 등 20여 명의 사진을 확대해 의사당 앞에 쌓아 놓고 불을 질렀다. 한나라당 소속의원 전원이 지켜보는 가운데 모든 장면이 TV를 통해 소상히 방영되었다. 같은 당에서 활동하던 동료의원들의 사진에 검은 띠를 두르고 불태우는 것이었다.
 탈당한 의원이 비통한 심정으로 "자식들이 볼까 무섭다. 어쩔 수 없었다는 것을 언젠가는 알게 될 것이다. 가깝게 지낸 신경식이가 어떻게 저런 일을 할 수 있느냐."라며 나를 원망하더라는 이야기를 전해 들었다.

피 말린 4선 고지

선거에는 혈연, 학연, 지연

빚에 시달렸던 사무총장 1년을 마치고 1999년 8월, 이회창 총재 특보단장으로 자리를 옮겼다. 사무총장 후임에는 하순봉 의원이 임명되었다.

나의 선임 특보단장은 신영균 의원이었다. 큰 기업을 경영하는 신영균 의원은 단장을 그만둔 뒤에도 특보단의 온갖 경비를 부담해주어 특보단 활동에 큰 도움을 주었다.

그해 정기국회가 끝나자 각 당은 제16대 국회의원 선거를 준비했다. 지난번 15대 선거에서 마음 놓았다가 아슬아슬하게 당선했던 나는 일찍부터 선거운동에 들어갔다.

내 전임 특보단장이었던 신영균 의원이 최금녀 시인 출판기념회에서 축사를 하고 있다.

지역사람들을 만나 "이번에도 잘 좀 도와달라."고 하면 "잘하라."고 격려하는 사람도 많았지만 "아니, 또 하려고?" 하는 사람들이 적지 않았다. 청원군에서는 역대로 3선 이상 국회에 진입한 사람이 없었다.

국회의원 4선은 '죽을 사(死)' 자 사선이란 말이 있다. '죽을 사' 자라는 말이 피부로 느껴지는 분위기였다. 대도시 의원들은 신문이나 TV에 얼굴이 자주 비치면 표에 큰 도움이 된다고들 했다. 그러나 지방에서는 매스컴보다 개인적 유대가 중요했다. 바빠서 결혼식 주례를 서지 못했다든지, 취직을 시키지 못했다든지, 집안 애경사에 무심했다든지 하면 표가 나오지 않았다.

아무리 열심히 뛰어도 들어주는 부탁보다는 들어주지 못하는 부탁이 많을 수밖에 없었다.

2000년 4월 제16대 국회의원 선거에 충청권은 제15대 국회의원 선거 못지않게 자민련 바람이 불었다. 13일 투표일이 가까워지면서 선거전은 불꽃이 튀었다. 강외면 어느 마을 초상집으로 밤늦게 조문을 갔다. 마을사람들이 둘러앉아 화톳불 곁에서 고스톱을 쳤다. 나도 끼어들어 두어 판 치다가 남은 돈 2만여 원을 판에 밀어 놓고 돌아왔다.

다음 날 강외파출소에서 호출장이 왔다. 전날 밤 상가에서 주민들에게 돈을 건네주었다는 신고가 들어왔으니 조사를 받으라는 것이다. 고스톱 판에 있었던 상대방 운동원이 파출소에 신고를 한 것이다.

그렇지 않아도 '죽을 사' 자 4선 고지에다, 김대중 정권과 공동정권을 세운 자민련 바람에다, 코너에 몰릴 대로 몰렸다.

첫 출마에서부터 선거운동을 도와주었던 청주고등학교 30회 동기생 회장 윤태무(제천 부시장 역임), 재경 회장 정병소(주택은행 부행장 역임) 씨 등이 주축이 되어 이번에도 경비를 염출해 사무실을 차리고 사조직으로 뛰었다.

특히 새벽 2~3시까지 자기 트럭에 나를 태우고 시골 마을 마을을 돌아준 정진관(알파전자 사장) 동문과 면 단위 득표전략을 도표로 만들어준 남기대(충북대 교수 역임) 동문, 각 당의 홍보전략을 수시로 분석해준 한준구 동문 외에도 여기 기록하지 못할 정도로 많은 동기, 선후배님들에게 받은 순수한 사랑을 잊을 수가 없다.

옛날부터 선거에는 첫째가 혈연이고, 둘째가 학연이고, 셋째가 지연이라는 말이 있었다. 오늘날에도 변함이 없었다.

시민단체의 낙선자 명단

2000년 2월, 선거 운동이 끝나갈 즈음 엎친 데 덮친 격으로 한창 매스컴을 타던 시민단체가 낙선운동 대상자 명단 18명을 지목해 언론에 발표했다. 신경식도 포함되었다.

그 당시 국회에는 경기 이남 충청남·북도, 전라남·북도, 대전, 광주지역 53명의 국회의원 중 한나라당 의석은 신경식 하나뿐이었다. 15대 국회 개원 초 충청권에서 같은 당으로 당선되었던 김종호, 이완구 의원은 김종필 총재와의 인연으로 일찍이 DJT 공동정권 쪽으로 적을 옮겼다.

나를 낙선시키겠다고 서울에서 내려온 자칭 시민단체 회원들은 플래카드를 들고, 어깨띠를 두르고 합동 유세장으로 몰려들었다. 대부분이 과거 반미 데모, 반정부 데모에 앞장섰던 사람들이었다.

유세장에서 나는 이들을 향해 마이크의 볼륨을 높였다.

"국가보안법은 절대로 폐지할 수 없습니다. 동성동본 결혼도 절대로 허용할 수 없습니다."

국가보안법 폐지를 반대한다는 이유로 시민단체로부터 낙선 대상자로 지목된 나는 유세에서 이 법 폐지를 끝까지 막겠다고 강조했다.

이들이 나를 낙선 대상자로 지목한 이유가 바로 국가보안법 폐지를 반대하고 동성동본 결혼을 반대한다는 것이었다. 3선까지 나를 지지해주었던 유권자들의 권태감도 느껴졌다. 야당이 되고 보니 여당 대우를 받는 자민련 바람도 만만치 않아 선거운동은 유례없이 힘들었다.

드디어 4월 13일 투표 날을 맞았다.

투표 당일, 관내 투표구를 돌다가 투표 종료시간인 저녁 6시 남짓면 선거사무소에서 TV뉴스를 보았다. 투표를 마친 유권자들을 대상으로 한 여론조사 결과를 발표했다. 가장 정확하다는 이른바 방송국 출구조사였다.

신경식은 3등으로 밀려 있었다. TV를 함께 보던 면 직원들이 미안한 표정으로 슬금슬금 자리를 떴다. '3선까지 한 것도 다행이지' 마음을 다잡았다.

개표가 시작되었다. 여론조사대로 3등으로 시작했다.

밤 12시경까지 상대후보에게 1천여 표 차로 뒤지고 있었다. 더 볼 것도 없을 것 같아 장남에게만 거처를 알려주고 여관으로 갔다. 여러 번의 개표경험으로 미루어 초반의 표차가 끝까지 유지되었기 때문이다. 피로가 밀려왔다.

그 와중에도 깊은 잠이 들었다. 선거기간 내내 네 시간 정도밖에 자지 못한 잠이 쏟아진 것이다.

새벽 4시쯤 큰애가 나를 깨웠다. 현재 240여 표 차이로 좁혀졌는데 고향 문의면이 개표되지 않아 희망이 있다고 했다. 상대 당 후보의 고향 면을 먼저 개표해 표차가 많이 났던 것이다.

실오라기 같은 희망을 품고 침대에 기댄 채 TV를 지켜보기 시작했다. 240표 차이에서 120표 차이로 좁혀지다가 다시 40표로 좁혀지더니 개표 완료 표시와 함께 16표 차이로 내 이름 앞에 무궁화 꽃이 붙여졌다.

참으로 생사의 갈림길 같은 개표상황이었다. 개표소인 청원군 문화원으로 갔다.

새벽 5시쯤, 극적인 역전승 때문인지 많은 기자들이 대기하고 있었다. 꽃다발을 들고 손을 흔들어달라는 기자들 요청에 주위를 돌아보았지만 개표 종사원만 몇 명 남고 당원들은 모두 철수한 뒤였다. 자정이 넘어도 표차가 줄어들지 않자 당원들은 허망해하면서 모두 집으로 돌아간 것이었다.

다음 날 지방신문에 실린 당선자들 사진에서 꽃다발 없이 빈손을 번쩍 든 당선자는 신경식 하나뿐이었다.

시민단체의 낙선자 명단에 든 18명 중 6명이 살아났다. 경상도 지역에서 5명, 그 외 지역에서는 신경식 하나뿐이었다.

재검표에 16+2=18표 차이

극적인 역전승으로 전국에서 축하전화가 쇄도했다.

개표 다음 날 아침에 경기도 안성 출신 이해구(내무부장관 역임) 의원에게서 축하전화가 왔다. 전날 자정 자신의 낙선을 확인하고 잠자리에 들 때 TV에서 충북 청원군이 나오는데 내가 1천여 표나 뒤지고 있어 "신경식이도 낙선이구나." 하면서 잠자리에 들었다고 한다.

이 의원은 새벽에 이회창 총재로부터 위로전화를 받았다고 했다. 이 총재의 위로를 받으며 "신경식 의원이 떨어져 얼마나 상심되시겠습니까?" 했더니 "신경식이는 새벽에 당선되었어." 하더라고 했다.

이해구 의원은 나와 대학 동기생이다. 이 의원은 그 후 보궐선거에서 권토중래해 4선 의원으로 16대 국회에 들어왔다.

16표 차이로 패한 상대 후보는 바로 재검표 소송을 제기했다. 몇 달 뒤 대법관 2명이 배석한 가운데 투표함을 쏟아 놓고 재검표를 했다.

한나라당에서는 법조 출신인 박희태(한나라당 대표최고위원, 전 법사위원장) 의원과 김기춘(전 법무부장관, 3선 의원) 의원이 내려와 현장을 지켜보았다.

2표가 늘어서 결국 18표 차이가 났다. 근소한 차이로 당선한 당선자 중 전국에서 네 번째였다.

유권자들의 표심은 막을 수 없는 밀물과 썰물처럼 수시로 밀려가고 밀려왔다. 유권자의 심판은 준열했다.

제 4 장
"의원님, 제발 산소 마스크 쓰지 마세요"

허위 날조와 모함으로
얼룩진 청와대의 길

제16대 대선 예비후보들

 2000년 5월, 16대 국회에 등원하니 한나라당 소속으로 군 단위에서 4선 의원에 당선된 의원은 남해·하동의 박희태 의원과 청원군의 신경식 둘뿐이었다.
 총선도 끝나고 정치권의 초점은 2년 뒤로 닥친 2002년 제16대 대통령 선거에 쏠렸다. 새 시대 새 정치를 내세운 이회창 총재는 제16대 국회의원 공천에서 김윤환, 이기택, 신상우 의원 등 계파 보스들을 탈락시켜 정계가 크게 술렁거렸고 총선에 그 영향이 미치지 않을까 몹시 걱정했다.
 선거 결과는 의외로 원내 제1당이 되어 이 총재는 당 총재로서의 기반이 단단해졌다. 김덕룡, 박근혜 의원 등 당내 일부에서는 부정선거 진상 규명을 위해서 전당대회를 가을에 열자고 주장했지만 이 총재는 총선의 여세를 몰아 5월 30일로 전당대회를 밀어붙였다. 66.4%의 압도적 지지로 이회창 총재가 재선출되었다. 2년 뒤 다시 청와대로 달릴 만반의 준비가 갖추어진 셈이다.

가을 들어 대선 후보로 거론되는 인물들이 서서히 떠올랐다. 한나라당에서는 이회창 총재 이외에도 이명박 서울특별시장과 김혁규 경남지사 이름이 오르내렸다.

그해 가을 내가 행정자치위원회 소속으로 지방 관서 국정감사를 하고 있을 때였다. 경남도청 국정감사에서 김혁규 지사에게 궁금했던 점을 물었다.

"김 지사가 차기 대선 후보로 출마한다는 얘기가 많은데 본인이 사실 여부를 밝혀라."

나의 질문에 그는 싫지 않은 표정으로 "그냥 열심히 일하고 있다."고 아리송한 대답을 했다.

그날 감사를 마치고 도청 간부들과 감사위원들이 식사를 하던 중 김 지사는 내 옆으로 와 각별히 술을 권했다. 나는 속으로 '대선 출마설이 싫지는 않았구나' 생각했다.

며칠 후 서울특별시 감사가 시청 회의실에서 열렸다.

"이명박 시장이 차기 대권 후보로 나선다는 얘기가 있는데 본인은 어떻게 생각하느냐."

이날도 나는 같은 질문을 했다. 이 시장도 싫지 않은 표정으로

"글쎄요."하고 말끝을 흐리며 웃기만 했다. 대권이란 말만 들어도 가슴 벅차고, 이름만 오르내려도 황홀한 경지를 느끼는 것 같았다.

노무현 전 대통령이 해양수산부 장관이었을 때, 나는 농림해양수산위원회 소속 위원이었다.

전국의 수산협동조합들은 불가사리 피해를 호소하고 불가사리 퇴치 예산을 보내 달라고 아우성이었다. 해양수산부 예산 심의 때 나는 불가사리 퇴치 예산 증액을 요구하며 어민들이 보내온 불가사리가 담긴 통을 노무현 장관 앞으로 보냈다.

불가사리 퇴치 방안을 묻는 나의 질의에 노 장관은 확실한 답변이 없었다. 불가사리가 담긴 통을 열어보지도 않았다.

"대통령 출마한다고 소문난 사람이 이런 것 하나 확실하게 답변 못하고 대통령 할 수 있겠느냐?"고 목소리를 높이자, 답변 자료만 내려다보던 노 장관은 그제야 통을 열어보았다.

대선기획단 조기 발족

연말로 다가선 제16대 대통령 선거를 앞두고 당에서는 2002년 연초에 대선 후보 선출을 위한 전당대회를 열었다. 한나라당 대선 후보로 경선에 나선 사람은 8명이었다.

이회창 총재는 대회 두어 달 전부터 총재직 사표를 내고 경선 준비에 들어갔다. 나는 이회창 후보 경선대책 본부장 직책을 맡았다.

농림해양수산위원회에서 노무현 해수부장관에게 현안을 질의하고 있는 한나라당 의원들(오른쪽부터 신경식, 이방호, 이상배, 허태열 의원).

　등록한 후보 모두가 이회창 후보를 타깃으로 정하고 득표 활동을 벌였다. 이 후보가 될 것이라는 예측 때문이었는지 인신공격이나 비난은 많지 않았다.
　제16대 한나라당 대통령 후보 경선에서 이회창 총재가 70%가 넘는 지지를 받으며 선출되었다.
　기선을 잡기 위해 선거 조직을 일찍 가동시켰다. 6월 26일 '대통령 선거기획단'을 구성했다. 이회창 총재는 단장에 신경식, 부단장에 정형근, 이재오 의원을 임명하고 김무성, 권철현, 김문수 의원 등 10여 명의 의원들을 기획위원으로 뽑았다.

기획단은 6개월간 공휴일도 없이 매일 아침 7시부터 모여 대통령 선거전략을 논의했다. 박진(국회의원), 나경원(국회의원, 당 대변인 역임), 김호복(충주시장), 양휘부(방송광고공사 사장) 씨 등이 전문위원으로 뒷바라지를 해주었다.

기획단에서 선거의 골격을 갖춘 뒤 9월 12일 선거대책위원회를 정식 출범시켰다. 서청원 당 대표가 선거대책위원장을, 김영일 사무총장이 선대위 본부장을 맡았다. 당 조직과는 별도로 대선기획단은 후보 직속으로 기획 업무를 계속했다.

선거판 뒤집은 거짓말들

그해 10월, 민주당은 대통령 후보로 노무현 전 장관을 확정했다. 정몽준 의원도 출사표를 던졌다. 3파전이었다.

정 후보는 선거 도중 여론조사에서 노 후보에게 밀리자 후보직을 사퇴하고 노 후보를 지지하다가 투표 전날 돌연히 지지를 철회해버렸다. 정계는 물론 유권자들도 투표일을 하루 앞두고 혼란스러웠다.

선거전 내내 무고와 흑색선전이 유권자들의 표심을 흐려놓았다. 노 후보 측은 김대업을 전면에 내세워 병역비리라는 거짓말로 이회창 후보를 무너뜨리기 시작했다.

"병무청 앞 다방에서 한인옥(이회창 후보 부인) 여사를 만났다. 한복에 두루마기를 입고 나왔다. 보자기에 현금 2천만 원을 싸 가지고 다방 계단을 내려왔다. 그 돈을 받았다."

김대업의 일방적인 주장을 일부 언론들은 크게 보도했다. 유권자들의 표심은 흩어지고 가장 큰 무기였던 청렴 대쪽 이미지는 흐려지고 있었다. 상대 당에서는 어깨춤이 나왔다. 김대업을 구국의 열사로까지 치켜세우는 민주당 당직자의 말을 그대로 제목으로 뽑은 언론도 있었다.

민주당의 어느 고위 당직자는 부천에 있는 기양건설이라는 건설업체가 현금 10억 원을 한 여사에게 주어 그 돈으로 가회동 빌라를 구입했다는 주장도 폈다. 한 주간지는 그들의 주장을 검증 없이 싣고 조작된 입출금 장부 사본까지 사진을 찍어 기사에 올렸다.

현역인 민주당 S의원은 미국에서 온 최 모라는 사업가가 이회창 후보 방미 때 여비로 20만 달러를 제공했다고 주장하면서 기자회견까지 열었다. 일찍이 악화가 양화를 구축한다고 했지만 선거판에서는 양심이란 유리조각보다 더 가치가 없어 보였다.

이런 기상천외의 날조된 허위사실에 대해서 이회창 후보는 강력히 대처하라고 지시했다.

유권자들의 판단은 헷갈렸다. 선거를 생업으로 삼다시피 하는 정당 브로커들은 허위사실을 지능적으로 악용해 유권자들을 미로에 빠뜨렸다. 치고 빠지는 그들의 전략은 우선 연기부터 피워 놓고 보자는 전략이었다. 그러고는 '아니 땐 굴뚝에 연기 나랴'라는 주장이었다.

S의원이 기자회견을 한 다음 날 나는 검찰청에 나가 그를 허위사실 유포와 명예훼손으로 고발했다.

대선을 앞두고 김대중 정권의 국정 파탄을 고발하는 특별 부서를 설치하고 현판식을 가졌다. 왼쪽부터 김호일, 변정일, 필자, 김문수(경기도 지사), 김형오(국회의장) 의원.

김대업 병역날조사건은 그 후 선거가 끝난 뒤 법정에서 뒤늦게 흑백이 가려졌다. 대선 판국을 완전히 뒤엎어놓은 터무니없는 사기극은 1년 6개월 실형선고로 막을 내렸다.

기양건설은 그 회사 직원이 김병량 회장에게 공로금을 요구했다가 뜻대로 되지 않자 민주당 간부를 찾아가 이 후보를 모략했다는

민주당의 허위사실 유포를 검찰에 고발한 필자가 참고인 조사를 위해 서울지검에 들어서고 있는 모습을 보도한 당시 신문들.

것이 밝혀졌다. 정치문제화 된다면 돈을 좀더 받아낼 것으로 생각했던 것 같다.

기양건설 김 회장은 그 황당한 사실에 분개해 당시 1억 원을 들여 각 신문에 기양건설이 한 여사에게 정치자금을 제공한 사실이 없다는 해명 광고를 실었지만 이미 여론화된 뒤라 별 효력이 없었다.

김 회장은 일을 꾸민 직원과 전재한 주간지를 검찰에 고발했다. 이것도 선거가 끝난 뒤 재판에서 그 직원은 1년 6개월 실형을 선고받고 주간지는 3천만 원의 배상 판결을 받았다.

S의원도 선거 후 허위사실 유포와 명예훼손으로 1년 6개월 실형을 선고받고 집행유예로 풀려났다.

이 세 가지 모략 중 한 가지만이라도 투표 전에 명확한 판결이 나왔더라면 이 후보와 노 후보의 50여만 표 차이는 뒤집히고도 남았을 것이라는 게 선거 후의 중론이었다.

모략과 날조에 휘둘리는 내 한 표

모략과 허위사실을 유포한 당사자들은 모두 중형을 선고받고 교도소에서 복역을 했지만 그들의 부정으로 이득을 본 정권은 건재했다.

수단 방법을 가리지 않고 당선만 되면 그만이라는 정치 풍토를 이젠 국민이 바로잡아야 할 때다. 귀중한 내 한 표를 모략과 거짓 선전에서 지켜야 한다.

그 나라의 정치 수준은 그 나라 유권자의 수준이라는 말이 있다. 선거철마다 꾸며지는 음모와 술수는 그 버릇을 유권자만이 고칠 수 있다. 유권자가 깨어 있어야 바른 지도자를 고를 수 있다.

17대 대선 뒤 동아일보는 사설을 통해 『무책임한 흑색선전으로 유권자의 눈과 귀를 가리고도 책임지지 않는 정치판이 대선 때마다 되풀이되었다. 2002년의 김대업 '병풍' 같은 악습의 고리를 이번에 끊어버리지 않으면 5년 뒤 선거에서도 똑같은 일이 벌어질 소지가 많다. 그래서는 정치 선진화도, 국가 선진화도 안 된다.』고 주장했다. (2008. 3. 4)

대선 기간 중 우연히 같은 장소에서 유세를 하게 된 이회창 후보와 노무현 후보가 악수를 나누고 있다. (두 후보 가운데서 웃고 있는 필자)

 이제라도 관계 법규를 개정해 범죄자의 계획된 모략에 의해 당선된 공직자는 법의 제재를 받도록 해야 한다는 여론이 높아지고 있다.

10억 어디에 썼어?

중수부에 연행되다

2003년 연말, 나는 제17대 국회의원에 출마하지 않겠다는 불출마 선언을 했다. 이 시기에 60대 이상의 중진의원 10여 명도 불출마 선언을 했다.

출마 포기를 선언하고 홀가분한 마음으로 2004년 새해를 맞이했다. 머리도 식힐 겸 연초에 해외여행을 마치고 돌아왔을 때 정국은 갑자기 튀어나온 대선자금 수사로 긴장감이 돌았다.

차떼기라는 말을 따갑게 들으며 한나라당 선거 관련자들이 검찰에 불려 다녔다. 1월 중순부터 내 이름도 오르내리기 시작했다.

L그룹과의 관계였다. L그룹의 신 사장은 신 씨 종친회 고문으로

필자의 정계 은퇴를 크게 보도한 지역 신문.

평소 가까이 지내던 분이다. 나는 서울지역 신 씨 종친회장이었고 신 사장의 부친은 신 씨 종친회를 오래도록 이끌어 온 원로이셨다. 자연히 종친간의 인간적인 유대가 깊었다.

대선 초반, 점심을 하는 자리에서 "어려움이 많다."는 나의 말에 신 사장은 "기회가 되면 한번 도와주겠다."는 뜻을 밝혔다.

노무현 후보와 정몽준 후보의 단일화가 이루어지자 이회창 후보의 지지도가 눈에 띄게 내려갔다.

노무현 후보가 막판에 "충청도에 행정수도를 유치하겠다."는 공약을 발표하자 중부권은 요동을 치기 시작했다. 내 지역 충북이 제일 흔들렸다. 대선기획 단장이라는 막중한 책임을 지고 있는 나는 잠을 이룰 수가 없었다.

투표 일주일 전, 신 사장에게 어려움을 알렸다. 신 사장은 "문중 사람이 중책을 맡고 있는데 성공해야 한다."면서 현금으로 10억 원을 선선히 건네주었다.

1천만 원씩 넣은 비닐봉투 100개를 만들어 차에 싣고 소위 말하는 실탄을 나누어 주기 위해 지역으로 내려갔다.

떠나기 전날 밤 지구당 위원장들에게 일일이 전화를 걸었다. 충북 지구당 위원장들은 도지부 사무실로, 충남은 중간 지역인 예산으로, 대전은 유성온천으로, 강원도는 원주로 모이도록 했다.

"중부권이 어려워져 마지막 특별 활동비를 지원하는 것"이라면서 천만 원이 든 비닐봉지 하나씩을 건네주었다. 지구당 위원장들은 중앙당에서 보내는 특별지원금인 줄 알고 아무 부담 없이 받아 갔다.

수도권 지역은 여론조사에서 뒤지는 지구당에 우선적으로 지원했다.

검찰이 한나라당에 대선자금을 전달했다는 대기업들을 철저히 뒤지기 시작하자 L그룹 측에서도 사실대로 털어놓았다. 나는 1월 말 검찰청 11층 중수부로 불려 갔다.

검찰청 현관에 들어서자마자 기자회견장을 방불케 했다. 수많은 기자들이 나를 둘러쌌다. 방송사 기자들이 내 얼굴에 마이크를 바싹 들이대었다.

"우리 당 후보를 꼭 당선시키기 위해 최선을 다하다보니 실정법을 위반했는지 모르겠다. 법에 위배되었다면 마땅히 벌을 받겠다. 더 할 말이 없다."

나는 짤막하게 할 말을 했다.

일주일간의 조사를 받고 구속 기소되었다. 돈을 받은 사실과 그 돈을 사용한 내역을 모두 밝혔다.

담당 검사는 조사 후에 놀랐다고 했다. 받은 돈 10억 원이 당에 정식 접수되지 않아 유용되었을지 모른다는 의혹을 갖고 수사에 임했었으나 사용처가 하나하나 확인되면서 "정치 자금을 그렇게 정확히 집행한 것을 보고 놀랐다."는 것이다.

재판 결과 정치자금을 받아 유용하지 않고 목적대로 사용한 것은 확인되었지만 영수증 처리를 하지 않았고 또한 개인이 집행한 것은 정치자금법 위반이라고 유죄판결을 내렸다.

2주일에 한 번씩 법정에 나가 재판을 받는데 고등학교 동기생 민병국(아시아합동법률사무소 대표) 변호사가 나의 변론단에 무료로 참여해 매번 재판정에 나와 수고를 아끼지 않았다.

재판이 끝날 때까지 2개월간 서울구치소에서 수감생활을 했다. 1년 6개월 선고를 받고 집행유예로 풀려났다.

당시 구치소 안에는 선거에 관련되었던 현역 국회의원과 전직 장관들이 18명이나 수감되어 있었다. 추징금 없이 석방되어 정치자금 떼어먹었을 것이라는 세간의 의혹에서 벗어나 그나마 다행이라 생각했다.

"의원님, 제발 산소 마스크 쓰지 마세요"

내가 수감되기 직전에 동갑내기로 가깝게 지내던 안상영 부산시장이 검찰조사를 받는 도중 자살했다. 수일 후 정부 관리업체의 사장이 또 검찰 조사를 받다가 투신자살했다.

하루는 담당 검사가 조사 중 내가 받은 자금이 비록 정치적 목적으로 당에 쓰이긴 했지만 임의로 받았기 때문에 추징금이 나올지도 모른다고 했다.

그날 감방에 돌아와 잠도 오지 않아 일기를 썼다. 그동안 시간도 보낼 겸 매일 일기를 쓰고 있었다.

'안 시장의 죽음이 남의 일 같지 않다. 이제 와서 범법자로 몰려 10억 원을 추징당하며 남은 내 생을 수치스럽게 사느니 차라리 죽어버리는 것이 낫지 않겠나.'

그때의 순간적인 내 심정을 적었다. 2, 3일 후 검찰청에 불려가 조사를 받고 밤 9시쯤 구치소에 돌아왔다. 구치소 부소장이 퇴근을 하지 않고 나를 기다리고 있었다.

자기 방으로 안내하더니 커피를 끓여 내면서 "신 의원님, 어려우셔도 참으세요. 다른 의원님들보다 훨씬 적은 액수고 용처가 확실히 밝혀져 곧 나가시게 될 겁니다."

갑자기 왜 이럴까 하는 생각이 들었다. "조금도 불편한 것이 없고 오히려 좋은 경험을 하고 있다."면서 나는 전날 신문에 난 구치소 기사 내용을 말해주었다.

이틀 전에 최병렬 대표가 면회를 다녀간 뒤 그 다음 날 조간신문에 "구치소에 수감된 의원들 모두가 힘들어하는데 신경식 의원만 여유가 있어 보이더라."는 기사가 났었다.

"사실은 검찰청에 나가실 때 저희가 검방을 합니다. 어떤 방에서는 숟가락을 갈아서 만든 칼도 나오고 그래요. 신 의원님 방에서 괴로운 심정을 적은 일기장을 보았습니다."

부소장은 자살한 안 시장이 남의 일 같지 않다고 적은 내 일기를 검찰 고위층에게 보고했다고 한다. 당황한 것은 오히려 내 쪽이었다. 순간적인 생각이었다고 그를 안심시키고 내 방으로 돌아왔다.

다음 날 수원 침례교중앙교회 김장환 목사님이 나를 찾아왔다. 정일권 의장과 가까이 지내던 김 목사님은 오래전부터 내가 존경하던 분이었다.

나를 앞에 놓고 정성들여 기도를 해준 김 목사님은 "신 의원, 어려워도 조금만 참아." 하고 또 나를 위로했다.

"목사님, 저는 조금도 불편한 것 없이 잘 적응하고 있어요."

"구치소장에게서 연락이 왔는데 신 의원을 만나 특별히 위로를 해달라고 부탁하더라."고 김 목사님은 갑자기 오게 된 경위를 밝혔다. 김 목사님은 수일 후 자신이 저술한 설교집을 갖고 다시 한 번 다녀갔다.

일기장이 체크된 날 밤부터 내 감방 앞에는 새벽까지 교도관이 교대로 서성대고 있었고 감방 입구 교도관실에는 산소 호흡기까지 비치해 놓았다.

담당교도관 안 모 경위는 "신 의원님, 저 산소 마스크 절대 쓰지

김장환 목사와 함께(가운데는 미 공군 오산기지 사령관).

않게 해주세요."라고 했다.

감방에서는 자살할 때 대개 목을 맨다. 질식할 때 산소 공급이 제일 중요하기 때문에 의무실에서는 응급조치로 산소 호흡기를 항상 준비해 둔다. 자해할 낌새가 보이면 산소 호흡기를 감방 입구 교도관실에 비치해 놓았다.

웃어야 할지 울어야 할지 참으로 당혹스러운 나날이었다.

내 독방 벽에는 "어머니 보고 싶어요.", "무전유죄, 유전무죄" 등 마음 아픈 문구의 낙서가 많았다. 나도 '일체유심조'라는 불경 구절을 한문으로 써놓고 수시로 쳐다보았다.

수감 중 김영삼 대통령이 대선후보 시절, 전국을 돌며 자주 인용하던 말이 생생히 떠올랐다.

"중국의 등소평이 미국을 갔습니다. 기자들 질문이 '당신의 전공이 무엇이오?' 하니 등소평은 '나의 전공은 경험학이오. 인생에서 가장 중요한 것은 경험을 쌓는 것이오'라고 했습니다. 저는 대통령이 되기 위해서 많은 경험을 쌓아야 한다고 생각합니다."

나는 구치소 수감도 하나의 경험이라고 자위했다. 수감생활을 하면서 차분히 나의 지나온 과거를 뒤돌아보았다. 학교 졸업, 기자생활, 결혼, 수많은 고비를 넘기며 걸어온 정치의 길, 조국, 역사, 그리고 앞으로 내가 갈 길······.

그동안 가져보지 못했던 나만의 귀중한 시간을 가졌던 때였다. 성경도 꼼꼼히 읽었다.

2004년 4월 2일, 괴로웠던 수감생활을 마쳤다. 수감 60일 동안 346명이 면회를 와주었다.

이회창 총재가 두 번이나 다녀갔다.

정의순(제주은행 행장 역임), 신현웅(문화관광부 차관 역임), 신우범(산업은행 도쿄지점장 역임), 오선교(선엔지니어링 회장), 이춘원(환희실업 회장) 씨 등은 좋은 책을 차입해 주어 수감생활에 큰 도움이 되었다.

추운 날씨에 의왕 골짜기까지 찾아와 위로해준 모든 분들에게 지금도 마음속으로 깊은 감사를 드리고 있다.

재판이 끝난 뒤 8·15 경축식 전날 사면 복권이 되었다. 당에서는 고생했다는 위로와 함께 상임고문으로 추대했다. L그룹에서도 고문으로 예우해주어 불편함 없는 나날을 보내고 있다.

신문기자로 10년간 중앙청과 국회를 출입했고 6년간 국회의장 비서실에서 보낸 뒤 정치판에 들어서서 7년간 국회 전문위원과 정당 지구당 위원장을 거쳐 정당 사무총장, 대선기획단장, 국회 상임위원장, 정무장관 등 16년간 국회의원 생활을 했다.

현역에서 물러나서도 4년 넘게 정당 상임고문으로 정치권과 연관을 맺고 있다.

1960년 4·19 학생혁명으로부터 시작해 4선 국회의원을 끝으로 일선에서 물러나 당 상임고문으로 활동하는 지금까지 거의 반세기를 나는 언론과 정치 현장만을 지켜보며 살아왔다.

정치 활동을 하면서 비서실장 직책을 10년 넘게 수행했다.

출신 성분이나 정치 노선이 전혀 다른 분들을 최측근으로 가까이 모셨던 것은 나에게 큰 영광이었고 힘이었다. 육군대장 출신의 정일권 국회의장, 민주화의 선봉장 김영삼 대통령, 대법관을 역임한 법조 출신 이회창 총재, 이분들의 큰 그늘 속에서 듣고 보고 배운 것이 수없이 많았다.

이분들 곁에서 내 삶을 더욱 성실하고 보람되게 가꿀 수 있었던 행운을 감사드린다.

큰 과오 없이 여기까지 올 수 있도록 이끌어준 주변 모든 분들과 고향 청원군 주민들, 나의 당선을 위해 오랫동안 의원회관과 지구당 사무실에서 봉사해주었던 신안균 보좌관과 김병국 부위원장,

손갑민 비서관, 신형식, 이병준 사무국장, 민병상 비서, 강정희 양에게 감사를 드린다.

부족한 이 글에 실명으로 거론된 모든 인사들에게 혹 누가 되었다면 용서를 빈다. 물불 가리지 않고 열정을 바쳤던 우리들의 젊은 날을 회고하며 그중에서도 본인과 각별한 인연을 맺었던 분들의 이름을 밝혔다. 거듭 이해를 바란다.

남은 이야기

광풍 속에서 튕겨져 나온 심정

대선자금 수사로 구치소 생활 2개월을 마치고 풀려나오자 마음은 더욱 차분해졌다. 이제는 정치면 기사를 보아도 가슴이 두근거리지 않는다. 평온한 마음으로 정치 현장을 멀리서 바라보는 여유를 갖게 되었다.

막상 펜을 들고 지난날 겪었던 일들을 쓰다보니 나의 지나간 언론과 정치권 생활 50여 년이, 흡사 휘몰아치는 광풍 속에 정신없이 휩쓸려 갔다가 튕겨져 나온 느낌이다.

숨가쁜 정치현장을 떠난 요즈음은 새로운 인연들과 친목과 우정을 다지며 시간을 보내고 있다. 과거 언론계 동료들과 골프 모임에

함덕회 회원들이 가족과 함께 홍콩을 방문했다. 뒷줄 왼쪽부터 조진형, 필자, 최돈웅, 윤영탁, 양정규, 김종하, 목요상, 김기배 의원.

도 부지런히 참석하고 그동안 시간이 없어 다니지 못했던 해외 나들이도 한다.

지난 연초에는 뜻 맞는 친구들끼리 모인 골프모임 '초우회'(회장 김병량, 총무 황우선)에서 하노이를 다녀오기도 했다.

현역 때나 다름없이 우정을 나누고 있는 서교일(순천향대학교 총장), 김일곤(대원주택 회장), 홍원식(남양분유 회장), 심인흥(株 우리나라 회장), 신송홍(전 평화시장 회장), 오능균(동남전력 회장), 송승헌(동원건설 회장), 김용우(동서 법무사 합동사무소 대표) 씨 등이 고맙다.

내가 30여 년 동안 살고 있는 서대문구 연희동에는 인도어 골프 연습장이 있다. 거의 매일 식전에 모여서 골프 연습을 하고 맛있는 해장국집으로 가는 고정 멤버들로는 남시욱(문화일보 사장 역임), 김유성(김유성 이비인후과 원장), 이종보(중앙법무사 합동법인 대표), 김성희(GML 회장), 박찬호(퍼엔시스 디지털 영상회장), 박찬동(명지대 음대 교수), 이선용(영어학원 이사장), 박순환(신주종합건설 회장), 신상호(한국 음반저작권협회 회장 역임), 김방수(쟈크레상주 한국지사장), 정하진(전 삼성그룹 간부), 맹성재(유남산업개발 회장), 이남배(한국 컴퓨터네트워크 사장), 황창연(리츠산업 회장) 씨 등이 있다. 모두 핸디캡이 '싱글' 수준이다.

이 가운데 이남배 씨는 2년 연속 베어크리크CC의 클럽챔피언을 차지했고, 맹성재 씨는 전 서울 인도어골프 대항전에서 우승을 한 실력자들이다.

함덕회

2003년 연말 이회창 후보와 당을 위해 밤낮없이 뛰던 다선 중진의원들이 줄줄이 불출마 선언을 했다.

박관용(국회의장, 부산 동래) 의장, 양정규(제주, 6선), 김종하(경남 창원, 국회 부의장, 5선), 서정화(용산, 5선), 정창화(경북 의성, 5선), 목요상(경기 동두천, 4선), 유흥수(부산 수영, 4선), 하순봉(경남 진주, 4선), 김동욱(경남 통영, 4선), 최돈웅(강원 강릉, 3선), 윤영탁(대구 수성, 3선) 의원 등이었다. 목 의원은 후에 지역 여론에 밀려 번복 성명을 냈다.

국회의원으로 20여 년 동안 의사당에서 국가와 지역을 위해 몸을 던졌던 이들 다선 의원들은 정치 일선에서 떠나기로 마음을 정한 뒤, 그해 연말에 마음도 정리할 겸 제주도로 여행을 떠났다.

양정규 의원 지역구인 제주도 함덕항에서 밤늦게까지 소주를 마시며 앞으로 틈틈이 만나 회포를 풀자는 의견을 모아 '함덕회'라는 친목회를 만들었다.

매월 두 번째 월요일 저녁에 모여 나라 잘되기를 기원하면서 친목을 도모하고 있다.

양정규, 김종하, 김기배, 목요상, 최돈웅, 정창화, 윤영탁, 유흥수, 이해구, 하순봉, 조진형, 주진우, 정문화, 도종이, 신경식 의원, 하병옥 회장(재일 거류민단 단장 역임) 등이다.

무궁화회

16대 국회 중반, 2002년에 의원들 30여 명이 골프모임을 만들었다. 오랫동안 건강과 우의를 다지자는 뜻으로 모임의 이름을 '무궁화회'라고 붙였다.

내가 초대 회장을 맡고 권기술 의원과 안택수 의원이 경기간사와 총무간사를 맡아 매달 골프를 주선하며 여름이면 가족 동반으로 일본, 중국 등 여행길에 나서기도 한다.

6년간 회장직을 맡아 오다가 지난해 목요상 의원에게 바통을 넘겼다. 회원들이 일일이 서명을 한 감사패를 받았다. 회원으로는 강재섭, 권기술, 김기춘, 김광원, 김만제, 김영구, 김영일, 김용균, 김일윤, 김형오, 나오연, 목요상, 맹형규, 박관용, 박명환, 박재욱, 박

일본 여행 중인 무궁화회 회원들. 왼쪽부터 필자, 허태열, 김영일, 박관용, 김기춘, 권기술, 정문화, 목요상 의원.

13대 국회의원들로 구성된 13대 국회 골프동우회 모임에서(앞줄 왼쪽부터 김정길, 강성모, 이찬구, 필자. 뒷줄 왼쪽부터 오탄, 홍세기, 황성균, 김영배, 조남욱, 김종기, 이형배 의원).

종근, 박희태, 서청원, 안택수, 유흥수, 윤한도, 이강두, 이상배, 이규택, 이재창, 이해구, 이해봉, 정문화, 주진우, 허태열 의원 등이다.

제13대 국회의원 골프 동우회도 활발하다.

조남욱(삼부토건 회장) 회장과 박태권(충남지사 역임) 간사의 노력으로 매월 모인다. 지난 봄에 조남욱 회장이 비전힐스CC에서 '에이지 숏'(age shoot 골프에서 자신의 나이 또는 그 이하의 타수로 공을 치는 것-편집자 주)을 기록해 축하회를 갖기도 했다.

고려대학교 언론대학원

정기적으로 만나는 모임 중에 고려대학교 언론대학원에서 만난 동기생들 모임이 있다. 한 달에 한 번씩 골프 모임도 갖고 연말에는 성대한 송년회를 열기도 한다.

장애를 딛고 18대 국회에 입성한 윤석용 의원(한나라당), 변웅전 국회의원, 김병건 전 동아일보사 부사장, 김홍태 동아TV 부회장, 김영태 법무법인 세종 상임고문, 류예동 제일 티에이엠 사장, 이종학 세종소재 회장, 황종식 디시티 회장, 박신일 신우종합건설 회장, 신영준 S.H.I.N. 회장, 최수군 두양그룹 회장 등이 자주 어울리는 멤버들이다.

수년간 내가 회장을 맡아 오다가 지금은 성문전자 신동렬 회장이 뒤를 잇고 있다. 전국 JC회장 출신인 신 회장은 박력과 추진력으로 동창회를 활성화하고 있다.

덕소 별장에서. 왼쪽부터 김상하 삼양사 회장, 이명박 대통령, 김진현 전 장관, 필자, 김만제 전 부총리, 김병건 전 부사장, 김희집 전 총장.

'고언회'라는 이름으로 매달 모이는 골프 모임은 김홍태(동아TV 부회장) 회장과 류예동(제일티에이엠) 간사가 경기를 주선하고 있다.

동문인 한우삼 태양금속 회장이 소유한 김포CC에서 나는 80타를 쳐 고언회의 싱글패를 받기도 했다.

몇 해 전 '고언회' 동기인 김병건 전 동아일보 부사장이 덕소에 있는 별장으로 고려대학교와 인연이 있는 몇 분을 초대해 모임을 가진 적이 있다.

김희집 전 고대 총장, 이명박 서울시장, 김진현 전 과기처장관,

김만제 전 부총리, 김상하 대한상의 회장, 신경식 등이 모였다. 별장에는 김 부사장의 조부 되시는 인촌 김성수 선생과 선친 김상만 회장의 기념물과 각종 희귀한 고서화들이 많았다.

벽에는 이 별장에서 동아일보 김상만 회장이 공화당 시절 정일권 국회의장, 김성곤 의원, 김영삼, 김대중, 이철승 야당 대표, 이후락 중앙정보부장 등을 초청해 여야 간에 친목을 도모하는 사진이 걸려 있었다.

이 나라를 이끌어 가는 여야 지도자들과 김 회장의 화기애애한 모습을 보면서 어떠한 압력이나 권력에도 굴하지 않고 비판을 가하는 언론의 역할도 중요하지만 국가의 안정과 국익을 위한 막후 조정역할도 그에 못지않다는 생각이 들었다.

가족 이야기

    25세에 신문기자로 사회에 첫발을 들여놓은 이래 66세로 정계 은퇴를 선언할 때까지 기쁨과 슬픔, 영광과 고난을 같이 해온 가족 이야기를 간단히 메모한다.

    내가 태어난 충북 청원군 문의면 산덕리는 영산 신씨 집성촌으로 신 씨들이 300여 년을 이어 살아오고 있다.

    증조부 신재한(辛在漢) 님은 고종 황제 때 궁내부 주사였다. '광무 11년 4월 궁내부 대신 훈1등 이재극' 의 임명장을 가보처럼 보관하고 있다.

    증조부는 큰아들 건택 님과 작은아들 건호(필명 신동문) 님 형제, 딸 세 자매를 두었다.

할머니를 모신 직계가족들. 뒷줄 왼쪽부터 셋째 계수씨, 뒤로 세 번째 사촌 경옥, 숙모, 숙부, 아버지, 처, 필자, 동생 경조 내외, 어머니. 앞줄 왼쪽 첫번째는 장남 응진.

할아버지(건택)는 아버지(태인)와 숙부(형인) 형제를 두었다. 할아버지는 일제 때 고향인 문의면과 부용, 강서 면장을 지냈다.

해방 후 친일파를 몰아내는 혼란 속에서 면민의 신임이 두터워 청원군 14개 면에서 유일하게 해방 후에도 면장직을 맡아 6·25 후까지 계속했다.

6·25 때 가족이 피난을 갔다가 돌아왔을 때도 가재도구가 그대로 남아 있었다. 면민들이 '신 면장 댁은 우리가 지켜드려야 한다'고 자기 집같이 관리했다고 한다.

종조부(건호)는 '신동문'이라는 필명으로 문단에 잘 알려진 시인이다. 고등학교 때까지 한 방을 쓰면서 그분의 영향으로 나는 중

필자의 가족들. 왼쪽부터 장남 응진 내외와 외손 혁만. 우리 내외와 장손 희준. 사위 권오준 군과 장녀 지선, 혁진 내외와 손녀 정연.

필자의 회갑날 한자리에 모인 형제 자매 내외들. 왼쪽 좌로부터 셋째 경용, 둘째 경조, 사촌 경옥, 다섯째 경욱, 필자, 넷째 경종, 여동생 문자 내외.

학교 때부터 정지용, 이용악, 오장환, 서정주, 조지훈 같은 시인들의 시를 읽게 되었다.

아버지(태인)는 해방 전 면서기로 근무하다가 해방 후 건설업에 종사했다. 어머니(오순균)는 한의사였던 오희덕 님의 장녀다.

두 분 사이에서 태어난 우리 6남 1녀 중 넷째 경헌이가 월남전에 참전 중 전사하고 내 아래 경조, 경용, 경종, 경욱과 여동생 문자 모두 6남매가 있다.

작은아버지(형인)는 운수사업체를 경영했고 청주상공회의소 회장과 로터리 청주지구 회장 등을 역임했다. 사촌동생 경옥이가 뒤를 잇고 있다.

처 최금녀는 함경도 출신으로 신문사에서 만났다. 창작 시집 5권과 시선집, 영문, 일본어 번역시집 각 1권씩을 출간했다.

장인(최창모)과 장모(허순옥)는 함경남도 영흥에서 월남해 공무원으로 정년퇴임. 2남2녀를 두었다. 최금녀, 최성일, 최영희, 최성권. 아래 동서 박광원은 대한주택건설협회 인천 사무처장이다.

장남 신웅진은 의학박사로 순천향대학교 의과대학 교수로 재직. 자부 김현숙과의 사이에 손자 희준이를 두고 있다.

차남 신혁진은 SBS TV의 교양부 프로듀서로 재직. 자부 김화숙과의 사이에 손녀 정연이를 두고 있다.

장녀 신지선은 번역학 박사로 이화여대 교수, 사위 권오준 군은

처 최금녀는 시인으로 활동하고 있다.

경북 안동 출신으로 판사를 사직하고 LG 고문 변호사로 재직 중이다.

그들 사이에 혁만, 혁근 형제를 두고 있다.

집사람 최금녀의 시 한 편을 끝으로 미흡한 글을 맺는다.

《 봄날 》

최금녀

봄바람에 시어머님 모시고 남산 구경간다
눈 비비고 일어나 시금치 다듬고 계란말이 부쳐
김밥 싸고 보온병에 물 담고 택시 타고
아저씨 남산으로 가세요

발 아래 케이블 카
간 떨어지겠네
큰 숨 몰아쉬는 팔각정 모서리
서울은 영판 못자리 판이여

중앙청은 저기에요 서울역은 여기고요
남대문은, 마포나루는, 왕십리는, 청계천은 저어기 저기요
아이구 얘야 어지럽다

구름 속에서 아지랑이 속에서 구구구
꽃이 진다고 저렇게 산비둘기 우능겨?
살짝 노곤해진 정오,
흙바닥에 신문지 몇 장 깔아놓고
싸가지고 온 김밥에 꽃바람 솔솔 뿌려
달게 달게 먹고

한잠 들고 싶은 꽃 그늘 아래
소 팔았지, 땅 팔았지, 애비는 큰 도둑이야……
막걸리 두 잔에 발그레 산복사꽃 피어나는
산 비알밭 같은 시어머니 주름살 속으로
봄날은 실개천 물소리처럼 졸졸 흘러가고

애야,
서울 사람들은 농사도 짓지 않고 무얼 먹고 사능겨?

신경식 회고록
7부 능선엔 적이 없다

1판 1쇄 발행 2008년 10월 27일
1판 8쇄 발행 2014년 9월 19일

지은이 | 신경식

발행인 | 김재호
출판국장 | 박태서
출판팀장 | 이기숙

아트디렉터 | 김영화
마케팅 | 이정훈·정택구·박수진
인쇄 | 코리아프린테크

펴낸곳 | 동아일보사
등록 | 1968.11.9(1-75)
주소 | 서울시 서대문구 충정로 29(120-715)
마케팅 | 02-361-1030~3 팩스 02-361-0979
편집 | 02-361-0992 팩스 02-361-1035
홈페이지 | http://books.donga.com

저작권 ⓒ 2008 신경식
편집저작권 ⓒ 2008 동아일보사
이 책은 저작권법에 의해 보호받는 저작물입니다.
저자와 동아일보사의 서면 허락 없이
내용의 일부를 인용하거나 발췌하는 것을 금합니다.

ISBN 978-89-7090-652-2 03990
값 18,000원